KNÖDEL
KÜCHE

Ingrid Pernkopf
Christoph Wagner

KNÖDEL KÜCHE

Die 250 besten Rezepte von pikant bis süß

Fotografiert von
Peter Barci

pichler verlag

Dank

Dieses Buch widme ich meiner Familie und Familie Wagner.

Danken möchte ich
meinem Gatten Franz, meinem Sohn Michael, meiner Tochter Claudia sowie meinem Schwiegersohn Michael mit meinen lieben Enkelkindern Katharina, Maximilian, Konstantin und Sebastian und meiner Mutter Anna Rainer.
Meinen Mitarbeitern aus der Küche unseres Gasthofs, ohne die die Rezepte nicht so perfekt abgestimmt wären – vielen Dank für das Ausprobieren und Nachkochen der Rezepte.
Hierbei darf ich vor allem Andrea Dechant, Sandra Hummer und Florian Hübsch stellvertretend für alle hervorheben.
Allen Freunden, Gästen, Wirtekollegen, Lieferanten und Bauern.
Berufsschuloberlehrer Peter Fischer mit Gattin Gerlinde, die immer mit Rat und Tat, mittlerweilen beim 5. Buch, zur Seite stehen.
Peter Barci für die brillanten Fotos und freundschaftliche Zusammenarbeit.
Josef Weilguni für das Lektorat.
Den Mitarbeitern des Verlages, welche in bewährter Weise für die Drucklegung des Buches verantwortlich zeichnen.
Bruno Wegscheider für die großartige Umschlag- und Buchgestaltung sowie für seinen unermüdlichen Einsatz und das Bemühen, dem Buch eine besondere Note zu verleihen. und zwar zur Freude aller Leser.
Ich danke vor allem Prof. Christoph Wagner – ohne ihn gäbe es meine Bücher nicht.
Und nicht zuletzt unseren Gästen, denn erst sie erfüllen den Gasthof mit Leben und bestärken mich immer wieder in meiner Arbeit.
Ich danke allen für ihre Freundschaft und die gute Zusammenarbeit.

ISBN 978-3-85431-526-1

styriabooks.at onlinebookshop

LEKTORAT: Josef Weilguni

UMSCHLAG- UND BUCHGESTALTUNG: Bruno Wegscheider

REPRODUKTION: Pixelstorm, Wien

DRUCK UND BINDUNG: Druckerei Theiss GmbH
St. Stefan im Lavanttal

Printed in Austria

Genussland Oberösterreich

Inhalt

Sämtliche Rezepte wurden sorgfältig erarbeitet und ausprobiert und sind zumeist mengenmäßig klein gehalten.
HINWEIS: Für die Richtigkeit der Angaben sowie ein perfektes Gelingen können allerdings weder die Autoren noch der Verlag eine Garantie bzw. Haftung übernehmen.

Falls nicht anders angegeben, gelten die Mengenangaben für 4 Personen.

In Erinnerung und Dankbarkeit

Liebe Leserinnen und Leser!

Ich freue mich und fühle mich geehrt, dass Sie unser Knödel-Kochbuch in Ihren Händen halten. Für alles im Leben gibt es einen Anfang und so beginnt ein Buch für gewöhnlich mit einer Einleitung, welche die Grundidee des Werkes darlegen soll. Vom oftmals Altbewährten wird dabei gerne ein Bogen in die Neuzeit gespannt. Der Autor möchte den Leser für seine Sache, für sein Werk gewinnen, Lust auf die Lektüre zu machen. Solch eine „Rundschau" sollte freilich auf hohem Niveau verfasst werden und braucht auch ein einfühlsames Herz, die spürbare Nähe zu jenen Menschen, für die das Buch letztendlich geschrieben wird. Erst dadurch erhält das Geschriebene seine Glaubwürdigkeit.

Kein Geringerer als Professor Christoph Wagner, mein von mir so geschätzter Förderer, Freund und Wegbereiter, hätte die Einleitung zu diesem Buch schreiben sollen. Während der gemeinsamen Arbeit an

diesem Buchprojekt hat Christoph Wagner, für alle unvorbereitet und kaum zu glauben, sein persönliches großes Lebenswerk vollendet.

Sein Gespür für Menschen, seine konstruktive Kritik, sein Erfahrungsschatz um die österreichische Küche, sein ungebrochenes Interesse an Neuem, aber auch sein Festhalten am Bewährten – all dies war der Garant für den Erfolg zahlloser Bücher, welche durch seine „feine Feder" erst den notwendigen Schliff erhielten. Für ihn galt beim Verfassen seiner Kochbücher stets das Prinzip, nicht nur die besten Rezepte an die Leser weiterzugeben, sondern auch den Blick über den Tellerrand hinaus zu wagen, Kulturgeschichte mit Kulinarik harmonisch zu vereinen.

Als geborener Linzer aus Oberösterreich, dem klassischen Knödelland, stammend, hat sich Christoph Wagner oft und gerne mit dem Knödel als Haupt-, Nachspeise und Beilage beschäftigt. Auch mit exotischen Knödelvariationen, wie etwa Dim Sum, den asiatischen Teigtaschen, hat er mich bisweilen überrascht. Und er hat – speziell für mich – einen „Gulaschknödel" kreiert.

Ich selbst beschäftige mich seit 20 Jahren mit der Knödelküche und habe immer wieder neue Füllungen und Teige erfunden und ausprobiert.

Wir haben viel fachliches Wissen in dieses Buch investiert. Aber wir haben auch eine entsprechende Portion Herz dazugemischt. Es war eine sehr inspirierende Zusammenarbeit, die jetzt ein viel zu frühes, tragisches Ende gefunden hat, und an der Sie, liebe Leserinnen und Leser, ein letztes Mal teilhaben können.

Ihre
Ingrid Pernkopf

Einleitung

Mehr denn je besinnt man sich in der heutigen schnelllebigen Zeit auf Heimatverbundenes und Traditionelles, auf jene Werte und Gegebenheiten, die man vor allem als Kind erleben durfte. Ein wesentlicher Teil dieses kulturellen Erbes ist unsere österreichische Küche, welche an Vielfalt der Speisen und Beilagen sicher ihresgleichen sucht. Einen besonderen Stellenwert nehmen hier, vor allem regional, die zahlreichen Knödelrezepturen ein.

Dass ein „Knödel“ zumeist rund ist – von wenigen Ausnahmen abgesehen –, ist allgemein bekannt. Bei der Bezeichnung desselben gibt es jedoch kleine Abweichungen. Im nördlichen Deutschland ist die Bezeichnung „Klöße“ geläufig, bei unseren tschechischen Nachbarn hingegen wird das Wort „knedlicek“ verwendet. Aus der „Rolle“ – und doch auch nicht – fallen Serviettenknödel wie auch böhmische Knödel. Beide werden zu einer Rolle geformt und so gegart. In Scheiben geschnitten, mitunter mit Bröselbutter angerichtet, sind sie vorwiegend Begleiter von Gerichten mit Saucen.

Der Knödel war in erster Linie zur Sättigung gedacht. Nach körperlich schwerer Holz-, Wald-, Feld- oder Wiesenarbeit benötigte man eine kräftige und lang anhaltende Nahrung.

Würde man geografisch eine Zuordnung treffen, so können als typische Knödelländer vor allem Oberösterreich, Tirol, das benachbarte Bayern wie auch Südtirol und das südliche Böhmen genannt werden.

Knödel durften bei keinem Festessen fehlen. Ein Schweinsbratl ohne Semmelknödel oder wie im Mühlviertel ohne „Mehlknödel“ wäre eine arge Verfehlung bzw. Respektlosigkeit gegenüber dem Gast gewesen. Das Gleiche galt für den Sonntag, nach dem Kirchgang: ein deftiger Braten mit Erdäpfelknödeln und die Welt war in Ordnung.

Im Vergleich zu früher wurden so manch einfache Grundrezepte verfeinert und mit weiteren Zutaten ergänzt. Ob mit Bärlauch, Pilzen, getrockneten Oliven oder süß mit Dörrpflaumen, Mohn oder Marzipan zubereitet, der Verwandlung sind keine Grenzen gesetzt. Die „Handgedrehten“ wissen ihren Platz seit jeher auch als Suppeneinlage zu behaupten. Als Leber-, Brösel-, Mark-, Tiroler-, oder Kaspressknödel in einer kräftigen Rindssuppe serviert, sind sie aus dem Speiseplan kaum wegzudenken. Und ob Mozart-, Topfen-, Mohn-, oder Wachauer Marillenknödel – österreichische Spitzenköche sind in vielen Kontinenten Botschafter unserer berühmten Mehlspeisküche.

Übrigens, auch zu früheren Zeiten legte man auf Qualität großen Wert und verband das Können einer Köchin unmittelbar auch mit der Zubereitung von Knödeln. So besagte ein Spruch: Wenn einer jungen Frau oder Magd die Knödel gut gelingen, dann hat sie das Zeug zum Heiraten.

Eine Fülle von Knödelrezepten wurde von Freunden und Wirtekollegen zur Verfügung gestellt, wofür ich mich recht herzlich bedanke. In vielen Kochstunden wurden die einzelnen Rezepte durchgekostet, geschmacklich, falls notwendig, verändert und dem heutigen Essverhalten angepasst. Alle Rezepte wurden von mir und unseren Mitarbeitern Sandra Hummer, Andrea Dechant und Florian Hübsch mit Sorgfalt nachgekocht ... und von Freunden, Gästen und Mitarbeitern verkostet.

Manche Knödel haben mir persönlich in ihrer Art weniger zugesagt, oftmals schmeckten den Gästen gerade diese, so wurden die unterschiedlichsten Rezepturen in dieses Kochbuch aufgenommen.

Daher also auch mein Tipp: Bereiten Sie vorher eher kleinere Mengen von Grundfüllungen und Teigen zu. So findet man mit Sicherheit das passende Rezept für sich heraus. Gutes Gelingen!

Wissenswertes rund um Knödel, Teige und deren Verarbeitung

EIER IN EINER HAUPTROLLE

Eier spielen bei der Teigherstellung eine zumeist „bindende Rolle“. Für die Teigkonsistenz ist die Größe der Eier bzw. deren Gewicht von Bedeutung. Eine größere Menge an Eiern beeinflusst die Teigkonsistenz. Die Flüssigkeitsmenge gehört entsprechend angepasst. Die in den Rezepturen angegebene Eiermenge bezieht sich immer auf ein Ei mit 50 g, und zwar ohne Schale gewogen.

Für manche Rezepturen benötigt man ein halbes Ei, die „Trennung“ ist simpel. Ei (50 g) in einer Schüssel aufschlagen, verrühren und dann die genaue gewünschte Menge, z. B. 25 g, entnehmen, den Rest anderweitig verwenden.

DIE „GEWICHTIGKEIT“ DER KNÖDEL

Pro Knödel benötigt man durchschnittlich ca. 30 bis 40 g an Fülle. Die jeweilige Teighülle kann mit gleicher Gewichtsmenge angenommen werden. Auf diese Weise lässt sich ganz einfach errechnen, wie viele Portionen man aus der vorhandenen Fülle bzw. dem Teig erhält.

FÜLLUNGEN – JE NACH HÜLLE WAHRE „VERWANDLUNGSKÜNSTLER“

Natürlich kommt es auf die jeweilige Art an. Prinzipiell können jedoch diverse Füllungen nicht nur für Knödel, sondern auch für Ravioli, Tascherln, Nudeln, Schlutzkrapfen, Maultaschen, Dim Sum und dgl. verwendet werden.

Füllmassen, die für Tascherln verwendet werden, kann man weicher halten.

Werden hingegen Nudelfüllungen als Knödelfüllung verwendet, diese mit Semmel- oder Weißbrotbröseln festigen und nur so viel Brösel beigeben, dass man aus der Masse Knödel formen kann.

Fleischfüllungen können weicher bzw. geschmeidiger zubereitet werden, indem Faschiertes nicht roh, sondern etwas angegart verarbeitet wird. Masse hierfür in wenig Fett leicht angaren, die dabei austretende Flüssigkeit muss zur Gänze verdunsten. Das so vorbereitete Faschierte mit Bröseln vom entrindeten Weißbrot oder Semmelbröseln binden.

ABHILFE, WENN EIN TEIG ZU FEST BZW. ZU WEICH GERÄT

Durch Beigabe von Semmel- oder Weißbrotbröseln, Mehl, Grieß oder Stärke kann die Teigkonsistenz verändert werden. Ich verwende für Teige gerne sowohl glattes als auch griffiges Weizenmehl, aber auch eine Mischung beider Mehlsorten. Ebenso kann auch feines Dinkel- oder Weizenvollmehl verwendet werden: zu beachten ist dabei die Flüssigkeitsbeigabe. Knödelteige, welche mit Grieß oder mit Semmel- oder Weißbrotbröseln gefestigt werden, benötigen je nach Zusammensetzung eine entsprechende „Rastzeit“. Die Beigabe von zerlassener Butter trägt zur Lockerung bei.

Knödelteige bzw. Massen sollten keineswegs zu fest, sondern eher locker und geschmeidig gehalten werden.

Bei Teigen mit Semmeln, Toast-, Weiß- oder Knödelbrot (vom Bäcker) richtet sich die Flüssigkeitsbeigabe nach der Trockenheit des Brotes. Bei weichem Brot hier anfangs die angegebene Flüssigkeitsmenge eventuell reduzieren.

KNÖDELBROT

Es können alle Brotsorten wie z. B.: Haus-, Toast-, Kürbiskern-, Kräuter-, Vollkorn-, Dinkelbrot aber auch alle Weißbrotsorten, Semmeln, Salzstangen, Mohnweckerln, Laugengebäck etc. für die Zubereitung verwendet werden. Bleibt Brot übrig, dieses in kleine Würfel schneiden, in Frischhaltedosen oder -säckchen füllen und tiefgekühlt bevorraten. Gleichzeitig eine hervorragende Resteverwertung.
Die Gewürze und der Geschmack sollten bei der Zubereitung auf die Rezepte abgestimmt bzw. berücksichtigt werden.

KNÖDELDREHEN IST NATÜRLICH „HANDARBEIT"

Damit der Teig (oder die Knödel) nicht an den Fingern kleben bleibt, ist es wichtig, bei stärkehaltigen Teigen (z. B.: Erdäpfelteig, Mehlteig, Topfenteig, Brandteig) die Hände zu bemehlen.
Fettreiche Massen wie jene von Semmel-, Grieß, Topfen-, Leber- oder Bröselknödeln können gleichmäßiger gedreht werden, wenn zu diesem Zwecke die Hände vorher mit Wasser befeuchtet werden.
Semmelknödel wie auch Erdäpfelknödel halten besser zusammen, wenn sie vor dem Kochen mitunter nochmals kurz in Mehl oder Stärkemehl gedreht werden.

SO VERMEIDET MAN „AUFGERISSENE KNÖDEL"

Damit Knödel nicht aufgehen, gilt es, einiges zu beachten: den Teig vor dem Eindrehen flach drücken, Fülle in die Mitte setzen, Teig um die Fülle herum eng formen, gleichmäßig drehen und so sorgfältig zusammendrücken, dass keine „Luftblasen" entstehen.
Zwischen den Teigenden – also an der Nahtstelle – darf kein Mehl und ebenso keine Fülle sein, sonst hält die Teighülle nicht zusammen; die Knödelfülle würde durch eindringendes Wasser aufgeweicht und der Knödel somit unweigerlich aufreißen.
Die Knödel eher klein formen, sie garen dann rascher durch und sehen überdies auch besser aus.
Die Knödelhülle (Teig) sollte nicht zu dick sein.

DAS KOCHEN: NICHT JEDER KNÖDEL VERTRÄGT „EINEN STÜRMISCHEN WELLENGANG"

Beim Kochen sollte man Vorsicht walten lassen. Es kommt auf die Art der Knödel an, ob das Wasser kochen soll oder eher nur unter dem Siedepunkt zu halten ist.
Kochwasser mit Aroma:
Kochwasser für süße Knödel mit Vanillezucker, Zimt, Zitronensaft, Zitronen-, Limetten- oder Apfelschalen, Lebkuchengewürz, Zimt, Nelken, Rum, Bittermandelöl etc. aromatisieren, Kochwasser auch für süße Knödel immer gut salzen.
Kochwasser für pikante Knödel mit getrockneten Kräutern und Gewürzen aromatisieren.

MIT EINEM PROBEKNÖDEL IST MAN AUF DER SICHEREN SEITE

Es ist ratsam, bei Rezepturen, welche man das erste Mal ausprobiert, einen Probeknödel zu kochen; falls notwendig kann man so nachbessern, also je nach Bedarf eventuell noch Mehl, Semmelbrösel, Weißbrotbrösel oder Grieß als Bindemittel untermengen oder die Masse in Frischhaltefolie gewickelt kochen.

EINFRIEREN VON KNÖDELFÜLLUNGEN

Generell friere ich alle zu Knödeln geformten Füllungen ein, um sie besser mit Teig umhüllen zu können. Knödel, die gebacken werden, nur anfrieren lassen, da sie, wenn sie gänzlich durchgefroren sind, beim kurzen Ausbacken in Fett nicht durchgaren würden. Um die Fettaufnahme zu reduzieren, die Knödel in Fett anbacken, aus dem Fett heben, abtropfen lassen, auf ein Blech setzen und im Rohr fertig backen.

Tipp: diverse Füllungen und Knödel immer entsprechend verpacken und beschriften, so kommt es mit Sicherheit zu keinen Verwechslungen.

FRUCHTKNÖDEL UND DEREN „HARTER KERN"

Bei Fruchtknödeln wie Marillen-, Pfirsich-, Nektarinen- oder Zwetschkenknödeln nur einwandfreies Obst verwenden.

Tipp: Der Fachmann wird beim Obsthändler seines Vertrauens sogenanntes „Kerngeherobst" bestellen. Darunter versteht man Obst, welches sich leicht vom Kern lösen lässt. Besonders fein schmecken Obstfüllungen, wenn man den Kern durch Würfelzucker, Marzipan oder eine Nussfülle ersetzt. Dabei ist es von Vorteil, nicht zu viele Knödel auf einmal für das Kochen bzw. Backen vorzubereiten, da austretender Fruchtsaft bei längerer Stehzeit die Knödel bzw. den Teig aufweichen kann.

Süße Teighüllen können mit verschiedenen Geschmacksbeigaben verändert werden: Zimt, Vanillezucker, Nelken, Nüsse, Krokant, Mohn, Orangen-, Zitronen- oder Limettenschalen, Lebkuchenbrösel oder Lebkuchengewürz, Ingwerpulver, getrocknete Apfelschalen, getrocknete und fein gemahlene Blütenblätter. Diese Geschmacksträger eignen sich aber auch als Beigabe zu Butterbröseln.

DAS KOCHEN VON TOPFENKNÖDELN UND ÄHNLICH WEICHEN MASSEN

In einem großen, breiten Topf reichlich Wasser leicht gesalzen aufkochen. Die Knödel in das kochende Wasser geben. Dabei nur so viele einlegen, dass sie sich noch drehen können. Genügend Platz ist deshalb wichtig, da ja die Knödel an Volumen entsprechend zunehmen. Das Wasser nochmals kurz aufkochen lassen, mit einem Kochlöffel vorsichtig umrühren und die Knödel unter dem Siedepunkt (bei milder Hitze) gar ziehen lassen. Dabei den Topf ab und zu leicht rütteln, damit die Knödel nicht am Boden anhaften. Eventuell Knödel oder Nockerl nach der halben Garzeit mit einem Löffel vorsichtig umdrehen. Mit einem Lochschöpfer vorsichtig aus dem Kochwasser heben, gut abtropfen lassen, je nach Art der Knödel weiterverarbeiten.

Gefüllte Knödel wie auch jene mit gefrorener Füllung benötigen eine längere Kochzeit. Manche Rezepturen verlangen ausschließlich ein Garen unter dem Siedepunkt. Hierfür die Knödel immer zuerst in kochendes, aromatisiertes Wasser einlegen, sogleich die Hitze reduzieren, nicht mehr aufkochen lassen.

Wallend kochen kann man Knödel mit einer etwas kompakteren Teighülle bzw. -konsistenz (Topfenteig für süße und pikante Knödel, Semmelknödel etc.).

Knödel, welche in Wasser gekocht werden, eher kräftiger aromatisieren. Durch den Kochvorgang verlieren die Knödel etwas an Geschmack.

Ob Knödel zugedeckt gegart werden, hängt vom jeweiligen Teig ab. Ich koche die Knödel zumeist abgedeckt mit leicht geöffnetem Deckel ein.

DAS WAREN NOCH SPARSAME ZEITEN

Ich erinnere mich, dass meine Großmutter aus Gründen der Sparsamkeit das Knödelkochwasser zu verwenden wusste. So nahm sie es zum Aufgießen von Saucen.

KNÖDEL IM „DAMPF" GAREN – DIE ETWAS SANFTERE METHODE

Eine Möglichkeit, welche sich eher für kleine Mengen eignet, ist das Dämpfen auf einem kleinen, gelochten Dampfteller (verstellbarer Metallpilz). Dieser lässt sich fächerförmig aufklappen und wird so in einen Topf (mit Wasser) gestellt oder gehängt. Der Topf muss dabei gut geschlossen bzw. abgedichtet werden, damit keine Feuchtigkeit entweicht.

Im Dampfgarer kann man auf den vorhandenen einzelnen Etagen unterschiedliche Gerichte gleichzeitig garen oder auch Speisen erwärmen, wie zum Beispiel Knödel, Reis, Nudeln, Erdäpfel.

KNÖDEL SCHNEIDEN ODER TRADITIONELL „AUSEINANDERZIEHEN"?

Das kommt wohl auf die Köchin/den Koch bzw. auf die Qualität der Knödel an: Ein flaumiger Knödel verdient ein behutsames Auseinanderziehen, ein „Dotscha" hingegen – wie die Innviertler einen festeren Knödel bezeichnen – wird der Einfachheit halber zumeist aufgeschnitten.

DAS AUFBEWAHREN VON KNÖDELN SOWIE DAS AUFWÄRMEN

Verbleibende Knödel im Kühlschrank gut abgedeckt aufbewahren. Genauso eignen sich natürlich entsprechende Kunststoffbehälter zum Aufbewahren. Zum Anrichten nochmals kurz in kochendem Wasser oder im Dampfgarer erwärmen.

Serviettenknödel können zur Bevorratung eingefroren werden. Dazu die Knödel in Scheiben schneiden, auf ein mit Frischhaltefolie ausgelegtes Blech lose auflegen, mit Folie abdecken und einfrieren. Durchgefroren in Frischhaltebeutel geben und mit einer Klammer verschließen oder einzeln in Frischhaltefolie einpacken und einfrieren.

SOLLTE EINE MASSE EINMAL WIRKLICH ZU WEICH WERDEN – HIER KANN IMPROVISIERT WERDEN

Sollte die Masse einmal doch nicht zusammenhalten, besteht noch die Möglichkeit, die Knödel einzeln oder die Masse zu einer Stange geformt in Frischhaltefolie einzudrehen und so verschlossen wie Serviettenknödel zu garen.

Lassen sich aus einer Masse, trotz aller Abhilfen, einmal keine Knödel mehr drehen, auch das kann durchaus passieren, so kann man daraus kleine Laibchen formen. Diese etwas flach drücken (eventuell noch in Bröseln wälzen) und in einer beschichteten Pfanne in wenig Öl goldbraun braten.

KNÖDEL UND SAUCE – „ZWEI, DIE SEIT JEHER ZUSAMMENGEHÖREN"

Bleiben von diversen Gerichten wie beispielsweise von Gulasch, Ragouts, Schweins- oder Surbraten Bratensäfte bzw. Saucen übrig, so können diese auf Vorrat in Eiswürfelbehältern oder in einem stärkeren Kühlbeutel – gleichmäßig flach gedrückt – eingefroren werden.

WEITERE KLEINE KÜCHENGEHEIMNISSE AUS DER PRAXIS

Bei Teigrezepturen, welche als Zutat Öl enthalten, kann stattdessen auch aromatisiertes Öl wie Orangen-, Zitronen- oder Basilikumöl verwendet werden.

Bei salziger Teighülle kann zusätzlich mit Paprika, Curry, Kurkuma, Kardamom, Wasabipaste, fein geriebenem Kren, getrockneten, fein gemahlenen Kräutern und beliebigen Gewürzen aromatisiert bzw. eingefärbt werden.

Fertig gegarte Knödel vor dem Anrichten eventuell in fein gehackten Kräutern wälzen.

Bei Rezepten, welche Weißbrot enthalten, kann ebenso Vollkornbrot verwendet werden.

Von pikanten wie auch süßen Füllungen kann man eine größere Menge zubereiten und im Gefrierbeutel bevorraten. So ist der Arbeitsaufwand bei Bedarf nicht mehr so groß.
Falls eher feiner Grieß oder Polenta benötigt wird, diese in einer Küchenmaschine mit speziellem Aufsatz oder noch besser in einer Getreidemühle mahlen.
Semmelknödel werden durch die Beigabe von etwas Natron, Backpulver oder Mineralwasser besonders locker.
Serviettenknödel nicht zu fest eindrehen, damit sie während des Garens noch aufgehen können.
Durch Beigabe von in Milch oder Wasser eingeweichten Semmeln oder Toastbrot wird Faschiertes in der Konsistenz weicher.
Feine Fischmassen in Flüssigkeit oder Fischfond einlegen und so nur unter dem Siedepunkt garen (ca. 15 Minuten), keinesfalls kochen (Masse würde durch übergartes Fischeiweiß zäh werden).

„KNUSPRIGES" AUS TEIGRESTEN

Teigreste dünn ausrollen und, länglich geschnitten, in heißem Fett gebraten, ergeben eine „knusprige Garnitur".

WAS MAN BEI DER VERARBEITUNG VON ERDÄPFELN UND DEREN „STÄRKE" BEACHTEN SOLLTE

Erdäpfelknödel, ob aus gekochten oder rohen Erdäpfeln zubereitet, gelingen mit mehligen Sorten am besten. Im Notfall habe ich jedoch auch schon speckige Sorten verwendet.
Hierbei sollte man den Teig nicht zu lange bearbeiten und keinesfalls zu lange stehen lassen. Am besten sofort weiterverarbeiten.
Generell koche ich Erdäpfel in der Schale, werden Erdäpfel in Salzwasser gekocht, diese nach dem Ableeren eventuell im geöffneten Backrohr (um Dampfbildung zu vermeiden) bei ca. 40 °C ausdämpfen lassen.
Am schonendsten passiert das Garen von Erdäpfeln in einem Topf mit Siebeinsatz oder in einem Dampfgarer.
Erdäpfelknödel in rohem Zustand nicht zu lange stehen lassen, vor allem im Kühlschrank ziehen sie rasch Feuchtigkeit an und verlieren so die Form bzw. Bindung.
Die Erdäpfel sollten frisch gekocht und anschließend mit der Wiege oder Erdäpfelpresse durchgedrückt werden; keinesfalls durch den Fleischwolf drehen, die Masse würde eher zäh werden.
Restmengen an Teig können beispielsweise für Erdäpfelnudeln, Mohnnudeln und dergleichen verwendet werden.
Bei Erdäpfelteigen mit rohen Erdäpfeln diese nach dem Reiben sofort mit etwas Zitronensaft, Zitronensäure oder Essig vermischen, ein Verfärben wird so vermieden.

NUDELTEIG UND DIE „FEINHEIT DES AUSROLLENS"

Bei Nudelteigen ist darauf zu achten, dass dieser nach dem Verkneten bzw. noch vor dem Verarbeiten, in Frischhaltefolie gewickelt oder mit einem feuchten Baumwolltuch abgedeckt, mindestens ein halbe bis eine Stunde ruhen muss. Das Klebereiweiß des Mehls kann sich so zusammen mit den restlichen Zutaten am besten entfalten.
Um ein Austrocknen des Nudelteigs während des Ausrollens zu verhindern, ist es ratsam, möglichst nur kleine Mengen zu verarbeiten. Der Teig sollte so dünn wie möglich ausgerollt werden. Ist der Teig zu dick, kommt die Füllung kaum zur Geltung. Am besten gelingt das Bearbeiten mit einer Nudelmaschine: dazu

den Teig zuerst mit der Hand flach drücken, auf größter Stufe beginnen und nach jedem Ausrollen gut mit Mehl bestauben. So lange fortfahren, bis das Teigblatt die gewünschte Stärke erreicht hat. Oder den Teig auf einer gut bemehlten Arbeitsfläche von Hand dünn ausrollen. Je nach Rezeptur benötigt man hier einige Ausdauer und Kraftanstrengung.

FÜR DIE HERSTELLUNG VON RAVIOLI ...

den Nudelteig dünn ausrollen, in Abständen von 3 bis 4 cm kleine Füllmengen (je nach Festigkeit mit einem Löffel oder Spritzsack) auftragen. Die Zwischenräume mit verrührtem Ei oder Wasser bestreichen, eine gleich große, ebenso dünn ausgerollte Teigschicht darüberlegen. Mit der Hand den Teig nun zwischen den Vertiefungen sorgfältig andrücken, sodass sich die Füllung in ihrer Form gut abzeichnet bzw. gut verschlossen wird. Vor dem Ausstechen und Füllen verbliebenes Mehl mit einem Mehlbesen abkehren. Mit einem Teigrad, Messer oder Ausstecher ausschneiden bzw. ausstechen. Teigreste erneut zusammenkneten und wiederum wie zu Beginn weiter fortfahren.

Fettreiche oder sehr weiche Teige mit dem Rollholz ausrollen, der Teig würde die Nudelmaschine verkleben.

Ist die Fülle aufgebraucht, jedoch noch Teig übrig, daraus Beilagennudeln zubereiten, diese anschließend trocknen oder tiefkühlen.

Bei Ravioli oder Tortelloni ist es von Vorteil, aufgrund des erhöhten Arbeitsaufwandes gleich größere Mengen herzustellen.

Die Teigtaschen können sowohl roh als auch kurz überkocht, abgekühlt und gut abgetropft eingefroren werden. Am besten legt man die fertige Ware flach auf ein mit Frischhaltefolie oder mit Mehl bestaubtes Blech und gibt dieses in die Gefriertruhe. Die gefrorenen Ravioli in Frischhaltebeutel oder passende Behälter umfüllen und gut verschlossen aufbewahren.

Für die Herstellung von Ravioli wie auch von Teigtaschen gibt es im Handel bereits hilfreiche Utensilien bzw. Materialien, welche die Arbeit erleichtern (siehe Bilder Seite 30).

Gegarte (gebratene oder gekochte) Füllungen sind stets weicher als jene mit roher Fleischfüllmasse.

FRÜHER HAT MAN DEN TOPFEN ÜBER NACHT „HÄNGEN" LASSEN, UND DAS NICHT OHNE GRUND

Topfen sollte möglichst trocken verarbeitet werden. Dafür den Topfen in ein engmaschiges Sieb (eventuell mit einem Tuch ausgelegt), am besten über Nacht, im Kühlschrank abtropfen lassen. Die benötigte Menge, je nach Rezeptur, sollte erst danach abgewogen werden. Generell sind alle Rezepturen mit Topfen (mit 20 % Fettanteil) angeführt. Es kann aber auch Magertopfen verwendet werden.

Aus Zeitgründen verwende ich jedoch immer herkömmlichen Topfen, die angesammelte Molke leere ich jedoch ab. Die Rezepte im Buch sind auch auf diese Verarbeitungsweise abgestimmt.

Topfen erhält man oft auf Bauernmärkten. Da dieser Topfen meist trockener ist, kann es zu kleinen Unterschieden bei der Verarbeitung kommen.

KNÖDEL AUF VORRAT

Knödel eignen sich gut zum Einfrieren; fertig geformte Knödel auf ein mit Mehl oder Brösel (je nach Zutaten) bestäubtes oder mit Frischhaltefolie überzogenes Blech mit Abstand darauf setzen, nach ca. 3 bis 4 Stunden vom Blech lösen, in Gefriersäcke oder -dosen füllen, beschriften, gut verschlossen im Tiefkühler lagern.

Knödelteige von Brandteig bis Topfenteig

Abgebrannter Mehl-Polenta-Teig – als Teighülle

ZUTATEN ~ 60 g Polenta / 200 g griffiges Weizenmehl oder Weizenvollkornmehl 50 g glattes Weizenmehl / ca. 250 ml kochendes Wasser / Salz

ZUBEREITUNG ~ Mehl und Polenta mit Salz in einer Schüssel vermengen, mit kochendem Wasser überbrühen, zu einem glatten Teig zusammenmengen und gut abkneten.
Sehr grobe Polenta kann man in einer Küchenmaschine oder Getreidemühle etwas feiner mahlen, Polenta eventuell durch Weizengrieß ersetzen. Füllrohlinge eher dünn mit diesem Teig umhüllen.

Brandteig für süße und pikante Knödel

ZUTATEN ~ 500 ml Milch / 70 g Butter / 300 g glattes Weizenmehl oder feines Dinkelmehl / Prise Salz / 4 Dotter

ZUBEREITUNG ~ Für den Brandteig Milch mit Salz und Butter aufkochen, Mehl unter ständigem Rühren dazugeben. Die Masse auf der Herdplatte so lange mit dem Kochlöffel abarbeiten, bis sie sich vom Geschirrrand löst, dies nennt man „abbrennen". Es bildet sich am Topfboden ein weißer Belag. Von der Herdstelle nehmen und überkühlt nach und nach die Dotter einarbeiten. Knödel in kochendes Salzwasser einlegen und je nach Größe ca. 10 bis 12 Minuten garziehen lassen. Kann mit beliebigen pikanten, süßen oder fruchtigen Füllungen (Marillen, Zwetschken, Weichseln) zubereitet werden.
Teig beliebig je nach Verwendung mit verschiedenen frischen Kräutern oder Gewürzen (Paprikapulver, Curry, Kurkuma, Zimt, Nelken, Lebkuchengewürz) einfärben bzw. aromatisieren.

Schneller Brandteig

Ein Rezept von Angela Mistlberger aus Gmunden

ZUTATEN ~ **300 g glattes Weizenmehl / 30 g Butter / ca. 170 ml heißes Wasser Salz / 1 Dotter**

ZUBEREITUNG ~ Mehl in eine Schüssel geben, Butter klein schneiden und mit Salz auf das Mehl geben, mit kochendem Wasser überbrühen, gut vermengen und abkneten. Etwas überkühlt den Dotter untermengen und in Frischhaltefolie gewickelt ca. 30 Minuten rasten lassen.
Klebt der Teig noch etwas, Mehl untermengen.
Kann als Hülle für alle Knödelfüllungen verwendet werden. Knödelrohlinge mit dem Teig sehr dünn umhüllen.

EIERSPEISFÜLLE ~ Eier mit etwas Milch oder Obers verrühren, Eierspeis bereiten, mit Salz, Pfeffer und eventuell Petersilie, fein gehackt, würzen, kalt stellen, in Stücke zerreißen und den Teig damit füllen. In kochendes Salzwasser einlegen und ca. 8 bis 10 Minuten kochen lassen.
Dazu Sauerkraut und eine Rahmsauce servieren. Mit wenig Kräutersalz oder pikanten Butterbröseln bestreuen.

Buchweizenteig für pikante Füllungen

Buchweizen ist ein Knöterichgewächs und eigentlich kein Getreide. Die geschälten Körner werden zu Mehl gemahlen. Er hat einen kräftigen Geschmack und ist besonders kernig, meist wird er mit Weizen- oder Roggenmehl gemischt. So lässt sich der Teig leichter verarbeiten, denn er ist geschmeidiger.

ZUTATEN ~ **200 g Buchweizenmehl / 100 g Roggenmehl / ca. 80 ml Wasser 30 ml Öl / 2 Eier / Salz**

ZUBEREITUNG ~ Alle Zutaten vermengen und zu einem elastischen Teig zusammenkneten, er sollte gut formbar sein. In Frischhaltefolie wickeln und ca. 30 Minuten rasten lassen.
Anstelle von Wasser kann Milch genommen werden.
Knödel, Schlutzkrapfen, Ravioli oder Tascherln daraus bereiten, mit Fülle versehen und in Salzwasser kochen.

Einfacher (schneller) Knödel- oder Tascherlteig

ZUTATEN ~ 300 g griffiges Weizenmehl / ca. 150 ml kaltes Wasser / 20 ml Öl / Salz weißer Pfeffer, frisch gemahlen / Mehl für die Arbeitsfläche zum Ausrollen

ZUBEREITUNG ~ Alle Zutaten in eine Schüssel geben und zuerst mit einem Kochlöffel vermengen, dann mit den Händen gut durchkneten. Mit Frischhaltefolie abdecken und ca. 20 Minuten rasten lassen, auf einer bemehlten Arbeitsfläche dünn ausrollen und beliebig weiterverwenden.
Idealer Teig für Knödel, Tascherln, Kärntner Kasnudeln etc.

Dies ist eine strudelteigähnliche Rezeptur, aus der sich die sogenannten „Zweckerl" bestens zubereiten lassen: verbliebenen Teig auf der Arbeitsfläche zu einer langen dünnen Wurst rollen, mit einer Teigkarte sehr kleine Stücke abstechen und zu länglichen, kleinen Stangen (Zweckerln) formen; in kochendes Salzwasser einlegen und garkochen.
Als Einlage für Suppen, aber auch zu Apfelkompott, Apfelmus oder mit Sauerkraut reichen, eventuell mit Butterbröseln bestreut oder darin gewälzt servieren.
Meine Lieblingsspeise aus der Resteverwertungsküche meiner Großmutter.

Erdäpfelnudelteig

Einer meiner Lieblingsteige für Tascherln, Ravioli, Knödel etc.

ZUTATEN ~ 130 g gekochte, mehlige Erdäpfel / 250 g griffiges Weizenmehl, Typ 480 / ca. 70 ml kaltes Wasser / gute Prise Salz

ZUBEREITUNG ~ Die gekochten, gut ausgedämpften Erdäpfel noch heiß durch die Erdäpfelpresse drücken, mit den restlichen Zutaten vermengen, rasch zu einem Teig zusammenkneten und abkühlen lassen.
Auf einer leicht bemehlten Arbeitsfläche ca. 1 bis 2 mm dick ausrollen, für Tascherln Kreise von ca. 5 bis 8 cm Durchmesser ausstechen, in die Mitte des Kreises beliebige Fülle legen, die Ränder mit Ei, Eiweiß oder wenig Wasser bestreichen, die Teigränder zusammenklappen, gut andrücken, die Tascherln in kochendes Salzwasser einlegen und ca. 8 bis 12 Minuten, je nach Größe, kochen.
Für Knödel: Teigfüllungen ebenso mit dünnem Teig umhüllen und zu Knödeln zusammendrehen.

Erdäpfelteig für süße und pikante Laibchen, Knödel und viele Varianten

ZUTATEN ~ 300 g gekochte, durchgedrückte, mehlige Erdäpfel / 30 g zerlassene Butter 100 g griffiges Weizenmehl oder Dinkelmehl / 30 g Grieß oder Polenta / 1 bis 2 Dotter Prise Salz / 20 g Vanillezucker / etwas unbehandelte Zitronen- oder Orangenschale evtl. noch fein gemahlene Nüsse oder Mohn unter den Teig mengen

ZUBEREITUNG ~ Alle Zutaten vermengen und rasch zu einem glatten Teig zusammenkneten. Teig nur kurz rasten lassen, beliebige Früchte oder süße Knödelfüllungen damit umhüllen und zu Knödeln formen. In kochendes Salzwasser einlegen und je nach Größe ca. 10 bis 12 Minuten kurz unter dem Siedepunkt kochen. Teig oder Kochwasser zusätzlich mit Zimt, Nelkenpulver, Lebkuchengewürz aromatisieren.
Aus dem Teig dünne Laibchen formen, in einer beschichteten Pfanne mit wenig Öl braten, mit Marmelade füllen und zu einem Turm aufschichten. Mit Staubzucker bestreut reicht man zu diesem Turm Beerenragout, Hollerröster, Zwetschkenröster, Vanillesauce oder Birnenmus.
Ist der Teig zu weich: Erdäpfel oder Maisstärke einmengen.
Ist der Teig zu fest: Zerlassene Butter oder passierte Erdäpfel dazugeben.

TIPPS ~

- Teig eignet sich auch gut für pikante Füllungen: dazu Vanille und Schalen weglassen, mit mehr Salz und Muskatnuss würzen.
- Erdäpfelteige verlieren bei zu langer Rast- bzw. Lagerzeit ihre Bindung. Polenta verstärkt die Erdäpfelfarbe. Die Mehl- oder Grießmenge kann auch erhöht werden.
- Gebratene, pikante Laibchen als Beilage oder mit Kräuter-, Rahm-, Gemüsesauce oder einer kalten Schnittlauchsauce servieren.
- Kann anstelle von Butter mit Gänse-, Enten- oder Schweineschmalz zubereitet werden.

VARIANTEN ~

ERDÄPFELKNÖDEL: 50 g Semmelwürfel in etwas Butter anrösten und unter die Masse mischen, aus der Erdäpfelmasse Knödel formen und diese in leicht kochendem Salzwasser ca. 12 Minuten unter dem Siedepunkt garziehen lassen, bis sie an der Oberfläche schwimmen. Die Knödel eventuell mit pikanten Butterbröseln bestreuen.

DATTELKNÖDEL (SÜSS): 8 frische Datteln, 8 geschälte Mandeln oder etwas Marzipan. Die Datteln häuten, entkernen und die Kerne durch Mandeln oder Marzipan ersetzen, mit Erdäpfelteig umhüllen, garen, mit zerlassener Butter und geriebenen Pistazien bestreuen.

ZWETSCHKENKNÖDEL MIT DÖRRFRUCHT (SÜSS): Dörrzwetschken faschieren, mit Powidl, Rum und Marzipan zu einer formbaren Masse zusammenmengen, kleine Knödel formen, anfrieren und mit Teig umhüllen.

SCHOKO- ODER PRALINENKNÖDEL: ca. 12 Nougatstücke, beliebige Pralinenkugeln oder jede Art von Konfekt mit dem Teig umhüllen, je nach Größe ca. 5 bis 7 Minuten kochen, in süßen Butterbröseln wälzen und mit Staubzucker bestreut servieren. Die Nougatstücke vor der Zubereitung in den Kühlschrank legen, damit diese während des Kochens nicht gänzlich zergehen.

PREISELBEERKNÖDEL: 50 g Preiselbeermarmelade, 80 g Rohmarzipan mit 20 bis 30 g Kokosflocken oder fein gemahlenen Nüssen festigen, kleine Knödel formen und kurz anfrieren, mit Teig umhüllen, in Salzwasser kochen oder in heißem Fett schwimmend backen, in gerösteten Kokosflocken wälzen. Mit Apfelmus oder Apfelkompott servieren.

ERDÄPFEL-SERVIETTENKNÖDEL (PIKANT): Erdäpfelteig auf eine feuchte, geölte oder befettete Serviette geben und zu einer Rolle zusammendrehen oder in Frischhaltefolie eindrehen. In Salzwasser ca. 40 Minuten kochen. Als Beilage zu Braten und Ragouts.

WALDVIERTLER BIRNENKNÖDEL (SÜSS): Erdäpfelteig mit Zimt und Zitronenschale abschmecken, kleinwürfelig geschnittene Birnen daruntermengen, Knödel formen und kochen. Gut abgetropft in geriebenen Haselnüssen oder Nusskrokant wälzen und mit zerlassener Butter beträufeln, mit Beerenkompott oder Vanillesauce servieren. Mit Apfelwürfeln ebenso zubereiten.

KRAUTKNÖDEL (PIKANT): 250 g gut ausgedrücktes Sauerkraut klein schneiden und mit 60 g Speckwürfeln vermengen, eventuell mit Bröseln oder Dotter festigen, daraus kleine Knödel formen und mit Erdäpfelteig umhüllen, kochen; gute Beigabe zu Most-, Schweins- oder Surbraten.

KÄSEKNÖDEL (PIKANT): kleine Käsewürfel oder fein geriebenen Käse unter den Erdäpfelteig mengen, kleine Knödel formen, in Semmelbröseln wälzen und in heißem Fett schwimmend hellbraun backen.

MIT MOZZARELLAFÜLLUNG (PIKANT): gewürfelte Mozzarella- oder Schafkäsewürfel mit getrockneten, klein geschnittenen Tomaten, Basilikumblättern, fein gehackt, und Weißbrotbröseln vermengen und in Erdäpfelteig einhüllen.

KÜMMELKNÖDEL: klein geschnittene, gekochte Selleriewürfel und ansautierte Speckwürfel in den Erdäpfelteig mengen, mit fein gemahlenem Kümmel und Majoran sehr würzig abschmecken. Knödel formen und backen.

SCHUPF-, FINGER- ODER ERDÄPFEL-NUDELN: die gekochten, geschälten Erdäpfel noch warm durch die Erdäpfelwiege oder -presse drücken, Teig zubereiten, auf einer bemehlten Arbeitsfläche zu länglichen Stangen rollen, diese in kleine Stücke schneiden und zu kleinen, länglichen Nudeln wuzeln. In kochendes Salzwasser einlegen und garziehen lassen, abseihen, kalt abspülen und in Butter oder Butterschmalz bräunen. Sie können sowohl süß als auch pikant serviert werden.

Mit einer Kräuter- oder Gemüsesauce und Salat serviert

geben sie auch eine g'schmackige Hauptspeise. Ideale Beilage zu Ragoutgerichten, aber auch als Grundlage für mit Käse überbackene Erdäpfelnudeln mit Tomatenragout sowie für süße Dessertgerichte wie Mohn- oder Nussnudeln.
Für gebackene Erdäpfelnudeln schlichten Sie die gekochten Nudeln in einer gut mit Butter ausgestrichenen Pfanne nebeneinander und überbacken sie im vorgeheizten Backrohr goldgelb. Etwa 100 g Sauerrahm mit 1 Ei, Salz und Pfeffer gut verrühren, kurz vor Ende der Backzeit über die Nudeln gießen und im Rohr stocken lassen. Mit frischem Schnittlauch, ausgelassenen Speckwürfeln oder kurz angeschwitzten Pilzen bestreuen.
Die Nudeln können auch ungekocht in einer Pfanne mit wenig Öl unter ständigem Schwingen der Pfanne rundum goldbraun gebraten werden.

BERTRAMKNÖDEL (PIKANT): unter die Erdäpfelmasse 1 bis 2 EL fein gehackten Bertram (Estragon) mengen.

PIKANTE KRÄUTERKNÖDEL: unter die Erdäpfelmasse viele frische, fein gehackte Kräuter wie Brennnessel, Petersilie, Basilikum, Estragon, Liebstöckel, Oregano, Thymian, Majoran, Huflattich, Sauerampfer, Brunnenkresse etc. mischen.

ERDÄPFELKÄSEKNÖDEL IM KÜRBISKERNMANTEL (PIKANT): fein geriebenen Parmesan oder Bergkäse unter die Erdäpfelmasse mengen, kleine Knödel formen, in Mehl, verquirltem Ei und fein gehackten Kürbiskernen, vermischt mit Bröseln, panieren, in heißem Fett goldbraun backen.
ERDÄPFELSCHNECK (PIKANT): 150 g ansautierte Zwiebelwürfel, 100 g Grammeln und 1 bis 2 EL Petersilie, fein gehackt, Salz, Pfeffer.
Den Teig auf einer bemehlten Arbeitsfläche rechteckig ausrollen und mit Zwiebeln, Grammeln und Petersilie bestreuen, zu einer Rolle zusammendrehen, in ein geöltes Baumwolltuch einwickeln, die Enden gut verschließen und als Serviettenknödel je nach Größe ca. 20 bis 30 Minuten kochen, auswickeln und in Scheiben schneiden.
Die Fülle der Roulade kann je nach Vorrat und Saison auch mit frischen Pilzen, Spinat, Kräutern und Gemüse variiert werden.
ERDÄPFELKROKETTEN (PIKANT): aus dem Teig daumendicke Kroketten formen, in Bröseln (eventuell vermischt mit Kräutern, Kokosflocken oder Nüssen), Sesam, Mandelblättchen oder -stiften, gemahlenen Nüssen, Sonnenblumenkernen oder Haferflocken wälzen und in heißem Fett goldbraun backen.
GNOCCHI: den Teig auf einer bemehlten Arbeitsfläche zu 1 bis 2 cm dicken und langen Strängen rollen, diese nebeneinanderlegen und ca. 3 cm dicke Stücke abschneiden; jedes Teigstück über eine Raspel oder über die Rückseite einer Gemüseraspel rollen oder mit den Zinken einer Gabel eindrücken, um es mit dem charakteristischen und dekorativen Gittermuster zu versehen.
Die Gnocchi in kochendes Salzwasser einlegen und unter dem Siedepunkt garziehen lassen, bis sie an die Oberfläche aufsteigen; mit einem Schaum- oder Siebschöpfer herausheben, eventuell kurz mit kaltem Wasser abschrecken, abtropfen lassen und als Beilage oder eigenständiges Gericht servieren.
FÜR KÄSEGNOCCHI: frisch geriebenen Parmesan unter die Erdäpfelmasse mengen.
In Olivenöl schwenken und mit Tomatenragout servieren, eventuell mit Pesto und fein geriebenem, würzigem Bergkäse garnieren oder mit Salbeibutter und frisch geriebenen roten Pfefferkörnern bestreut anrichten.

Fotos unten: Erdäpfelteig mit Spinatfülle

SCHUPFNUDELN: Erdäpfelteig auf einer bemehlten Arbeitsfläche zu 1 cm dicken Rollen formen, mit einer Teigkarte 2 cm große Stücke abschneiden; zwischen den Handflächen (eventuell bemehlt) oder auf der Arbeitsfläche zu kleinen, fingerstarken Röllchen mit spitzen Enden (wie Vanillekipferln) formen.
In Salzwasser kochen oder in einer beschichteten Pfanne die vorgekochten oder rohen Erdäpfelnudeln in Butter oder Butterschmalz so lange schwenken, bis sie hellbraun sind; je nach Verwendung mit Salz abschmecken oder mit Staubzucker süßen.
Als Beilage zu Saucengerichten oder als Nachspeise mit Apfelmus, Beeren- oder Früchteröster reichen.
In pikanten oder süßen Butter-, Nuss- oder Mohnbröseln wälzen oder damit bestreuen.

FÜLLUNGEN ~

Es eignen sich als Einlage beinahe alle Füllungen; ist eine Füllmasse zu weich, eventuell mit etwas Erdäpfelteig vermengen oder mit Bröseln festigen.
SPINATFÜLLE: 60 g gekochten, grob geschnittenen Blattspinat, 40 g Ziegenkäse, einige geröstete Pinienkerne und fein gehackte Minze mit Salz und Pfeffer würzen, mit etwas zerlassener Butter vermengen und auf die Mitte des ausgerollten Teiges setzen, zusammenrollen und fertigen (siehe oben).
SCHWAMMERLFÜLLE: 1 EL Zwiebelwürfel und 160 g Pilze (Eierschwammerl, Steinpilze, Champignons) in Butter ansautieren, mit Knoblauch, Salz und Pfeffer würzen, eventuell klein gehackte Petersilie untermischen; Zubereitung siehe oben.
MARONIFÜLLE: Maronipüree mit etwas Edäpfelteig vermengen, zu einer Rolle formen und mit dem ausgerollten Teig umhüllen. *(Foto unten)*

LEBERWURST-LAUCH-FÜLLE: klein geschnittenen Lauch in wenig Butter andünsten, einige Weißbrotwürfel dazugeben, abgekühlt mit Leberwurst vermengen, eventuell mit etwas Semmelbröseln festigen und kleine Knödelrohlinge formen. Kurz frieren und mit Erdäpfelteig umhüllen.

SCAMPIFÜLLE: klein geschnittene Scampi in Butter oder Kräuterbutter braten, eventuell mit etwas Weißbrotbröseln vermengen, Erdäpfelteig mit fein gehackter Dille vermengen, in die Mitte ausgekühlte Scampifülle setzen und Knödel formen. Mit Tomaten-, Kräuter- oder Gemüsesauce und Blattsalat servieren. Mit Shrimps oder Garnelen ebenso zubereiten.

Erdäpfelteig mit heißen Erdäpfeln

ZUTATEN ~ **500 g gekochte, heiß geschälte und durchgepresste Erdäpfel**
120 g griffiges Weizenmehl / 40 g Butter / 2 Dotter / Steinsalz / evtl. Pfeffer und Muskatnuss, frisch gemahlen

ZUBEREITUNG ~ Die gekochten Erdäpfel noch heiß weiterverarbeiten, nur kurz ausdämpfen lassen, mit den restlichen Zutaten zu einem Teig verarbeiten. Vom Teig kleine Stücke abnehmen, auseinanderdrücken und mit kleinen Knödelfüllungen, Semmel-, Schinken- oder Käsewürfeln oder beliebig füllen. Gut zusammendrücken, in kochendes Salzwasser einlegen und ca. 10 bis 12 Minuten unter dem Siedepunkt garen.
Ungefüllt in Brösel gewälzt und in heißem Fett bei ca. 155 °C schwimmend gebacken als Beilage für Rind- und Wildgerichte (hier eventuell Maronikugeln, gut abgetropfte Weichseln oder Dörrfrüchte einfüllen).

Erdäpfelteig mit Vollkornmehl

ZUTATEN ~ **500 g mehlige Erdäpfel, netto / ca. 160 g Dinkelmehl (ersatzweise anderes Vollkornmehl) / 40 g zerlassene Butter oder Butterschmalz / 3 Eidotter**
Salz / ca. 300 g Früchte der Saison (z. B. Marillen, Erdbeeren, Zwetschken)
Zuckerbrösel, vermischt mit Nüssen zum Wälzen / Staubzucker zum Bestreuen

ZUBEREITUNG ~ In der Schale gekochte Erdäpfel schälen und noch heiß passieren. Mehl, Butter, Dotter und Salz dazugeben und rasch zu einem Teig verarbeiten. Eine Rolle formen, Teigstücke portionieren, flachdrücken und die Früchte damit umhüllen. Die sorgfältig geformten Knödel in leicht kochendes Salzwasser einlegen und ca. 10 bis 12 Minuten leicht kochen lassen.
In Zuckerbröseln wälzen und mit Staubzucker bestreut servieren.
Auch für pikante Varianten verwendbar.
Erdäpfelteig sofort weiterverarbeiten, da er bei zu langer Stehzeit die Bindung verliert und verkocht.

Brösel-Grießteig für süße Knödel

ZUTATEN ~ 150 g Weißbrotbrösel von entrindetem Toastbrot oder Semmeln ca. 100 ml Milch / 80 g weiche Butter / 1 Ei / 1 Dotter / 110 g Weizengrieß / Prise Salz 20 g Vanillezucker / evtl. fein geriebene Zitronen- oder Orangenschale

ZUBEREITUNG ~ Brösel in Milch anweichen, ausdrücken und eventuell durch ein Sieb passieren; Butter und Salz mit Vanillezucker schaumig aufschlagen, nach und nach Dotter und Ei einrühren, Brösel und Grieß dazumengen und gut verrühren, mindestens 2 Stunden kühl stellen.
Den Teig zu Stangen rollen, kleine Stücke abnehmen und mit Zwetschken, Erdbeeren, kleinen Marillen, Marzipan- oder Maronikugerln füllen (siehe Rezept Maroniknödel).
Knödel mit Maronifülle mit heißer Schokoladesauce nappieren (überziehen) und mit geschlagenem Obers servieren.

TIPP ~ Für pikanten Teig mit Kräutern und Gewürzen aromatisieren (Vanillezucker weglassen).

Germteig für süße und pikante Knödel

ZUTATEN ~ 500 g griffiges Weizenmehl / 30 g Germ oder ½ Packerl Trockengerm 50 g Butter, ersatzweise Öl / 10 g Zucker, bei süßer Verwendung ca. 60 g / 1 Ei 1 Dotter / ca. 200 ml lauwarme Milch / ca. 8 g Salz, bei süßer Variante weniger fein geriebene, unbehandelte Zitronenschale / evtl. zerlassene oder braune Butter oder Butterschmalz zum Beträufeln

ZUBEREITUNG ~ Germ in Milch auflösen, alle Zutaten zu einem nicht zu weichen Teig vermengen und abschlagen, bis sich der Teig vom Kesselrand löst, ca. 1 Stunde warm gehen lassen, bis sich das Volumen verdoppelt hat.
Kleine Stücke abnehmen, etwas flach auseinanderdrücken, mit beliebiger Fülle versehen, die Enden gut verschließen und rund formen. Auf ein mit wenig Mehl bestreutes Backblech absetzen, mit Küchentuch abdecken und nochmals gehen lassen. Mit der oberen Seite nach unten in kochendes Salzwasser (das noch mit Vanillezucker, Rum oder beliebigem Schnaps aromatisiert werden kann) einlegen, je nach Größe Gesamtkochzeit ca. 15 bis 20 Minuten. Mit einem Lochschöpfer herausnehmen, bis zum Verzehr über Dunst warm halten oder kurz in einer Pfanne mit Butter ins offene Rohr stellen, mit Mohn und Zucker bestreut servieren.

ZUBEREITUNGSVARIANTEN ~

- Der Teig kann ausgerollt, rund ausgestochen oder in Quadrate geschnitten werden, die Ränder befeuchten und beliebige Fülle in die Mitte setzen, Knödel formen.

- In die Germknödelmasse Apfelspalten und Rosinen gut einmengen, mit einem Löffel Nockerln abstechen oder Knödel formen und wie oben beschrieben kochen, herausnehmen, beliebig bestreuen und servieren.

ZUBEREITUNG EINES STRUDELS: Faustgroße Laibchen formen und zugedeckt gehen lassen, dann zu Rechtecken ausrollen bzw. ziehen, mit zerlassener Butter bestreichen, mit Marmelade dünn füllen, zusammenrollen und spiralförmig in eine befettete Pfanne oder Rein legen, nochmals gehen lassen, im vorgeheizten Backrohr ca. 30 Minuten backen. Kurz vor Ende der Backzeit mit Butter bestreichen oder mit etwas Obers übergießen.

DAMPFNUDELN

In einem Topf 250 ml Milch mit 1 EL Feinkristallzucker und 1 Packung Vanillezucker aufkochen, vom fertigen Germteig mit einem Esslöffel kleine Stücke abstechen und nebeneinander in die heiße Milch setzen, abdecken und im vorgeheizten Backrohr bei ca. 165 °C ca. 25 Minuten dünsten bzw. garen lassen. Während der Garzeit Deckel nicht abnehmen, Dampfnudeln mit einer Vanillesauce servieren.

PIKANTE FÜLLUNGEN: ca. 150 bis 200 g ausgebratenen Knoblauchspeck, Grammeln, Haschee, Pilze etc.

Dazu passen Sauerkraut oder Rahmkraut.

Mit zerlassener oder gebräunter Butter beträufeln, mit salzigen Butterbröseln bestreuen.

Als Beilage zu Rinds-, Schweins-, Wildbraten oder -ragout.

SÜSSE FÜLLUNGEN: Kirsch-, Himbeer- oder Powidlmarmelade (zusätzlich mit Zimt und Rum aromatisieren), Nuss-, Mohn- oder Apfelfülle, aber auch frische Heidelbeeren.

Zum Bestreuen: Zimt/Zucker vermischt, geriebener Mohn/Staubzucker, gemahlene Haselnüsse (Mandeln) mit Zimt/Zucker/Vanillezucker, Nusskrokant oder karamellisierte Mandelblättchen.

Mit Vanillesauce oder zerlassener Butter servieren.

KARAMELLISIERTE MANDELBLÄTTCHEN: 90 g Butter zerlassen, 90 g Zucker darin karamellisieren und 150 g Mandelblättchen darin rösten, auf eine Silikonmatte leeren und abkühlen lassen.

TIPPS ~

- Um den Germknödelteig saftiger zu halten, kann zusätzlich noch ein gekochter, durchgedrückter Erdapfel unter den Teig gemengt werden.
- Etwas Milch durch Bier ersetzen.

WEITERE GARMETHODEN: Über Dampf auf einem gefetteten Siebeinsatz je nach Größe ca. 15 bis 20 Minuten garen.

Auf einem über den Topf gespannten, geölten Tuch (Wasserdampf) ca. 20 Minuten abgedeckt dämpfen.

Innviertler Knödelteig

Rezept von Leni Walchetseder

**ZUTATEN ~ 80 g sehr trockenes Knödelbrot / 750 ml kochendes Wasser / 1 TL Salz
1 kg glattes Weizenmehl / 1 Ei / 125 ml Öl**

ZUBEREITUNG ~ Knödelbrot mit Wasser übergießen und weichen lassen. Überkühlt alle Zutaten in eine Rührschüssel geben und am besten in der Küchenmaschine zu einem glatten Teig verarbeiten. In Frischhaltefolie wickeln und mindestens 30 Minuten rasten lassen.
Vom Teig kleine Stücke abnehmen und beliebige Füllrohlinge sehr dünn darin einschlagen.

Rezeptur in größerer Mengenangabe, eventuell Zutatenmenge halbieren.
Wird ein halbes Ei benötigt: ein ganzes Ei in einer Schüssel gut verrühren und 25 g abwiegen.
Restliches Ei beliebig weiterverwenden.
Dieser Teig ist einfach und schnell zubereitet. Lässt sich auch am nächsten Tag noch gut weiterverarbeiten.

Mehl-Erdäpfelteig
(zum Einschlagen diverser Füllungen)

**ZUTATEN ~ 500 g gekochte, mehlige Erdäpfel / ca. 260 g griffiges Weizenmehl
2 Eier / Salz / Prise Muskatnuss**

ZUBEREITUNG ~ Geschälte Erdäpfel durch die Wiege drücken, mit Eiern und Mehl vermengen, mit Salz und Muskatnuss würzen und zu einem Teig verkneten. Kleine Teigstücke abstechen, beliebige Füllrohlinge damit einschlagen, gut zusammendrücken, in kochendes Salzwasser einlegen und garziehen lassen.
Teig mit Paprika, Curry, Kurkuma, fein gehackten Kräutern oder etwas Polenta einfärben.
Etwas Mehl durch Kichererbsenmehl ersetzen.

Maultaschen- oder Schlutzkrapfenteig I

ZUTATEN ~ 420 g glattes Weizenmehl / 4 Eier / ca. 40 ml Wasser / Salz

ZUBEREITUNG ~ Alle Zutaten in einer Schüssel oder auf einer Arbeitsfläche gut zu einem glatten Teig verkneten, in Frischhaltefolie wickeln und ca. 1 Stunde rasten lassen. Mit einer Nudelmaschine oder auf einer gut bemehlten Arbeitsfläche dünn ausrollen und beliebig füllen bzw. weiterverarbeiten. Die Wassermenge ist von der Eigröße abhängig.

Maultaschen- oder Schlutzkrapfenteig II

Einer meiner Lieblingsteige

ZUTATEN ~ 350 g glattes Weizenmehl / 1 Ei / ca. 140 ml Wasser / Salz

ZUBEREITUNG ~ Alle Zutaten in einer Schüssel oder auf einer Arbeitsfläche gut zu einem glatten Teig verkneten, in Frischhaltefolie wickeln und ca. 1 Stunde rasten lassen. Mit einer Nudelmaschine oder auf einer gut bemehlten Arbeitsfläche dünn ausrollen und beliebig füllen bzw. weiterverarbeiten.

Teiggewicht: Je nach Größe benötigt man pro Tascherl ca. 14 bis 17 g Teig (z. B. bei Maultaschen-, Nudel-, Schlutzkrapfenteigen), bei Erdäpfel- und Topfenteigen ca. 20 bis 30 g pro Stück.
Die Füllmenge pro Stück beträgt ca. 15 bis 30 g.

Nudelteig mit Mehl

ZUTATEN ~ ca. 500 g griffiges Mehl / 5 Eier (oder 8 Dotter und 3 Eier) / Salz
1 EL Öl / Mehl zum Stauben

ZUBEREITUNG ~ Aus den Zutaten einen glatten Teig kneten, mit Folie abdecken und rasten lassen. Dann den Teig mehrmals durch die Nudelmaschine drehen, bis die gewünschte Stärke erreicht ist. Dabei immer wieder gut mit Mehl einstauben.
Fertige Nudeln auf ein gut bestaubtes Blech auflegen und sofort kochen oder trocknen bzw. einfrieren.

VARIATIONSMÖGLICHKEITEN ~

- Für rote Nudeln bereiten Sie nach demselben Rezept Nudeln aus ca. 500 g griffigem Mehl, 5 Dottern, 1 Ei, 1 EL Öl, Salz und 160 g Tomatenmark zu.
- Für grüne Nudeln wiederum verwenden Sie ca. 500 g griffiges Mehl, 2 Eier, 3 Eidotter, 1 EL Öl, Salz und 100 g passierten Spinat. Letzterer wird gut ausgedrückt und mit den Eiern sowie den Dottern gemixt.

TIPP ~ Übrig gebliebenes Eiweiß portionsweise in Eiswürfelbehältern oder Silikonformen einfrieren, die gefrorenen Würfel in Frischhaltebeutel oder Dosen geben, gut verschlossen tiefkühlen; so kann je nach Bedarf die benötigte Menge entnommen und aufgetaut werden.

Tascherlteig mit Sauerrahm

ZUTATEN ~ 150 g glattes Weizenmehl / 1 Eidotter / 40 g weiche Butter
60 g Sauerrahm / ¼ TL Backpulver / Salz / Mehl für die Arbeitsfläche

ZUBEREITUNG ~ Alle Zutaten für den Teig in einer Schüssel oder auf einer Arbeitsfläche rasch zu einem Teig verkneten und in Frischhaltefolie gewickelt ca. 30 Minuten im Kühlschrank rasten lassen. Auf einer bemehlten Arbeitsfläche möglichst dünn ausrollen und ausstechen oder ausschneiden. Beliebig süß wie auch pikant füllen.
In Salzwasser kochen oder im vorgeheizten Backrohr bei ca. 180 °C backen.

Tascherlteig mit Backpulver

ZUTATEN ~ 300 g glattes Weizenmehl / 20 g Zucker / 2 TL Backpulver
ca. 150 ml Wasser / 10 ml Öl / Salz

ZUBEREITUNG ~ Mehl mit Backpulver, Salz und Zucker vermischen, mit Wasser und Öl zu einem glatten Teig kneten, mit Frischhaltefolie oder feuchtem Tuch abdecken und ca. 30 Minuten rasten lassen.
Den Teig auf einer mit Stärkemehl bestreuten Arbeitsfläche zu einer Rolle formen, diese in Stücke schneiden, Teigstücke auflegen und mit dem Handballen auseinanderdrücken, mit beliebiger Fülle belegen und zusammendrücken. Chinesische Tascherln oder Knödel formen und in Salzwasser garziehen lassen, über Wasserdampf oder im Dampfgarer garen.
Alternative: auf Stärkemehl ausrollen und Kreise ausstechen, mit Fülle belegen, zusammenklappen, Ränder gut andrücken und garen.
Dieser Teig eignet sich besonders gut für exotische oder orientalische Füllungen.

Nudelteig für Ravioli, Tortelloni oder Tascherln

ZUTATEN ~ 300 g Hartweizengrieß / 50 g glattes Weizenmehl / 2 EL Olivenöl 2 Eier / 5 Eidotter / Salz

ZUBEREITUNG ~ Hartweizengrieß ist nicht nur gesünder als normaler Grieß, sondern verhilft auch handgemachten Nudeln aller Art zu bissfesterer Konsistenz. Wer den Hartweizengrieß nicht aus Italien beziehen möchte, der findet ihn beispielsweise auch im Sortiment der Leikermosermühle in Munderfing.

Dotter, Eier und Salz in einer Schüssel verrühren, nach und nach den Hartweizengrieß zugeben, Mehl sowie Öl einmengen und so lange kneten, bis sich der Teig vom Schüsselrand löst. (Der Nudelteig muss schön glatt, aber noch fest sein.) Zu einer Kugel formen und ca. 30 Minuten kalt stellen.

Dann mithilfe einer Nudelmaschine dünn ausrollen, dabei immer wieder mit Mehl bestauben und je nach Wunsch weiterverarbeiten. (Oder auf einer bemehlten Fläche dünn ausrollen, etwas antrocknen lassen und in beliebige Formen schneiden.) Für die Herstellung von Ravioli wie auch Teigtaschen gibt es im Handel bereits hilfreiche Utensilien bzw. Materialien, welche die Arbeit erleichtern (siehe Bilder).

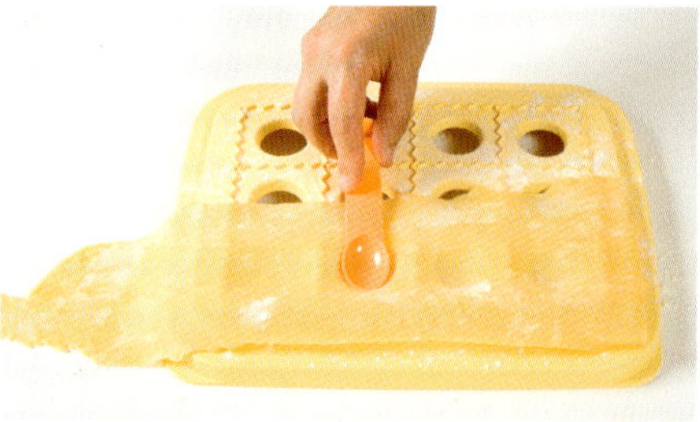

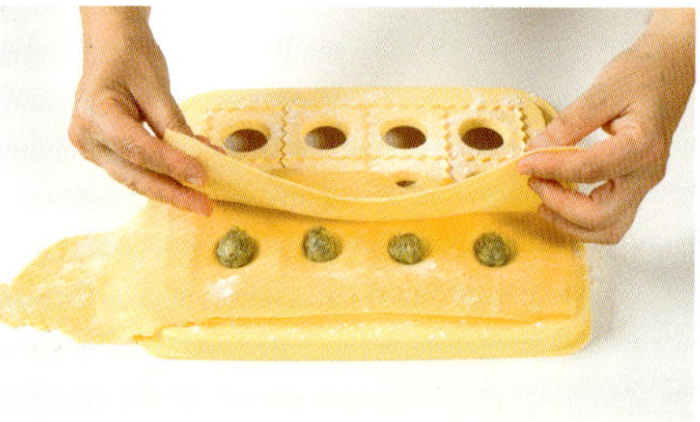

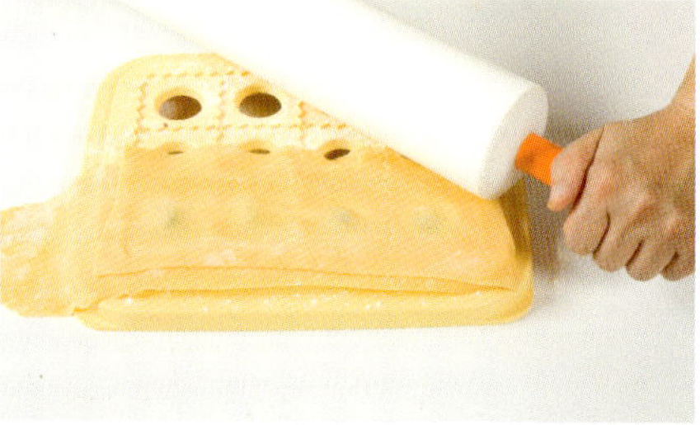

VARIATIONSMÖGLICHKEITEN ~

- Für Bärlauchnudeln mixen Sie 5 g Bärlauchpaste (siehe S. 213) mit 3 Eiern und 3 Dottern und rühren dann 350 g Hartweizengrieß und 150 g glattes Weizenmehl ein.
- Für rote Nudeln mixen Sie 125 ml Rote-Rüben-Saft mit 3 Eiern und stellen dann mit ca. 500 g Hartweizengrieß, 2 EL Öl und Salz einen Nudelteig her.
- Für Safrannudeln mixen Sie ¼ Mokkalöffel Safranpulver mit 5 Eiern und 4 Dottern und stellen mit 1 EL Öl, ca. 600 g Hartweizengrieß, 100 g glattem Mehl und Salz den Teig fertig.

Topfenteig für pikante Knödel

ZUTATEN ~ 250 g Topfen / 200–250 g glattes und/oder griffiges Mehl oder je zur Hälfte gemischt oder feines Dinkelmehl (Menge richtet sich nach Feuchtigkeit des Topfens) / 1 Ei / Salz / Mehl für die Arbeitsfläche

ZUBEREITUNG ~ Topfen mit Ei kurz vermengen, restliche Zutaten zugeben und rasch zu einem glatten Teig verarbeiten, damit der Teig nicht zäh wird. Eine Rolle formen, kleine Stücke abstechen oder schneiden und – mit bemehlten Händen – vorgefrorene Füllknödel damit gut umhüllen.

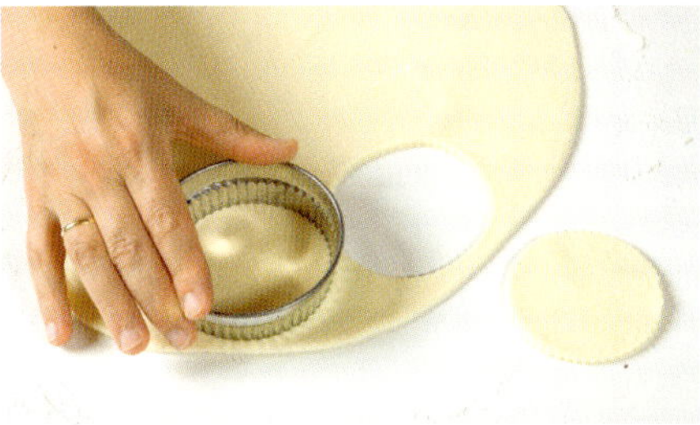

Die Knödelhülle sollte nicht zu dick sein und keine Löcher oder Luftblasen aufweisen, damit der Knödel beim Kochen nicht aufreißt.

TIPP ~ Dieser Teig sollte rasch verarbeitet werden und so beschaffen sein, dass er an den Händen nicht kleben bleibt.

VARIATIONSMÖGLICHKEITEN ~

- Je nach Füllmasse können Sie unter den Teig auch noch etwas fein geriebenen Käse, Mohn, Nüsse, Kürbiskerne, etwas Kürbiskernöl, Rosenpaprikapulver, Curry, rotes Rübenpürree, fein gehackte Kräuter oder Tomatenmark mengen.
- Den Teig auf einer leicht bemehlten Arbeitsfläche dünn ausrollen, runde Kreise ausstechen, beliebig füllen, zusammenklappen, gut andrücken und Tascherln formen.
- Als süße Variante: den Teig mit etwas Vanillezucker, Zucker, Zitronenschale, Zimt und Gewürzen verfeinern.

Eingefärbte Teige: mit Curry, Kräutern, Rosenpaprikapulver und roten Rüben (v. l. n. r.)

Topfenteig mit Butter
(Knödelhülle)

ZUTATEN ~ 100 g zerlassene Butter / 150 g abgetropfter Topfen / 250 g griffiges oder glattes Weizenmehl / Prise Salz

ZUBEREITUNG ~ Butter und Topfen verrühren, Mehl und Salz dazugeben und kurz zu einem glatten Teig zusammenmengen. Mit Frischhaltefolie abdecken und ca. 1 Stunde kühl rasten lassen. Beliebige pikante bzw. süße Füllrohlinge damit umhüllen.
Die gedrehten Knödel entweder in kochendes Salzwasser einlegen und darin je nach Größe 8 bis 10 Minuten garziehen lassen. Oder in Semmelbröseln wälzen (oder in Mehl, verquirltem Ei und Bröseln panieren) und in ca. 155 °C heißem Fett schwimmend backen.
Dieser Teig eignet sich auch sehr gut zum Formen von Tascherln.

Teig je nach Füllung für süße Teige beliebig mit Zitronen-, Orangen-, Limettenschale, Zimt, Lebkuchengewürz, Vanillezucker etc. oder für pikante Varianten mit Paprikapulver, Curry, Kurkuma, Kreuzkümmel, Tomatenmark, frischen oder getrockneten Kräutern etc. aromatisieren bzw. einfärben.

Topfengrießteig

Für süße/pikante Füllungen (siehe Rezepte von S. 38–53)

ZUTATEN ~ 250 g Topfen / 90 g griffiges Weizenmehl / 50 g Grieß / 50 g weiche Butter 2 Dotter / Salz

ZUBEREITUNG ~ Weiche Butter mit Topfen, Dottern und Salz verrühren, zuletzt Grieß und Mehl einrühren und abgedeckt ca. 1 Stunde kühl stellen. Teig auf eine bemehlte Arbeitsfläche legen, zu einer Rolle formen und in Scheiben schneiden. In den Teig eine Vertiefung drücken und jeweiligen Füllknödel hineindrücken, nun den Knödel formen, in kochendes Salzwasser einlegen und ca. 15 Minuten kochen. Je nach Füllung in süßen oder pikanten Butterbröseln wälzen oder mit Sauce servieren.

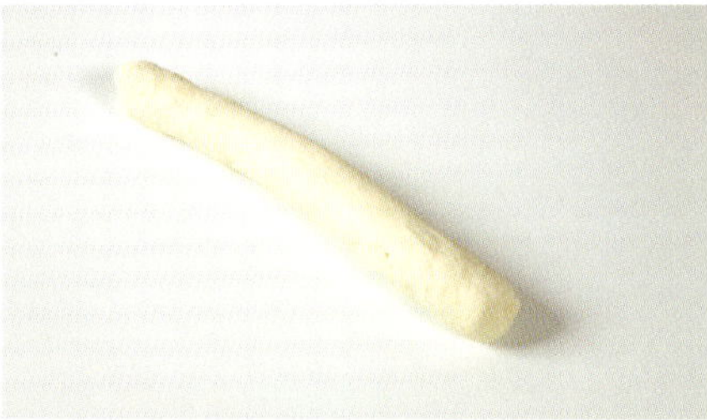
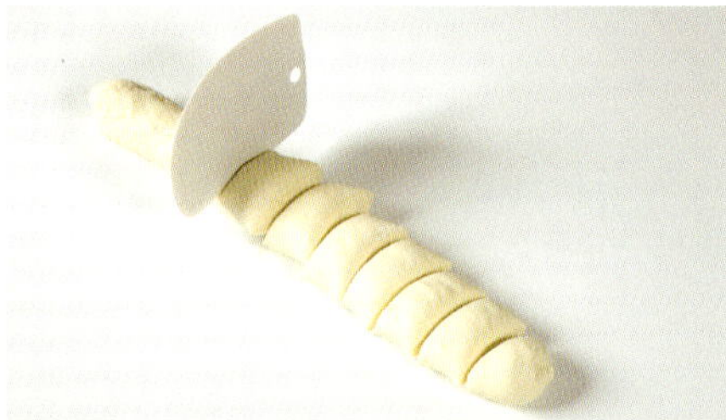

MOHN- ODER NUSSFÜLLE ~ 150 g Mohn oder Nüsse, fein gerieben / 20 ml Rum 150 g Gelb-, Rohr- oder Feinkristallzucker / 70 g zerlassene Butter / Prise Zimt

Für die Fülle alle Zutaten vermengen, Masse kurz kühl stellen, kleine Knödel formen, anfrieren lassen und mit Teig umhüllen.

Weizenteig für Tascherln, Wantan etc.

ZUTATEN ~ 300 g glattes Weizenmehl / ca. 200 ml heißes Wasser / 10 ml Öl / Salz

ZUBEREITUNG ~ Mehl mit heißem Wasser übergießen und mit Salz und Öl zu einem festen, jedoch elastischen Teig kneten.
Die Wassermenge hängt von der Mehlbeschaffenheit ab. Bei zu weichem Teig noch etwas Mehl unterkneten und bei zu festem Teig noch Wasser einarbeiten. Der Teig sollte die Beschaffenheit einer Knetmasse haben. In eine Frischhaltefolie gewickelt mindestens 30 Minuten rasten lassen.
Den Teig auf einer bemehlten Arbeitsfläche dünn ausrollen, Scheiben von ca. 8 bis 10 cm ausstechen, auf jedes Teigstück einen Löffel beliebiger Fülle setzen, die Ränder mit Eiweiß oder Wasser bestreichen, Teig zu Tascherln falten, die Ränder gut zusammendrücken oder eindrehen – „krendeln" (siehe Kärntner Kasnudeln).
In kochendes Salzwasser einlegen und je nach Größe ca. 8 bis 10 Minuten kochen.

Wantan- oder Tascherlteig

Sehr geschmeidiger und leicht zu verarbeitender Teig, zum Ausprobieren eine kleinere Rezeptur

ZUTATEN ~ 120 g glattes Weizenmehl / 1 Ei (siehe Tipp) / ca. 10 ml kaltes Wasser Prise Salz

TIPP ~ Die angegebene Eimenge bezieht sich auf ein Ei mit 50 g, ohne Schale gewogen. Die Teigkonsistenz hängt nämlich auch vom Eigewicht ab, da die Flüssigkeitsmenge bei größerem Gewicht die Teigkonsistenz verändert (mit Mehl oder Wasser ausgleichen).

ZUBEREITUNG ~ Mehl in eine Schüssel geben, mit Ei und Wasser zu einem geschmeidigen Teig kneten. Den Teig nochmals auf einer Arbeitsplatte gut durchkneten, er soll sich von der Platte lösen und nicht kleben. In Frischhaltefolie wickeln und ca. 1 Stunde rasten lassen.
Auf einer leicht bemehlten Arbeitsfläche oder mit der Nudelmaschine sehr dünn ausrollen, dabei immer wieder bei Bedarf mit etwas Mehl bestauben, rund ausstechen oder rechteckig schneiden und beliebige Füllungen aufbringen.
Bei größeren Mengen den Teig in einer Küchenmaschine mit dem Knethaken zubereiten.

Füllungen pikant und süß

Brennnesselfülle

ZUTATEN ~ 300 g Topfen / 2 EL Sauerrahm oder Crème fraîche / 100 g Schalotten- oder Zwiebelwürfel / 50 g Butter oder Öl / 150 g gekochte, durchgepresste Erdäpfel 150 bis 200 g junge, frische Brennnesselblätter, fein geschnitten / Steinsalz / Pfeffer, frisch gemahlen / Prise Muskatnuss, gemahlen evtl. Semmel- oder Weißbrotbrösel zum Festigen / 120 g Butter, geschmolzen 120 g fein gehobelter Bergkäse zum Bestreuen

ZUBEREITUNG ~ Schalotten- oder Zwiebelwürfel in einer Pfanne mit Butter oder Öl anschwitzen, die Brennnessel dazugeben, kurz mit einem Deckel abdecken und einige Minuten weich dünsten, ausgekühlt mit restlichen Zutaten vermengen, würzig abschmecken und je nach Weiterverwendung eventuell mit Bröseln festigen; kleine Knödel formen und anfrieren, in Erdäpfel-, Topfen-, Brand- oder beliebigen Teig hüllen, kochen, mit Butter und Bergkäse servieren. Dazu Blattsalat oder eine Rahmsauce reichen.
Anstelle der Brennnesseln mit Blattspinat oder Spinat/Bärlauch gemischt zubereiten.
Unter die Füllmasse kann man noch geriebenen Käse mengen.
Die Füllmasse eignet sich auch als Brotaufstrich.

Garnelenfülle

Eine kleinere Mengenangabe, zum Ausprobieren gedacht.

ZUTATEN ~ 100 g (3 bis 4) Riesengarnelen (oder Shrimps) / 2 fein geschnittene Knoblauchzehen / 1 Dotter / 80 g Ricotta, Topfen oder Mascarpone / Salz / Pfeffer oder Chili, gemahlen / je 1 TL fein gehackte Petersilie und Basilikum / evtl. frischen Thymian, etwas Weißbrotbrösel zum Festigen oder etwas blanchierten, klein geschnittenen, gut abgetropften Blattspinat einmengen

ZUBEREITUNG ~ Garnelen klein schneiden, mit restlichen Zutaten vermengen und sehr würzig abschmecken. Beliebigen Teig wie Topfen-, Nudel-, Schlutzkrapfen-, Maultaschenteig etc. damit füllen.

Gemüseknöderlfülle

Für ca. 16 Stück

ZUTATEN ~ 100 g Paprikaschoten, evtl. gemischt / 100 g Zucchini / 250 g Karotten und gelbe Rüben, gemischt / 30 g Lauch / 40 g Zwiebel / 1 bis 2 Knoblauchzehen 40 ml Olivenöl / Rosmarin / Thymian / 50 ml Obers / 100 g gekochte, durchgedrückte, mehlige Erdäpfel / evtl. Semmel- oder Weißbrotbrösel zum Festigen / Salz / Pfeffer, frisch gemahlen

ZUBEREITUNG ~ Zwiebel und Knoblauch fein schneiden und in Öl anschwitzen. Gemüse entweder in kleine Würfel schneiden oder grob faschieren und unter die Zwiebelmasse mengen, kurz durchrösten, mit Obers aufgießen und unter Rühren leicht einkochen lassen, bis das Gemüse weich und die Flüssigkeit verdampft ist; überkühlte Erdäpfel zugeben und würzig abschmecken.
Kleine Knödel formen und einfrieren.
Eventuell etwas Semmel- oder Weißbrotbrösel untermengen, bis die Masse die richtige Konsistenz (die Knödel sollen formbar sein) erreicht. Mit beliebigem Teig umhüllen und kochen.
Auf Blattsalat oder mit leichter Kräutersauce servieren oder mit zerlassener Butter und fein geriebenem, würzigem Käse und beliebigen Kräutern bestreuen.

VARIATIONSMÖGLICHKEITEN ~

- Mit Petersilie, Dille, Basilikum, Oregano, Kreuzkümmel, Koriander oder beliebigen Gewürzen abschmecken.
- Nur mit einer Gemüsesorte, Spinat oder einer beliebigen Mischung zubereiten.
- Mit Tomatenmark, Paprikapulver, Curry oder Kurkuma einfärben, zusätzlich klein geschnittene Tofuwürfel untermengen.
- Der Grundmasse klein geschnittene frische oder geräucherte Fischstücke beimengen, Knödel, Tascherln oder Ravioli zubereiten und mit einer Rahmsauce, vermengt mit Zucchinistreifen, Dill und rosa Pfeffer, servieren.

Einen vorzüglichen Gemüseaufstrich erhalten Sie, indem Sie der Grundmasse Crème fraîche, Sauerrahm, Frischkäse, Löffelkäse oder Topfen beimengen.

Erdäpfelfülle

Für Knödel, Tascherln etc.

ZUTATEN ~ 300 g gekochte, durchgedrückte, mehlige Erdäpfel / 30 g Zwiebelwürfel 20 g Butter / 80 g Crème fraîche, Ricotta, Mascarpone oder Topfen / ½ EL Petersilie, fein gehackt / Salz / Pfeffer, frisch gemahlen / Prise Muskatnuss, gemahlen

ZUBEREITUNG ~ Butter in einer Pfanne erhitzen, Zwiebelwürfel darin ansautieren, überkühlt mit den restlichen Zutaten vermengen, würzig abschmecken, zu Knödeln formen, anfrieren und mit beliebigem Teig umhüllen oder Tascherln damit zubereiten.
Erdäpfelfülle bereitete meine Großmutter aus Spargründen zu; sie aromatisierte je nach Jahreszeit mit vielen frischen Kräutern aus ihrem Garten sowie dem Wald- und Wiesenangebot an Pilzen, Gemüse, Spinat etc.

VARIANTE ~ Unter die Masse 100 g Schinken- oder geröstete, abgetropfte Speckwürfel oder ansautierte Pilze, Gorgonzola, fein geriebenen Käse, Schinken und Spinat, Selchfleisch und Spinat, klein würfelig geschnittenen Mozzarella, geräucherte Tofuwürfel, Thunfisch oder Räucherfisch mit Dille etc. mengen. Für Knödelfülle eventuell mit Semmelbröseln festigen.
Nur die Hälfte der Erdäpfel durchdrücken und die andere Hälfte in kleine Würfel geschnitten untermengen.

Gorgonzolafülle für Tascherln

ZUTATEN ~ 180 g Gorgonzola oder Roquefort / 50 g grob gehackte Hasel- oder Walnüsse / 1 Dotter / Prise Pfeffer, frisch gemahlen / evtl. etwas Weißbrotbrösel zum Festigen / geröstete, grob gemahlene Nüsse oder pikante Brösel zum Wälzen

ZUBEREITUNG ~ Für die Fülle den Käse mit einer Gabel zerdrücken, mit Dotter und den Nüssen vermischen, mit Pfeffer würzen. Aus der Masse kleine Kugeln formen, kurz anfrieren und mit beliebigem Teig wie Topfen-, Erdäpfel- oder Brandteig umhüllen. In kochendes Salzwasser einlegen und ca. 10 Minuten garziehen lassen. Mit Obers oder Crème fraîche cremiger rühren.
In Nüssen oder pikanten Bröseln wälzen.

VARIANTEN ~

- Etwas Süßwein, in Süßwein eingelegte Rosinen oder kurz darin gekochte, gut abgetropfte Apfel- oder Birnenwürfel unter die Käsemasse mengen.
- Weißbrotbrösel zum Festigen, bis Knödel formbar sind. Als Tascherlfülle kann die Fülle etwas weicher gehalten werden.
- Die Füllmasse kann auch mit einem durchgedrückten Erdapfel verlängert werden.

Grieß-Topfen-Fülle pikant/süß für Tascherln und Knödel

ZUTATEN ~ 250 ml Wasser, Gemüsefond, Suppe oder Milch / 20 g Butter oder Butterschmalz / 80 g Grieß oder Polenta / Prise Salz / Prise Muskatnuss / 300 g Topfen 1 Ei / 1 Dotter

ZUBEREITUNG ~ Wasser mit Salz, Muskatnuss und Butter zum Kochen bringen, Grieß oder Polenta einrühren und unter Rühren gut durchkochen lassen, bis sich die Masse vom Topfboden löst. Überkühlt Ei und Dotter untermengen, Topfen beigeben, kleine Knödel formen, anfrieren, mit beliebigem Teig umhüllen, in kochendes Salzwasser einlegen und je nach Größe ca. 7 bis 10 Minuten garziehen lassen.
Diese Knödel passen sehr gut zu Schweinsbraten, gekochtem Selchfleisch, Bauernschmaus und Gulasch, aber auch zu Wild-, Rinds- oder Lammbraten oder -ragout.
Mit Gemüse zubereitet, sind sie ein ausgezeichnetes vegetarisches Gericht.
Fertige Knödel eventuell mit würzigen Butterbröseln oder mit brauner Butter und Schnittlauch bestreut servieren.

VARIANTEN ~

- Die Knödel können durch Beigabe von Kräutern wie Bärlauch, Basilikum, Liebstöckel, Spinat oder Kerbel geschmacklich abgeändert werden.
- Fein geriebener würziger Bergkäse oder Blauschimmelkäse sind ebenfalls gute Alternativen.
- Ansautierte Zwiebelwürfel, gebratene Speckwürfel oder gekochte Gemüsewürfel untermengen.
- Mit Curry, Chilipulver, Paprikapulver, Kreuzkümmel, Kurkuma oder Bohnenkraut aromatisieren. Etwas Flüssigkeit durch Karotten- oder Gemüsesaft ersetzen.
- Anstelle von Wasser mit Fischfond zubereiten und klein geschnittene Räucherfischstücke einmengen, als Einlage für Fischsuppen.
- Für die süße Variante mit Vanillezucker, Zitronen- oder Orangenschale, Zimt, Nelken, Lebkuchengewürz, Marzipan, Bittermandelöl, Pfefferminzpaste aromatisieren. Unter die Hälfte der Masse 50 g Marzipan, 30 g Kuvertürelinsen und einige Tropfen Bittermandelöl mengen.
- Grießfülle mit Ananas: unter die Hälfte der Masse 80 g kandierte Ananaswürfel und 20 g Mandelblättchen mengen. Diese neutrale Füllung noch mit gedünsteten, gut abgetropften Birnen- oder Apfelwürfeln sowie Weichseln vermengen.
  Die Fülle kann auch in Strudelteig eingepackt und heißem Öl herausgebacken werden.

Lauchfülle

ZUTATEN ~ 300 g in feine Würfel geschnittener Lauch / 40 g Butter oder Öl 120 g fertiger Risottoreis oder gekochter Reis / Salz / Pfeffer / Prise Muskatnuss 2 Dotter / evtl. Semmelbrösel zum Festigen

ZUBEREITUNG ~ Lauch mit Butter in einer Pfanne anschwitzen, Reis in einer Küchenmaschine zerkleinern (cuttern), alle Zutaten vermengen und würzig abschmecken. Beliebigen Teig wie Topfen-, Nudel-, Schlutzkrapfen-, Maultaschenteig etc. damit füllen oder wie Käsenudeln verarbeiten.

TIPP ~ Durchgedrückte Erdäpfel anstelle von Reis als Bindung verwenden.

Käse-Nuss-Fülle

ZUTATEN ~ 100 g Ricotta, Topfen, Frischkäse oder Mascarpone / 100 g Gorgonzola 50 g fein geriebener Parmesan oder würziger Bergkäse / 15 g grob gehackte, geröstete Walnüsse / Salz / Pfeffer / etwas frisch geriebene Zitronenschale

ZUBEREITUNG ~ Gorgonzola durch die feine Wiege drücken und mit den restlichen Zutaten gut vermengen, nur wenig würzen, da Gorgonzola und Bergkäse schon sehr würzig schmecken. Beliebigen Teig wie Topfen-, Nudel-, Schlutzkrapfen-, Maultaschenteig etc. damit füllen oder wie Käsenudeln verarbeiten.

Hühnerfülle für Tascherln und Ravioli

ZUTATEN ~ 250 g gekühlte, klein geschnittene rohe Hühnerbrust / 150 ml Obers 120 g geröstete, klein gehackte Walnüsse, Haselnüsse oder Mandeln / Steinsalz Pfeffer, frisch gemahlen / Prise Muskatnuss / je 1 TL fein gehackte Petersilie und Rosmarin / 10 ml Zitronensaft / ca. 100 g fein gehobelter Bergkäse, ersatzweise Parmesan zum Bestreuen

ZUBEREITUNG ~ Hühnerfleisch in einer Küchenmaschine mit etwas kaltem Obers sowie unter weiterer Beigabe von Obers zu einer homogenen Masse mixen; Nüsse und Kräuter untermengen, würzig abschmecken, beliebigen Teig auf einer bemehlten Arbeitsfläche dünn ausrollen, ausstechen, mit Fülle belegen, zusammenklappen (siehe Tascherln oder Ravioli), kochen, mit zerlassener Butter beträufeln und mit geriebenem Käse bestreut servieren.
Beliebiger Topfen-, Erdäpfel -, Brand-, Mehl-, Tascherl- oder Buchweizenteig.

Schafkäsefüllung

Dieses Rezept stammt von Visar Murtezaj

ZUTATEN ~ **600 g Feta (Schafskäse) / 160 g Zwiebelwürfel / 40 ml Öl / 250 g klein geschnittener Blattspinat / 2 Eier / 10 g fein geschnittener Knoblauch / Salz / Pfeffer, frisch gemahlen / evtl. Thymian**

ZUBEREITUNG ~ Schafskäse in kleine Stücke schneiden, Öl in einer Pfanne erhitzen, Zwiebel und Knoblauch darin hell anschwitzen, Spinat beigeben, kurz erhitzen. Überkühlt Schafskäse und Eier einmengen und würzig abschmecken.
Beliebigen Teig wie Erdäpfel-, Topfen-, Erdäpfelnudelteig etc. damit füllen und Tascherln formen.

Oder: einen

Spinatkuchen zubereiten

ZUTATEN ~ **50 ml Obers / 10 g zerlassene Butter / 1 Packung Strudel- oder Blätterteig**

ZUBEREITUNG ~ Eine mit Butter ausgestrichene, feuerfeste Form mit fertigen Strudelteigblättern auslegen, die Schafskäsemasse einfüllen, Obers darübergießen, Teig darüberschlagen, Oberfläche mit verquirltem Ei bestreichen und bei 165 °C ca. 35 Minuten backen.

Schwammerlfülle

ZUTATEN ~ **300 g Pilze (z. B. klein geschnittene Eierschwammerl oder beliebige Pilze, je nach Marktangebot) / 30 g Butter / 1 Dotter / 80 g Mascarpone oder Ricotta Salz / Pfeffer, frisch gemahlen / Prise Muskatnuss / 1 EL fein gehackte Petersilie ca. 10 g Semmelbrösel zum Festigen**

ZUBEREITUNG ~ Butter in einer Pfanne erhitzen und die Pilze darin kurz ansautieren, tritt dabei Flüssigkeit aus den Schwammerln, anschließend in einem Sieb gut abtropfen lassen. Überkühlt mit den restlichen Zutaten vermengen und sehr würzig abschmecken.
Beliebigen Teig wie Topfen-, Nudel-, Schlutzkrapfen-, Maultaschenteig etc. damit füllen oder wie bei Käsenudeln verarbeiten.
Eventuell ansautierte Zwiebel- oder Schalottenwürfel oder fein geriebenen Bergkäse oder Parmesan zusätzlich beimengen.

Kärntner Holzfällerfülle

**ZUTATEN ~ 300 g gekochtes Selchfleisch / 100 g gekochte, durchgedrückte Erdäpfel
1 Ei / 100 g Zwiebelwürfel / 30 g Butter / Salz / Pfeffer, frisch gemahlen / Muskatnuss
beliebige Kräuter wie Petersilie, Liebstöckel oder Kräutermischung**

ZUBEREITUNG ~ Zwiebel in Butter hell anschwitzen, Selchfleisch faschieren, mit allen Zutaten vermengen und würzig abschmecken; für Knödel, Strudel, Tascherln mit beliebigem Teig umhüllen (Topfen-, Brand-, Erdäpfelteig etc.).

Steinpilzfülle

ZUTATEN ~ Beliebiger Teig: Topfen-, Nudel-, Erdäpfel- oder Brandteig für gekochte Knödel / 30 g Butterschmalz oder Öl / 80 g Zwiebelwürfel / 250 g Steinpilze (evtl. Eierschwammerl, Champignons), in kleine Stücke geschnitten / 150 g gekochte, durchgedrückte Erdäpfel / 1 Dotter / 1 EL (20 g) Petersilie, fein gehackt, Schnittlauch oder Kerbel / Steinsalz / Pfeffer aus der Mühle

ZUBEREITUNG ~ Zwiebel mit Butterschmalz in einer Pfanne hell anschwitzen, Pilze dazugeben und kurz mitrösten, bildet sich Flüssigkeit, diese unbedingt ableeren und zum Kochwasser geben. Überkühlt mit allen Zutaten vermengen und würzig abschmecken, kleine Knödel formen, anfrieren, mit beliebigem Teig umhüllen und kochen.
Mit Butter oder Nussbutter beträufelt servieren und eventuell mit fein geriebenem würzigem Käse bestreuen.

Fischfülle

**ZUTATEN ~ 100 g Räucherlachs oder Räucherforelle / 100 g blanchierter, gut abgetropfter Blattspinat / 100 g Topfen, Ricotta oder Mascarpone / 1 Ei
30 g Zwiebelwürfel / 15 g Butter / 10 bis 20 g fein geriebener Parmesan oder würziger Bergkäse / ca. 10 g Semmelbrösel zum Festigen / Salz / Pfeffer, frisch gemahlen / fein gehackte Petersilie / evtl. Schnittlauchröllchen**

ZUBEREITUNG ~ Räucherfisch und Spinat klein schneiden, Zwiebel in Butter hell anschwitzen, überkühlt mit den restlichen Zutaten vermengen und würzig abschmecken.
Beliebigen Teig wie Topfen-, Nudel-, Schlutzkrapfen-, Maultaschenteig etc. damit füllen oder wie Käsenudeln verarbeiten.

Spinat-Erdäpfelfülle

**ZUTATEN ~ 250 g blanchierter, fein geschnittener Blattspinat / 150 g gekochte, durchgedrückte, mehlige Erdäpfel / 60 g Zwiebelwürfel / 30 g Butter oder Butterschmalz
150 g Topfen / 1 Ei / Salz / Pfeffer / Muskatnuss / evtl. Knoblauch, fein geschnitten, oder Bärlauch**

ZUBEREITUNG ~ Die Zwiebelwürfel in Butter oder Butterschmalz hell anschwitzen, den Spinat dazugeben und kurz durchrühren, kühl stellen, restliche Zutaten einmengen und würzig abschmecken. Beliebigen Teig verwenden (Topfen-, Brand-, Erdäpfelteig etc.).

Kerbelfülle

**ZUTATEN ~ Beliebiger Teig wie Topfen-, Brand-, Erdäpfelteig
50 g Topfen, Löffelkäse oder Gervais / 250 g gekochte, geschälte Erdäpfel, durchgepresst / 20 g Butter- oder Schweineschmalz / 80 g Zwiebelwürfel
1 Dotter / 100 g Lauch / 2 EL Kerbel, fein geschnitten / ca. 20 g Semmelbrösel oder Weißbrotbrösel / Steinsalz / Pfeffer aus der Mühle**

ZUBEREITUNG ~ Für die Fülle Zwiebel in Butter oder Schmalz hellbraun anrösten, Lauch dazugeben und kurz durchrösten, ausgekühlt mit den restlichen Zutaten vermengen und würzig abschmecken. Kleine Knödel formen, anfrieren und mit beliebigem Teig umhüllen.
Mit anderen beliebigen Kräutern vermengen.

Eierschwammerlfülle für Tascherln, Tortelloni, Ravioli …

ZUTATEN ~ 50 g Schalottenwürfel / 200 g Eierschwammerl (Pfifferlinge) oder Pilze nach Angebot / 30 ml Öl / 1 EL Petersilie / Salz / Pfeffer / 100 g Topfen / 30 g fein geriebener, würziger Bergkäse oder Parmesan / 2 Dotter / Prise Muskatnuss ca. 100 g Weißbrotbrösel, je nach gewünschter Festigkeit / evtl. mit Thymian oder Zitronensaft zusätzlich würzen

ZUBEREITUNG ~ Öl in einer Pfanne erhitzen, Zwiebel und Pfifferlinge darin ansautieren, eventuell abtropfen lassen. Überkühlt mit den restlichen Zutaten vermengen und würzig abschmecken, je nach Weiterverwendung mehr oder weniger festigen. Mit beliebigem Teig einschlagen.
Masse kann anstatt der Weißbrotbrösel mit Semmelbröseln vermengt bzw. gefestigt werden, anfangs aber weniger Brösel einarbeiten.
Eventuell noch fein faschierten Schinken oder Tofuwürfel untermengen.

Kürbisfülle mit Topfen

ZUTATEN ~ 150 g Kürbisfleisch / 100 g Topfen / 50 g fein geriebene Weißbrotbrösel / Salz / Pfeffer, frisch gemahlen / etwas Ingwer, frisch gerieben, ersatzweise kandierter oder eingelegter Ingwer Spritzer Essig / 1 Dotter / Prise Zucker

ZUBEREITUNG ~ 100 g Kürbisfleisch in einer Küchenmaschine fein pürieren, restlichen Kürbis in sehr kleine Würfel schneiden, Kürbispüree mit den Würfeln in etwas Öl in einem Topf kurz anschwitzen, ausgekühlt mit den restlichen Zutaten vermengen und sehr würzig abschmecken. Masse etwas anziehen lassen, kleine Knödel formen. Kurz anfrieren und mit Erdäpfelteig (siehe S. 19) umhüllen, in Salzwasser kochen, als Beilage zu Wild- oder Rindfleischgerichten.

ROTE-RÜBEN-FÜLLE: Bei obigen Rezepten das Kürbisfleisch durch gekochte, fein faschierte oder pürierte rote Rüben ersetzen, mit Kümmel, Kreuzkümmel, Ingwer, Kren, Wasibi und/oder Fenchel beliebig würzen. Kürbiskernöl durch beliebiges Öl ersetzen.

Kürbisfülle

**ZUTATEN ~ 60 g Zwiebelwürfel / 200 g fein geriebenes Kürbisfleisch
60 g gekochte, geschälte, durchgepresste Erdäpfel / 10 ml Öl oder Schmalz
1 Dotter / 10 g Knoblauch, fein geschnitten / 10 ml Weißwein / 10 ml Kürbiskernöl
50 g Semmelbrösel oder Weißbrotbrösel / Steinsalz / Pfeffer aus der Mühle
evtl. etwas Kümmel, fein gemahlen**

ZUBEREITUNG ~ Zwiebel in Öl hell anschwitzen, Kürbis dazugeben und weich dünsten, es sollte fast keine Flüssigkeit übrig bleiben, ansonsten in ein Sieb geben und abtropfen lassen (oder in einem Tuch ausdrücken). Überkühlt mit den restlichen Zutaten vermengen und würzig abschmecken. Kleine Knödel formen, anfrieren, mit Teig umhüllen, kochen und auf Teller anrichten. Mit Kürbiskernöl beträufeln und mit gerösteten Kürbiskernen vollenden.
Als Alternative mit Karotten, Kohlrabi, Roten Rüben, Broccoli, Kraut, Zucchini oder beliebiger Gemüsemischung ebenso zubereiten.
Unter die Masse eventuell noch fein geriebenen Bergkäse oder Parmesan mengen.
Jegliche Art von Teig kann hierfür zum Umhüllen verwendet werden.

Schwäbische Maultaschenfüllung

ZUTATEN ~ Beliebigen Teig (Erdäpfelnudel-, Nudel-, Tascherl-, Topfen-, Roggenmehlteig etc.) / 100 g Zwiebelwürfel / 1 Knoblauchzehe / 20 g Butter oder Öl 250 g Faschiertes (Rind-, Schweine-, Kalb-, Geflügel- oder Truthahnfleisch) 30 g Weißbrotbrösel / Thymian / Majoran / 1 EL Petersilie, fein gehackt / 50 g Topfen, Mascarpone oder Ricotta / 1 Ei / Currypulver / Paprikapulver / evtl. 70 g blanchierter, gut ausgedrückter, klein geschnittener Blattspinat

ZUBEREITUNG ~ Zwiebelwürfel und fein gehackten Knoblauch in Butter oder Öl goldgelb anbraten, alle Zutaten mit dem Faschierten vermengen und würzig abschmecken.

Teig zu einem Rechteck ausrollen, halbieren, die Füllung mit reichlich Abstand auf eine Teighälfte setzen, die Zwischenräume mit verquirltem Ei bestreichen, die zweite Teighälfte darauflegen, die Zwischenräume gut andrücken und mit einem Ausstecher oder einem Teigrad viereckige oder runde Maultaschen ausschneiden. In kochendes Salzwasser einlegen und ca. 5 bis 8 Minuten, je nach Größe und Teigart, garen. Aus dem Wasser heben und gut abtropfen lassen.

TIPPS ~

- Als Einlage in Rindssuppe servieren und mit Schnittlauch bestreuen.
- Auf Tomatenragout anrichten.
- Mit gebräunter Butter, gebackenen Zwiebelringen (s. S. 171) und Schnittlauch bestreut servieren.
- Die Maultaschen in Streifen schneiden, in Butter rösten, mit verquirltem Ei übergießen und abstocken lassen; in Schwaben wird dazu Erdäpfelsalat gereicht.
- Diese Füllmasse kann man auch zu kleinen Knödeln formen, in Bröseln wälzen und in heißem Fett schwimmend goldbraun backen.

Selchfleischfülle

Dieses Rezept stammt von Friedrich Pöll, Fleischhauerei Vorchdorf

ZUTATEN ~ 300 g gekochtes Selchfleisch / 80 g Zwiebelwürfel / 1 EL Schweineschmalz 60 g fein geschnittener Lauch / ca. 5 bis 10 g Semmelbrösel oder Weißbrotbrösel, ersatzweise Schwarzbrotwürfel / 1 Ei / 10 g Knoblauch, fein gehackt / Prise Majoran 1 EL Petersilie, fein gehackt / Pfeffer, frisch gemahlen / evtl. etwas Steinsalz

ZUBEREITUNG ~ Selchfleisch in kleine Würfel schneiden oder faschieren, Zwiebel in Schmalz hell andünsten, Lauch dazugeben und kurz mitrösten, ausgekühlt mit den restlichen Zutaten vermischen und würzig abschmecken.
Kleine Knödel formen, anfrieren. Mit beliebigem Knödelteig umhüllen (Topfen-, Erdäpfel-, Brand-, Semmelknödelteig etc.), in kochendes Salzwasser einlegen und je nach Größe ca. 10 bis 12 Minuten garen.

SERVIERVORSCHLÄGE ~

- Braune Butter oder Sauerkraut
- Schnittlauch zum Bestreuen
- Kalter oder warmer Krautsalat
- Rahmkren oder kalte Schnittlauchsauce
- Als Suppeneinlage für Erbsen-, Rahm- sowie beliebige Suppen

VARIANTEN ~

- Der Füllmasse zusätzlich 80 g Crème fraîche untermengen, so wird sie geschmeidiger und auch feiner.
- Anstelle von Knödeln Tascherln zubereiten.
- Kann auch ohne Zwiebel und Lauch zubereitet werden.

Semmel-Topfen-Fülle für Tascherln

ZUTATEN ~ 90 g gewürfeltes Toastbrot, ersatzweise nicht zu trockenes Knödelbrot oder Semmeln vom Vortag / 350 g Topfen / 40 g zerlassene Butter / 200 ml Sauerrahm 50 g Grieß / je 1 gestr. EL Petersilie, fein gehackt, Schnittlauch, Kerbel und braune Kärntner Minze / Salz / Pfeffer, frisch gemahlen / evtl. Prise Muskatnuss und/oder Kümmel, gemahlen

ZUBEREITUNG ~ Brot mit Sauerrahm vermischen, kurz ziehen lassen, dann mit den restlichen Zutaten vermengen und würzig abschmecken. Zu kleinen Knödeln formen und anfrieren.
In beliebigen Teig wie Nudel-, Erdäpfel-, Brand- oder Topfenteig einschlagen und kochen.
Mit brauner oder erhitzter Butter, zerlassenem Knoblauchspeck oder abgeschmolzenen Grammeln servieren.

Diese neutrale Füllmasse kann beliebig mit Schinken-, Speck-, Käsewürfeln, ansautierten Pilzen, Zwiebel- oder Lauchwürfeln, Spinat, Gorgonzola, Gemüse, Räuchertofu, fein gehackten Walnüssen mit Spinat, gekochten Gemüsewürfeln etc. vermengt werden.

Schinkenfülle

ZUTATEN ~ 200 g gekochter Schinken / 130 g klein geschnittene Champignons 60 g Zwiebelwürfel / 20 g Butter / 1 Ei / Salz / Pfeffer, frisch gemahlen / etwas fein geriebene, unbehandelte Zitronenschale / 1 EL Petersilie, fein gehackt

ZUBEREITUNG ~ Zwiebel in Butter anschwitzen, Pilze dazugeben und kurz mitsautieren, eventuell in einem Sieb abtropfen lassen. Schinken faschieren oder in einer Küchenmaschine zerkleinern (cuttern), mit den restlichen Zutaten vermengen und würzig abschmecken.
Je nach Weiterverarbeitung (z. B. als Knödelfülle) eventuell mit etwas Bröseln festigen, damit sie gut formbar sind. Bei Tascherln kann die Füllung weicher gehalten werden.
Ein Teil gekochter Schinken kann durch rohen Schinken ersetzt werden.

Topfenhirseknödel als Fülle

ZUTATEN ~ 100 g geschälte Hirse / ca. 1 l Salzwasser / 350 g Löffelkäse, ersatzweise kann auch Topfen genommen werden / Salz / Pfeffer, frisch gemahlen Muskatnuss / 10 g Bärlauch oder Basilikum, fein geschnitten / 40 ml Öl oder Butter 80 g Zwiebelwürfel / ca. 30 bis 50 g Weißbrotbrösel, ersatzweise Semmelbrösel Mehl-, Topfen- oder Brandteig zum Umhüllen

ZUBEREITUNG ~ Hirse in Salzwasser ca. 10 Minuten kochen, dann ca. 15 Minuten ziehen lassen, abseihen und gut abtropfen lassen.
Zwiebelwürfel in Butter glasig andünsten, abkühlen lassen und mit den restlichen Zutaten vermengen, würzig abschmecken, die Masse soll formbar sein. Kleine Knödel formen, anfrieren, mit beliebigem Teig umhüllen. In kochendes, aromatisiertes Salzwasser einlegen und je nach Größe ca. 10 bis 13 Minuten garziehen lassen. Mit Tomatenragout, Kräuter- oder Gemüsesauce servieren.

VARIANTEN ~

- In die fertige Masse 160 g fein geschnittene Gemüsewürfel, sautierte Pilze, Spargelstücke, Schinkenwürfel etc. einmengen
- Fein geriebenen, würzigen Käse oder Käsewürfel, Kerbel, Petersilie, Liebstöckel, Minze, Sauerampfer, Spinat oder Kräuter nach Wahl einmengen.
- Mit Koriander, Curry, Kurkuma, Tomatenmark, Paprikapulver etc. aromatisieren.
- Ohne Brösel als Aufstrich bereiten, durch Beigabe von Crème fraîche oder Sauerrahm wird dieser zusätzlich cremig.

ALS SÜSSE FÜLLUNG: Zwiebel, Kräuter und Gewürze weglassen, gedünstete, gut abgetropfte Apfel- oder Birnenwürfel oder klein geschnittene Dörrfrüchte einmengen; mit Zucker, Vanillezucker, Zimt, Lebkuchengewürz, Zitronen- oder Orangenschale oder Bittermandelöl aromatisieren.
Mit süßen Butterbröseln, Mohn- oder Nuss-Staubzuckermischung bestreuen, mit zerlassener Butter, Honig oder Ahornsirup beträufelt servieren.

Bärlauchfülle

Thunfischfülle für Tascherln

ZUTATEN ~ 150 g abgetropfter Thunfisch aus der Dose / 60 g Lauchzwiebel, in Würfel geschnitten / 20 g Butter / 1 TL fein gehackte Kapern / 1 EL Senf / schwarzer Pfeffer / Salz / 1 Dotter

ZUBEREITUNG ~ Butter in einer Pfanne erhitzen, Lauchzwiebel darin hell anschwitzen, ausgekühlt mit den restlichen Zutaten vermengen und würzig abschmecken. Mit beliebigem Teig vollenden.

Spinatfülle für Knödel, Ravioli und Tascherln

ZUTATEN ~ 150 g gekochte, durchgepresste Erdäpfel / 250 g blanchierter, gut abgetropfter, klein geschnittener Blattspinat / 40 g Butterschmalz oder Butter 70 g Zwiebelwürfel / 20 g Knoblauch, fein geschnitten, oder etwas Bärlauch 100 g Topfen, Löffelkäse oder Ricotta / 1 Ei / Salz / Pfeffer, frisch gemahlen

ZUBEREITUNG ~ Butterschmalz oder Butter in einer Pfanne erhitzen, Zwiebel und Knoblauch darin anschwitzen, von der Kochstelle nehmen, Spinat dazugeben, überkühlt mit den restlichen Zutaten vermengen und würzig abschmecken, kleine Knödel formen und anfrieren.
Füllknödel mit Erdäpfelteig (siehe S. 19), Topfenteig oder Brandteig umhüllen. In kochendes Salzwasser einlegen und ca. 10 bis 12 Minuten unter dem Siedepunkt garen lassen.
Eventuell mit Nussbutter servieren (150 g Butter mit 80 g Walnüssen kurz durchrösten) oder mit fein geriebenem Bergkäse und Schnittlauchbutter vollenden.

Mohnfülle

ZUTATEN ~ 100 g Mohn / 60 g Honig / 100 ml Milch / 20 ml Rum / ca. 50 g Semmel-, Biskuit- oder Keksbrösel / 60 g in Rum eingeweichte Rosinen

ZUBEREITUNG ~ Milch aufkochen und alle Zutaten außer die Brösel einrühren und kurz verrühren. Brösel dazugeben, die Füllung soll schön cremig sein. Überkühlen, kleine Kugeln formen und anfrieren; mit beliebigem Teig wie Topfen,- Brand- oder Grießteig umhüllen.

Apfel- oder Birnenfülle

Für ca. 16 kleine Füllknödel

ZUTATEN ~ Topfen-, Brand-, Erdäpfel- oder beliebigen Teig für süße Füllungen 600 g säuerliche, geschälte, würfelig geschnittene Äpfel oder Birnen / ca. 120 ml Obers oder Wein / 80 g Gelb- oder Feinkristallzucker / 20 bis 40 g Rosinen oder beliebige getrocknete Früchte / Zimt, Lebkuchen- oder Glühweingewürz / Vanillezucker ca. 40 g Weißbrotbrösel / 200 g Ricotta oder Topfen / 40 ml Rum / evtl. unbehandelte Zitronen- und/oder Orangenschale

ZUBEREITUNG ~ Apfel- oder Birnenwürfel mit Zucker, Rosinen und Obers oder Wein nicht zu weich kochen, dabei sollte die Flüssigkeit vollständig verdunsten; ist die Masse zu flüssig, in einem feinen Sieb abtropfen lassen und leicht ausdrücken. Überkühlt mit den restlichen Zutaten vermengen und abschmecken. Die Masse sollte formbar sein, für Tascherln die Füllmasse weicher halten. Kleine Füllrohlinge formen und anfrieren, mit Teig umhüllen und im Salzwasser je nach Größe ca. 10 bis 12 Minuten garziehen lassen. Mit zerlassener oder brauner Butter beträufeln oder mit Vanillesauce servieren und mit grob gehackten, gerösteten Walnüssen, Kürbiskernen oder Krokant bestreuen. Eventuell mit Schokoladensauce ausfertigen.

VARIANTE ~ Zusätzlich noch Preiselbeermarmelade, Marzipan oder/und etwas gemahlene Nüsse einmengen.

TIPP ~ Apfel- und Birnenschalen auf einem Trockengitter lose auflegen und trocknen lassen. Getrocknet in einer Küchenmaschine zu feinem Pulver vermahlen, gut verschlossen aufbewahren, zum Aromatisieren von süßen Bröseln sowie Füllungen, Desserts, Bowlen etc . verwenden.

Kletzenfülle

ZUTATEN ~ 250 g Kletzen / 250 g Topfen / 1 TL Zimt / 50 g Zucker / etwas Vanillezucker / 20 ml Rum / evtl. Biskuit-, Semmel- oder Weißbrotbrösel zum Festigen

ZUBEREITUNG ~ Kletzen in Wasser aufkochen, etwas ziehen lassen, abseihen und faschieren oder in einer Küchenmaschine zerkleinern (cuttern). Mit den restlichen Zutaten vermengen und abschmecken. Ist die Masse nicht formbar, eventuell mit wenig Semmel- oder Weißbrotbröseln festigen. Zusätzlich mit fein geschnittener Pfefferminze, Birnenschnaps, Neugewürz, Lebkuchengewürz oder Honig geschmacklich abrunden.
Kann mit anderen getrockneten Früchten oder Fruchtmischungen (Datteln, Feigen, Zwetschken, Marillen) ebenso zubereitet werden.

Wird die Fülle für Knödel verwendet, in beliebigen Teig wie Topfen-, Brand- oder Grießteig einschlagen. Bei Verwendung für Piroggen die Fülle in Germteig (s. S. 25) einschlagen.

Foto Seite 36/37

Knödel als Suppeneinlage

Brandteig-Mohnknöderl

ZUTATEN ~ 120 ml Milch oder Wasser / 50 g Butter / 120 g glattes Weizenmehl 2 Eier / 130 ml Milch / 40 g gemahlener Mohn

FÜR PIKANTE VARIANTE ~ Salz / Pfeffer / Prise Muskatnuss
FÜR SÜSSE VARIANTE ~ 1 EL Gelb- oder Rohrzucker / Vanillezucker / Zitronen- oder Orangenschale / Zimt / Lebkuchengewürz etc.

ZUBEREITUNG ~ Milch oder Wasser und Butter mit Gewürzen aufkochen, Mehl auf einmal dazugeben und mit einem Kochlöffel so lange kräftig rühren, bis sich der Teig vom Geschirr löst und sich am Topfboden ein weißer Belag bildet. Den Topf vom Herd nehmen und die Masse etwas abkühlen lassen, anschließend nach und nach die Eier untermengen.
Mohn mit Milch aufkochen und so lange kochen, bis die gesamte Flüssigkeit aufgesogen ist. Diese Masse unter den Brandteig mischen.
Mit einem nassen Löffel kleine Nockerln abstechen, in Brösel oder Mohn-Brösel-Gemisch wälzen und in heißem Fett bei ca. 165 °C etwa 5 Minuten goldgelb ausbacken.
Oder: in kochendes Salzwasser einlegen und je nach Größe ca. 5 bis 7 Minuten garen.

Diese Knöderl eignen sich als Suppeneinlage für Kräuter-, Kürbis-, Rahm- oder Erdäpfelsuppe und können statt mit Mohn ebenso mit gemahlenen Nüssen zubereitet werden.

Brandteig-Käseknödel

ZUTATEN ~ 40 g weiche Butter oder Butterschmalz / 120 ml Milch 110 bis 120 g glattes Weizenmehl / 2 Eier (à 50 g) / 30 g frisch geriebener Bergkäse, ersatzweise Parmesan / Steinsalz / Pfeffer, frisch gemahlen / Muskatnuss, gemahlen evtl. 10 g frisch geriebener Kren
ODER ~ 1 EL diverse Kräuter, fein gehackt, wie Petersilie, Kerbel, Basilikum, Bärlauch

ZUBEREITUNG ~ Milch und Butter in einem Topf aufkochen, Mehl dazugeben und kurz abrösten, bis sich die Masse vom Topfboden löst, etwas überkühlt nach und nach die Eier in die Masse einrühren, zuletzt Käse, Gewürze und eventuell Kren oder Kräuter einmengen. In einem flachen, breiten Topf Salzwasser aufkochen, aus der eher weichen Masse mit nassen Händen kleine Knödel formen und ins kochende Wasser einlegen. Hitze reduzieren und je nach Größe ca. 6 bis 8 Minuten unter dem Siedepunkt ziehen bzw. garen lassen.
Eignet sich als Einlage für Rindsuppe.

VARIANTE ~ Käse eventuell durch 60 g gekochte, gut abgetropfte Gemüsewürfel ersetzen.

Bröselknödel

Für ca. 12 Knödel, je nach Größe

ZUTATEN ~ 4 altbackene Semmeln (ca. 200 g), klein würfelig geschnitten, oder Knödelbrot / ca. 320 ml Milch / 2 Eier / 60 g weiche Butter / 50 bis 60 g Semmelbrösel Salz / Pfeffer, frisch gemahlen / Prise Muskatnuss / 1 EL fein gehackte Petersilie

ZUBEREITUNG ~ Butter schaumig rühren, die Semmeln mit Milch übergießen und einige Zeit stehen lassen, ausdrücken, passieren, mit Butter, Eiern, Petersilie und Bröseln gut verrühren und würzig abschmecken. 15 Minuten ziehen lassen, Probeknödel kochen, je nach Festigkeit eventuell noch etwas Flüssigkeit oder Brösel dazugeben. Aus der Masse kleine Knödel formen, in kochendes Salzwasser oder Suppe einlegen und ca. 6 Minuten mehr ziehen als wallend kochen lassen.
In Rindsuppe servieren.
Die Knödel können auch etwas kleiner geformt, in heißem Schmalz schwimmend, gebacken werden. Hierfür kann man sie noch in verquirltem Ei und Bröseln wälzen. Geschmacklich mit frisch geriebenem Parmesan abrunden.
Mit beliebigen Kräutern würzen: Bärlauch, Basilikum (eignet sich sehr gut als Einlage in eine Tomatensuppe), Schnittlauch oder eine Kräutermischung.
Kinder freuen sich besonders, wenn sie ganz winzig kleine Knödel in ihrem Suppenteller haben.

TIPP ~ Je trockener die Semmeln oder das Knödelbrot, desto größer ist die benötigte Milchmenge. Übrig gebliebene Semmeln am selben oder nächsten Tag in kleine Würfel schneiden, sie lassen sich so leichter verarbeiten. Dann einfrieren und je nach benötigter Menge entnehmen.
Getrocknete Semmeln reibe ich in einer Moulinette zu Semmelbröseln. Für eine Semmel rechne ich immer 50 g.

Einlagenknöderl

Für klare und gebundene Suppen

ZUTATEN ~ 70 g Sauerrahm / 1 Ei / ca. 100 g Weißbrotbrösel / Salz Pfeffer, frisch gemahlen / Prise Muskatnuss

ZUBEREITUNG ~ Sauerrahm mit Ei verrühren, Brösel einrühren, würzig abschmecken und mindestens 1 Stunde kühl rasten lassen. Aus der Masse kleine Knödel oder Nockerln formen, in kochendes Salzwasser einlegen und unter dem Siedepunkt garziehen lassen.

VARIANTE ~ in heißem Fett bei ca. 165 °C backen.
Geschmacklich beliebig variieren mit frischen Kräutern (Petersilie, Basilikum, Bärlauch, Thymian, Majoran, Oregano, Estragon, Liebstöckel etc.), Gewürzen (Curry, Kurkuma, Koriander, Paprikapulver, Piment etc.) oder fein geriebenem Käse.
Als Suppeneinlage, aber auch als Beilagenknöderl geeignet.

Erdäpfel-Leberknödel

ZUTATEN ~ 350 g mehlige, gekochte Erdäpfel / 300 g Kalbsleber (ersatzweise Lamm- oder Wildleber) / 2 Eier / 50 g Schweineschmalz ca. 120 g Semmelbrösel oder Weißbrotbrösel / 100 g Zwiebelwürfel / 10 g Knoblauch, fein geschnitten / Steinsalz / Pfeffer aus der Mühle / 1 EL frisch gehackte Petersilie ½ EL Majoran, frisch oder getrocknet

ZUBEREITUNG ~ Die Kalbsleber nicht zu fein faschieren oder fein hacken, die Erdäpfel durch die Erdäpfelpresse drücken, Zwiebel und Knoblauch in einer Pfanne mit Schmalz hell anschwitzen, ausgekühlt mit allen Zutaten vermengen und würzig abschmecken. Öl in einer Pfanne auf ca. 160 °C erhitzen und die klein geformten Knödel darin backen. Herausnehmen und auf Küchenpapier abtropfen lassen.

Mit Sauerkraut und Bratensaft, als Suppeneinlage oder mit Blattsalat servieren.

Färbige Linsenknödel

Für ca. 19 Stück à 20 g

ZUTATEN ~ 100 ml Milch / 20 g Butter / 80 g Mehl / 1 Ei / 50 g Linsen, rote, grüne, gelbe oder gemischt / 4 g Salz / Pfeffer, frisch gemahlen / 1 EL fein gehackte Petersilie

ZUBEREITUNG ~ Linsen in warmem Wasser ca. 1 Stunde einweichen und weich kochen. Milch mit Butter aufkochen, Mehl beimengen und so lange rühren, bis sich die Masse vom Topfboden löst. Anschließend das Ei langsam in die überkühlte Masse rühren und die gekochten, abgetropften, gehackten Linsen beimengen, mit Salz, Pfeffer und Petersilie würzen.
Mit nassen Händen kleine Knödel formen, in kochendes Salzwasser einlegen und ca. 10 bis 12 Minuten garziehen lassen.

Sollte die Masse zu weich sein, noch etwas Weißbrotbrösel oder Semmelbrösel dazugeben.
Mit Paprikapulver, Curry, Kurkuma, Kreuzkümmel zusätzlich einfärben bzw. würzen.
Linsenknödel eignen sich als Einlage in eine klare Bouillon oder in eine Basilikum-, Sauerampfer-, Brennnessel- oder Bärlauchschaumsuppe. Können auch in heißem Fett bei ca. 155 °C schwimmend gebacken werden. Passen sehr gut zu Wild, Lamm und diversen würzigen Ragouts. Zusätzlich kann man 40 g ansautierte Speckwürfel beimengen.

Haselnussknödel

ZUTATEN ~ 40 g weiche Butter / 1 Dotter / 1 Ei / 40 g geröstete, geriebene Haselnüsse 40 g Semmelbrösel / 40 g Crème fraîche / Salz / Prise Muskatnuss / evtl. mit Thymian, Majoran oder Koriander würzen

ZUBEREITUNG ~ Weiche Butter schaumig rühren, Dotter und Ei nach und nach einrühren, Nüsse und Brösel einmengen und zuletzt Crème fraîche untermengen, würzig abschmecken, ca. 30 Minuten rasten lassen. Aus der Masse kleine Knödel formen, in kochendes Salzwasser einlegen und ca. 10 bis 12 Minuten je nach Größe unter dem Siedepunkt garen.

Als Suppeneinlage für klare Wild-, Wildgeflügel- oder Geflügelsuppe, auch als Beilage zu Wildgerichten, dafür aber größere Menge zubereiten.

Als süße Variante mit Orangenschale, Zucker und Zimt abschmecken, in Butterbröseln wälzen und mit Orangensauce servieren.

Karotten-Grießknödel

ZUTATEN ~ 250 ml Milch / 20 g Butter / 100 g Weizengrieß / 30 g fein geschnittene Zwiebel-, Lauch- oder Schalottenwürfel / 20 ml Öl / 50 g entrindetes, klein würfelig geschnittenes Toast- oder Weißbrot / 100 g weich gekochte, gut abgetropfte, passierte oder pürierte Karotten / 2 Eier / Salz / Pfeffer und Muskatnuss, gemahlen evtl. 1 EL fein gehackte Petersilie

ZUBEREITUNG ~ Die Milch mit Butter aufkochen, den Grieß einrühren und unter Rühren gut einkochen, etwas überkühlen lassen. Zwiebel, Lauch oder Schalotten in Öl hell andünsten, zusammen mit den Brotwürfeln und dem Karottenpüree unter die Grießmasse mengen, zuletzt Eier untermengen und würzig abschmecken. Die Masse ca. 30 Minuten rasten lassen, daraus kleine Knödel formen und im kochenden Salzwasser je nach Größe ca. 8 bis 10 Minuten garen.

Als Suppeneinlage oder als Beilage zu Wild-, Rind-, Kalbs- oder Geflügelgerichten. Kann ebenso mit beliebigem Gemüsepüree zubereitet werden.

Karottenknödel

Dieses Rezept stammt von Irene Lechleitner, Hotel Drei Sonnen, Zerfaus

ZUTATEN ~ 150 g Topfen / 150 g gekochte, gut abgetropfte, passierte oder fein geschnittene Karotten / 1 Dotter / 10 g Weizengrieß / ca. 50 g Weißbrotbrösel 30 g fein geriebener Käse wie Bergkäse, Traunseer, Gmundnerberg, ersatzweise Parmesan / Salz / Pfeffer, frisch gemahlen

ZUBEREITUNG ~ Alle Zutaten in einer Schüssel gut vermischen, würzig abschmecken und ca. 1 Stunde im Kühlschrank rasten lassen. Kleine Knödel formen, in kochendem Salzwasser einkochen und ca. 8 bis 10 Minuten unter dem Siedepunkt garziehen lassen.
In Gemüse- oder Rindsuppe, mit Schnittlauchbutter und geriebenem Käse bestreut servieren.
Kann ebenso mit Gemüse nach Wahl zubereitet werden.
Anstelle der Weißbrotbrösel kann man Semmelbrösel verwenden, eventuell Menge reduzieren, da die eher trockenen Semmelbrösel mehr Flüssigkeit binden.

TIPPS ~

- Passiertes Gemüse zusätzlich in einem Tuch ausdrücken, so erhält man eine trockenere Masse.
- Gemüsekochwasser zum Knödelkochen weiterverwenden.
- Je nach Feuchtigkeit der Masse kann durch Beigabe von Weißbrotbröseln die Teigkonsistenz weicher werden als durch Beigabe von Semmelbröseln.

Hirse-Topfenknödel

ZUTATEN ~ 250 g Topfen / 100 g fein gemahlene Hirse / 1 Ei / Salz
Prise Muskatnuss, gemahlen

ZUBEREITUNG ~ Topfen mit Ei verrühren, mit Hirse vermengen und würzig abschmecken. Masse mindestens 40 Minuten rasten lassen, kleine Knödel formen, in kochendes Salzwasser einlegen, einmal aufkochen und dann ca. 20 Minuten unter dem Siedepunkt garziehen lassen.

Mit verschiedenen frischen Kräutern und Gewürzen zusätzlich aromatisieren.
Als Suppeneinlage oder Beilagenknödel servieren.

Kräuterknödel

ZUTATEN ~ 250 g Weißbrotbrösel / ca. 100 ml Milch / 40 g weiche Butter
20 g Cremespinat, abgetropft / 20 bis 40 g gemischte, fein gehackte Kräuter
ca. 20 g glattes Weizenmehl oder feines Dinkelmehl / 2 Eier / 1 KL Maizena
Salz / Pfeffer, frisch gemahlen / Prise Muskatnuss

ZUBEREITUNG ~ Weißbrotbrösel mit Milch anweichen, Eier trennen; Butter mit Dotter abrühren, Eiklar mit Maizena schaumig aufschlagen, alle Zutaten unter den Abtrieb mengen, zuletzt den Schnee untermengen und würzig abschmecken. Mit nassen Händen kleine Knödel formen, in Salzwasser einkochen und ca. 8 bis 10 Minuten mehr ziehen als kochen lassen, eventuell Probeknödel kochen und bei Bedarf noch Weißbrotbrösel untermengen.
Die Milchmenge richtet sich nach der Feuchtigkeit der Weißbrotbrösel.
Ersatzweise können auch Semmelbrösel verwendet werden, hier kann die Milchmenge ebenso variieren.
Für gebackene Kräuterknödel diese noch zusätzlich in Brösel wälzen und in Fett schwimmend ausbacken.

Krautknödel

Dieses Rezept stammt von Georg Friedl (Mühlviertler Küche. Geschmack und Glück der Einfachheit)

ZUTATEN ~ **125 g Weißkraut / 25 g Speck / 50 g Zwiebel / 1/16 l Sauermilch / 1 Ei 75 g Brösel / Salz, Pfeffer, Majoran / 1/8 l Gemüsefond / Rindsuppe zum Garen**

ZUBEREITUNG ~ Kraut fein würfeln, mit Speck, Zwiebeln und Fond weich dünsten. Die Flüssigkeit verdampfen lassen, würzen. Ei und Sauermilch zugeben. Die Masse mit Bröseln festigen, Knödel formen und in einer Rindsuppe ziehen lassen.

Krebsknödel mit Vogerlsalatsuppe

ZUTATEN ~ **700 g frische Krebse mit Schale, ersatzweise Scampi oder Shrimps 50 g Forellenfilet / 40 g Weißbrotbrösel / 120 ml Obers / 2 Dotter / Salz, Pfeffer frischer Kerbel / Schuss Zitronensaft**

FÜR DIE VOGERLSALATSUPPE ~ **40 g Butter / 100 g Schalotten- oder Zwiebelwürfel 100 g Vogerlsalat / 500 ml Rindsuppe / 80 g Crème fraîche / Salz / Pfeffer, frisch gemahlen / Prise Muskatnuss**

ZUBEREITUNG ~ Die Krebse in kochendem Salzwasser ca. 4 Minuten kochen (Krebsfond nicht wegleeren), in kaltem Wasser abschrecken und auslösen; Forellenfilet mit dem halben Obers in einer Küchenmaschine cuttern bzw. zerkleinern. Restliches Obers, Weißbrotbrösel, Dotter und in kleine Stücke geschnittene Krebse dazumengen und würzig abschmecken. Ca. 30 Minuten kühl stellen. Kleine Knödel oder mit einem Löffel kleine Nockerln formen, in gesalzenen Krebsfond unter dem Siedepunkt einlegen und ca. 10 Minuten ziehen lassen, keinesfalls kochen (Masse würde zäh werden).

Für die Suppe die Schalotten- oder Zwiebelwürfel in Butter glasig anschwitzen, mit Suppe aufgießen. Crème fraîche einmixen und einige Minuten einkochen lassen. Den klein geschnittenen Feldsalat in die heiße Suppe geben und mit dem Mixstab pürieren. Würzig abschmecken, bei Bedarf mit etwas angerührter Stärke oder Mehlbutter eindicken.
Krebsknödel mit Suppe anrichten und mit frischem Kerbel ausgarnieren.

TIPP ~ Je nach Art und Größe der Krustentiere kann der Fleischanteil recht unterschiedlich sein.
Foto Seite 54/54

Jüdische Matzeknödel

ZUTATEN ~ 60 g Butter, Gänseschmalz oder Rindermark / 20 g Zwiebelwürfel 100 g Matzemehl (aus ungesäuertem Brot, kann auch durch Semmelbrösel ersetzt werden) / 2 Eier / 1 bis 2 EL fein gehackte Petersilie / Salz / Pfeffer, frisch gemahlen ca. 12 geschälte Mandeln zum Füllen

ZUBEREITUNG ~ Butter in einer Pfanne zerlassen und Zwiebel darin hell anschwitzen, ausgekühlt mit restlichen anderen Zutaten vermengen und ca. 1 Stunde kühl rasten lassen. Vom Teig ca. 20 g schwere Stücke abnehmen, etwas auseinanderdrücken und jeweils 1 Mandel in die Mitte des Teiges drücken, rund formen; in kochendes Salzwasser einlegen und ca. 7 Minuten garen.
Mit beliebigen Kräutern und Gewürzen geschmacklich variieren.
Eine perfekte Suppeneinlage, aber auch gut zu einer Kräuter- oder Tomatensauce passend.

Rote-Rüben-Nockerln

ZUTATEN ~ 200 ml Rote-Rüben-Saft (aus dem Reformhaus) / 80 g Grieß oder Polenta 50 g Crème fraîche / 1 Eidotter / 1 Eiklar / 1 KL (10 g) Maisstärke (Maizena) ca. 50 g Brösel von entrindetem Weißbrot (siehe S. 221) / Salz / Kümmelpulver evtl. Öl zum Herausbacken

ZUBEREITUNG ~ Rübensaft zum Kochen bringen, Grieß oder Polenta einrühren und gut aufkochen lassen. Vom Feuer nehmen und überkühlen lassen. Dann Dotter sowie Crème fraîche und Brösel einrühren.
Das Eiklar mit Maisstärke zu steifem Schnee schlagen und unter die Masse ziehen. Mit Salz und Kümmel abschmecken. Mit einem Löffel kleine Nockerln abstechen, in kochendes Salzwasser einlegen und ziehen, nicht kochen lassen. Oder in heißem Fett schwimmend herausbacken.

Verwendung: als Suppeneinlage, aber auch als kleine Zwischenmahlzeit – etwa mit Käse überbacken und mit Blattsalat serviert, mit gedünstetem Lauch oder einer Obers- oder Kräutersauce.

VARIATIONSMÖGLICHKEIT ~ Unter die Masse können Sie auch noch ca. 130 g gekochte, kleinwürfelig geschnittene Rote Rüben mengen und die Konsistenz bei Bedarf mit Bröseln von entrindetem Weißbrot korrigieren.
Mit beliebigen Gemüsesäften und Gemüse ebenso zubereiten.

Rote-Rüben-Knödel

ZUTATEN ~ 200 g trockenes Knödelbrot oder Toastbrot / 500 g gekochte, geschälte, faschierte Rote Rüben / ca. 50 g glattes Weizenmehl oder feines Dinkelmehl 60 g Zwiebelwürfel / 3 Eier / 1 Knoblauchzehe / ½ TL Kümmel, fein gemahlen 1 bis 2 EL fein gehackte Petersilie / ½ TL Salz / Pfeffer, frisch gemahlen

ZUBEREITUNG ~ Rote Rüben mit den Eiern in einer Küchenmaschine fein mixen (oder faschieren und passieren), zum Knödelbrot geben und mit den restlichen Zutaten vermengen, würzig abschmecken und ca. 30 Minuten ziehen lassen. Kleine Knödel formen, ins kochende Salzwasser einlegen und ca. 10 bis 12 Minuten leicht köcheln lassen.
Als Einlage für eine Rahm-, Buttermilch-, Rind- oder Gemüsecremesuppe.
Zusätzlich noch fein geriebenen Kren einmengen.

TIPPS ~

- Sind die Rüben sehr wässrig, eventuell in ein feinmaschiges Sieb hängen und im Kühlschrank abtropfen lassen.
- Ins Kochwasser Rote-Rüben-Saft geben, verstärkt die Farbe.
- Kochwasser nicht wegleeren, sondern daraus eine Rübensauce oder -suppe bereiten und mit Obers verfeinern.

Paprikaknöderl

ZUTATEN ~ 100 g roter Paprika / 150 g Weißbrotbrösel / 1 Ei / 2 Dotter 50 g weiche Butter / Salz / Pfeffer aus der Mühle / Prise Muskatnuss, gemahlen

ZUBEREITUNG ~ Paprika vierteln, Kerngehäuse und Strunk entfernen, in leicht gesalzenem Wasser weich kochen oder dünsten, Wasser ableeren und Paprika passieren.
Alle Zutaten vermengen, würzig abschmecken und ca. 1 Stunde ziehen lassen. Mit nassen Händen kleine Knödel formen, in kochendes Wasser einlegen und leicht köcheln lassen. Unbedingt einen Probeknödel kochen, falls die Masse zu weich ist, noch etwas Weißbrotbrösel oder Grieß untermengen (oder Knödel in Frischhaltefolie gewickelt kochen).
Die Farbe kann durch Paprikapulver oder Tomatenmark noch intensiviert werden.
Zusätzlich noch mit frisch gehackter Petersilie würzen.
Als Suppeneinlage für Gemüsesuppen, Kürbis- oder Kräuterrahmsuppe etc. reichen.

Leberknödel

ZUTATEN ~ 40 g weiche Butter oder Butterschmalz / 250 g Rinds- oder Schweinsleber (ersatzweise Lamm-, Enten-, Hühner- oder Wildleber) / 50 g Zwiebelwürfel / 2 Eier 220 g Knödelbrot oder Semmelwürfel / ca. 20 g Semmelbrösel / 1 EL frisch gehackte Petersilie / Salz / Majoran / Pfeffer / evtl. Knoblauch, Rosmarin, Salbei, Piment, Neugewürz, Koriander, Zitronenschale oder -saft oder Worcestersauce

ZUBEREITUNG ~ Leber faschieren, Zwiebelwürfel in Butter anschwitzen, abgekühlt mit den anderen Zutaten gut vermengen, würzig abschmecken und ca. 30 Minuten kühl rasten lassen.
Mit leicht befeuchteten oder geölten Händen Knöderl formen und im Salzwasser (oder auch in Rindsuppe) kochen oder in Bröseln wälzen und in 155 °C heißem Fett goldbraun backen.
Probeknödel kochen oder backen, bei zu weicher Masse mit Semmelbröseln festigen.
Anstelle von Butter kann man faschiertes Kalbsnierenfett verwenden.
Servieren Sie die Leberknödel in einer Rindsuppe oder mit Sauerkraut oder mit gemischtem Salat.
Leber und Kalbsnierenfett gibt es bereits faschiert zu kaufen.
Als Einlage bei Enten-, Wild- oder Hühnerleberknödeln eventuell karamellisierte Apfelstücke untermengen: dazu einen Apfel schälen, entkernen, in kleine Würfel schneiden, 20 g Butter in einer Pfanne zerlassen, 20 g Zucker beigeben und die Apfelwürfel darin braten; auslegen, auf Küchenpapier abtropfen lassen und unter die Lebermasse mengen.

WILDLEBERKNÖDEL: Reh- oder Hirschleber nehmen, mit Majoran, Thymian, gemahlenem Wacholder, Knoblauch und Koriander würzen.

Schinkenknöderl

ZUTATEN ~ 50 g Zwiebel- oder Schalottenwürfel / 30 g Butter oder Butterschmalz 100 g gekochter, klein würfelig geschnittener Schinken / 150 g klein würfeliges Weißbrot (Toast) oder weiches Knödelbrot (nicht zu trocken) / 2 Eier / 1 EL fein gehackte Petersilie / ca. 100 ml lauwarme Milch / Salz / Prise Muskatnuss / Pfeffer, weiß gemahlen

ZUBEREITUNG ~ Die Zwiebel- oder Schalottenwürfel in einer Pfanne in heißer Butter anschwitzen, Schinken dazugeben und kurz mitrösten, abkühlen lassen.
Weißbrot mit Eiern, Petersilie und der abgekühlten Masse vermengen, lauwarme Milch dazugießen, würzig abschmecken und gut vermengen, ca. 30 bis 40 Minuten ziehen lassen. Mit befeuchteten Händen kleine Knödel formen, in kochendes Salzwasser einlegen, einmal aufkochen und ca. 12 bis 15 Minuten ziehen lassen.
Probeknödel kochen, falls die Masse zu weich sein sollte, mit etwas Semmelbröseln festigen, wieder rasten lassen oder die Knödel in Mehl wälzen und erst dann einkochen.
Auch als eigenständiges Gericht mit Sauerkraut oder Blattsalat reichen.
Mit Gemüseragout servieren.

Schwarzbrotknödel

ZUTATEN ~ 300 g kleinwürfelig geschnittenes Schwarzbrot / ca. 125 ml Milch 125 ml Selchsuppe, ersatzweise Rindsuppe oder Wasser / 1 Ei / 50 g Roggenmehl oder Schwarzplentenmehl (Buchweizenmehl) / Kümmel und Koriander, fein gemahlen Salz / 30 g Butter oder Butterschmalz, ersatzweise Öl zum Braten

ZUBEREITUNG ~ Schwarzbrot mit Milch und Selchsuppe übergießen, kurz anziehen lassen, mit den restlichen Zutaten vermengen und würzig abschmecken. Kleine Stücke abnehmen und zu länglichen, flachen Knödeln formen, in eine beschichtete Pfanne mit wenig heißer Butter oder Öl einlegen und auf beiden Seiten goldbraun braten, eventuell im Rohr bei 165 °C noch fertig ausbacken. Die Knödel kurz vor dem Servieren in Selchsuppe oder Rindsuppe aufkochen lassen, mit viel Schnittlauch bestreut servieren.
Schwarzbrotreste eignen sich hierfür bestens. Ist das Brot etwas trockener, kann sich die Flüssigkeitsbeigabe erhöhen.
Unter die Masse eventuell Speck- oder Käsewürfel mengen.
Die Masse zu kleinen Knödeln formen, eventuell noch etwas Mehl einmengen, Probeknödel kochen und in Salzwasser garen.

Schinkenerdäpfel-Knödel

Ein Rezept von Steffi Kappel aus Gmunden

ZUTATEN ~ **400 g mehlige, gekochte, durchgedrückte Erdäpfel / ca. 35 g Semmelbrösel 40 g zerlassene Butter / 50 ml Sauerrahm / 1 Dotter / 1 Ei / ca. 100 g gekochtes Selchfleisch oder Schinken, klein geschnitten / Salz / Pfeffer, frisch gemahlen 1 EL (5 g) fein gehackte Petersilie / Brösel zum Wälzen**

ZUBEREITUNG ~ Alle Zutaten vermengen, würzig abschmecken, kleine Knödel formen, in Bröseln wälzen, in heißem Öl oder Schweineschmalz bei ca. 155 °C backen.
Werden als Suppeneinlage, mit Sauerkraut, kaltem Krautsalat, Rahmkraut oder Blattsalat serviert.
Die Knödel zusätzlich in Mehl, Ei und Bröseln panieren.
Anstelle von Selchfleisch und Schinken mit gekochten Gemüsewürfeln oder fein geriebenem Käse zubereiten.

TIPP ~ Gebackene Knödel in heißem Fett schwimmend anbacken, herausnehmen, gut abtropfen lassen, auf ein Blech schichten und im heißen Rohr bei 165 °C fertig backen.

Topfenkräuterknödel

ZUTATEN ~ **20 g weiche Butter / 90 g Topfen / 1 Ei / 40 g geriebenes Weißbrot (Mie de pain), evtl. etwas mehr, je nach Feuchtigkeit des Topfens / Steinsalz oder Salz / weißer Pfeffer, frisch gemahlen / 1 TL frische Kräuter (Petersilie, Basilikum, Bärlauch, Oregano, Thymian etc., je nach Geschmack), fein gehackt**

ZUBEREITUNG ~ Butter schaumig rühren, Topfen, Ei, Kräuter und Weißbrot zugeben, würzig abschmecken und ca. 1 Stunde im Kühlschrank anziehen lassen (würden die Knödel sofort eingekocht, lösten sie sich im Wasser auf).
Kleine Knödel formen, in kochendes Salzwasser einlegen und unter dem Siedepunkt garziehen lassen.
Mit Semmelbröseln anstelle von Mie de pain bereitet, benötigt man nur 20 g Semmelbrösel, da die Semmelbrösel mehr Flüssigkeit aufnehmen. Anstelle von Salz kann man auch Kräutersalz verwenden.
Als Einlage einige kleine, gekochte Gemüsewürfel oder leicht angeschwitzte Pilze untermengen.
Mit Paprikapulver, Curry oder Kurkuma färben.
Mit Chili oder Cayennepfeffer zusätzlich pikant abschmecken.
Als Einlage für Tomaten-, Gemüse-, Lauchcreme- oder Wildkraftsuppe, klar oder gebunden; mit Wildkräutern abschmecken und eventuell klein geschnittene oder gecutterte getrocknete Früchte wie Preisel- oder Heidelbeeren untermengen.

Salzburger Taschenknödel oder zsammg'legte Knödel

ZUTATEN FÜR DEN TEIG ~ **500 g glattes Weizenmehl / 1 Ei / 1 EL Öl / ½ TL Salz ca. 200 ml Wasser**

FÜR DIE FÜLLE ~ **Grieß oder Polenta / ca. 300 g gekochtes Selchfleisch oder Selchspeck**

ZUBEREITUNG ~ Mehl mit Ei, Öl, Wasser und Salz zu einem glatten Teig verarbeiten, klebt der Teig, noch etwas Mehl einarbeiten, mit Frischhaltefolie abgedeckt ca. 1 Stunde rasten lassen. Teigstücke abnehmen, auf einer bemehlten Arbeitsfläche dünn ausrollen und desserttellergroße Flecke ausschneiden, in die Mitte etwas Grieß aufstreuen, klein geschnittenes Selchfleisch daraufgeben, die Ränder mit verquirltem Ei bestreichen und die Flecke in der Form von Rechtecken zusammenschlagen. Um ein Öffnen des Teiges zu verhindern, eventuell mit Zahnstocher fixieren. In kochendes Salzwasser einlegen und ca. 20 Minuten nur schwach wallend kochen lassen. In einem tiefen Suppenteller mit Rindsuppe und Gemüse servieren, mit Schnittlauch bestreuen oder auf Sauerkraut, Rübenkraut oder Blattsalat anrichten.

Im Mondseer Land sind diese Knödel unter dem Namen „zammg'legte Knödel" bekannt: Dazu den Selchspeck in kleine Würfel schneiden und in einer heißen Pfanne anrösten bzw. auslassen, Grieß im verbliebenen Fett rösten, weitere Verarbeitung siehe oben.
Als Fülle außer Selchfleisch: gekochtes Rindfleisch, geröstete Leberstücke oder hell angeröstete Zwiebelwürfel.

TIPP ~ Sehr schonend werden die Taschenknödel im Dampfgarer oder über Dampf gegart.

Selchgrießknödel

Dieses Rezept stammt von Georg Friedl

Für 6 Personen

ZUTATEN ~ **300 g Grieß / 1 ½ altbackene Semmeln, zu kleinen Würfeln geschnitten und geröstet / 1 EL Butter / Salz / Prise Muskatnuss gemahlen / ca. 2 Schöpfer heiße Selchsuppe (ersatzweise Rindsuppe)**

ZUBEREITUNG ~ Semmelwürfel in Butter rösten. Grieß mit den Gewürzen und den Semmelwürfeln vermischen. Die heiße Selchsuppe darübergießen und gut vermischen, quellen lassen. Knödel formen und in einer Selchsuppe (Rindsuppe) einkochen.

Schwemmknödel

Dieses Rezept stammt von Georg Friedl

Für 6 Personen

ZUTATEN ~ **100 g Butter / 2 Eier / 200 g Grieß / Muskatnuss / Salz / 1 EL Wasser**

ZUBEREITUNG ~ Sehr weiche Butter mit Ei (flockt die Masse aus, eventuell sofort etwas Grieß beimengen) schaumig rühren. Die restlichen Zutaten untermischen, rasten lassen. Knödel formen und in Salzwasser oder Selchsuppe einkochen, ca. 12 Minuten kochen lassen, danach wegziehen und 20 Minuten aufquellen lassen.

TIPP ~ Nach dem Kochen mit Eiswürfeln abschrecken und abgedeckt 20 Minuten aufquellen lassen. Anstelle von Knödeln Nockerln formen.

Speckgrießknödel

Dieses Rezept stammt von Rosi Schipflinger, Sonnbergstuben, Kitzbühel

ZUTATEN ~ **220 ml Milch, Wasser, Rind- oder Selchsuppe / 100 g Polentagrieß**
1 Ei / Steinsalz oder Salz / Pfeffer, frisch gemahlen / Prise Muskatnuss, gemahlen
70 g Bauernspeck, Frühstücksspeck oder gekochter Selchspeck

ZUBEREITUNG ~ Den Speck in kleine Würfel schneiden und in einer Pfanne kurz anrösten; ist der Speck sehr mager, dann etwas Öl in die Pfanne geben, ansonsten reicht das Speckfett aus. Milch mit Salz aufkochen und Polentagrieß einrieseln lassen, mit dem Schneebesen gut verrühren und mit dem Kochlöffel so lange rühren, bis die Masse eindickt und sich vom Kochlöffel löst. Überkühlt das Ei einrühren und würzig abschmecken. Aus der Masse kleine Knödel formen, in leicht kochendes, wallendes Salzwasser einlegen und unter dem Siedepunkt abgedeckt ca. 10 Minuten ziehen lassen. Als Einlage für eine Rindsuppe, aber auch als Beilagenknöderl servieren.

VARIANTEN ~

- Eventuell frisch gehackte Kräuter, gekochte Gemüsewürfel oder fein geriebenen Käse zusätzlich untermengen.
- Mit Curry oder Kurkuma zusätzlich einfärben bzw. aromatisieren.
- Mit Grieß ebenso zubereiten.

TIPP ~ Bei zu weicher Masse die Knödel vor dem Kochen in Stärke rollen oder das Kochwasser mit etwas Stärke eindicken.

Knödel & Co als Vorspeise oder zwischendurch

Falafel
(Kichererbsenbällchen)

Beliebte Partyhäppchen

Dieser köstliche Imbiss wird im Vorderen Orient häufig auf Basaren angeboten, aber auch am Naschmarkt in Wien kann man diese Köstlichkeiten probieren und kaufen. Sie sind ein ideales vegetarisches Gericht und können sehr vielseitig gewürzt werden. Die frittierten Bällchen schmecken besonders gut mit Gurken-Joghurt-Sauce oder Tomatensauce zu grünem Salat und einem warmen Fladenbrot oder als Einlage in eine kalte Gurkensuppe.

ZUTATEN ~ 330 g getrocknete Kichererbsen / 150 g Zwiebelwürfel 40 g Öl oder Butterschmalz / evtl. 2 bis 4 Knoblauchzehen / 2 Eier ca. 80 g Weizenvoll- oder beliebiges Vollkornmehl / Salz / Pfeffer, frisch gemahlen / 1 bis 2 TL Paprikapulver / Koriander, gemahlen Kreuzkümmel, gemahlen / Prise Chilipulver / evtl. 1 TL Backpulver oder Natron / Öl zum Frittieren

ZUBEREITUNG ~ Kichererbsen mindestens über Nacht oder auch länger in reichlich kaltem Wasser einweichen, dieses ableeren, Kichererbsen mit frischem Wasser in einen Topf geben und ca. 45 Minuten weich kochen, in ein Sieb leeren und auskühlen lassen.

Die gekochten Kichererbsen faschieren oder in einer Küchenmaschine (Cutter) pürieren.

Zwiebelwürfel (und klein geschnittenen Knoblauch) in einer Pfanne mit Öl anschwitzen, abgekühlt in einer Schüssel mit den restlichen Zutaten vermengen, würzig abschmecken und ca. 30 Minuten ziehen lassen, damit sich das Klebereiweiß im Mehl gut entwickeln kann.

Eventuell Backpulver oder Natron untermengen.

Walnussgroße Bällchen (eventuell mit einem Eisportionierer) formen, bei Bedarf mit feuchten Händen zusammendrücken und nachformen.

In einem kleinen Topf Öl erhitzen und die Bällchen darin ca. 3 bis 4 Minuten frittieren. Mit einem Siebschöpfer herausnehmen, auf Küchenpapier abtropfen lassen.

VARIANTEN ~

- Diese Grundmasse kann beliebig mit 1 bis 3 EL Tahin (eine dicke, ölige Sesampaste, die für pikante und süße Speisen verwendet wird; in gut sortierten Supermärkten, Naturkostläden und orientalischen Geschäften erhältlich), ersatzweise geschälten, gemahlenen Sesamkörnern, fein gehackter frischer Petersilie, Koriandergrün oder Pfefferminze, Kurkuma, Piment, Cayennepfeffer, Thymian oder klein gehackten Pinienkernen geschmacklich ergänzt werden.
- Unter die Hälfte der Masse 100 g gekochtes, klein würfelig geschnittenes, gut abgetropftes Gemüse mengen wie Karotten, Karfiol, Petersilienwurzel, Sellerie, gelbe Rüben, rote Rüben, Lauch- oder Paprikawürfel etc.
- Anstelle von Weizenvollmehl können auch Vollkornbrösel verwendet werden, die Menge kann dabei etwas variieren, zuerst weniger einmengen, Probeknödel backen und bei Bedarf noch etwas nachbinden.
- Mit anderen gekochten Bohnen wie Käfer-, Indianer-, weißen Bohnen etc. ebenso zubereiten.
- Vor dem Backen eventuell in Vollkornmehl, Semmelbröseln oder Sesamkörnern wälzen.
- In Fett kurz anbacken und im vorgeheizten Backrohr bei ca. 165 °C ca. 10 bis 15 Minuten fertig backen.

Fasanenknödel

ZUTATEN ~ 300 g entsehnte und enthäutete Fasanenbrüste / 20 ml Weinbrand Prise Muskatnuss / Salz / weißer Pfeffer / 100 ml kaltes Obers / 200 ml Geflügelfond, ersatzweise Rindsuppe, reduziert auf 50 ml / 100 g klein würfelig geschnittene Äpfel 40 g Butter oder Butterschmalz / 100 g Pilze nach Marktangebot / 50 g Semmelbrösel evtl. ca. 100 g Geflügelleber

ZUBEREITUNG ~ Fasanenbrüste sehr fein faschieren oder in kleine Würfel schneiden und mit den Gewürzen und dem Alkohol ca. 1 Stunde marinieren, dabei die zweite halbe Stunde in den Tiefkühler stellen. In einer Küchenmaschine unter langsamer Beigabe von Obers und dem kalten Geflügelfond mixen. Eventuell als Einlage noch ca. 100 g Geflügelleber mitmixen oder in Würfel geschnitten einmengen. Äpfel und die kleinwürfelig geschnittenen Pilze in Butter andünsten, auskühlen lassen. In die Fasanenmasse einmengen, kleine Knödel formen, anfrieren, mit Topfen- oder Erdäpfelteig umhüllen und ca. 12 Minuten kochen.

TIPP ~ Wer keine Küchenmaschine hat, kann die faschierte Masse auch mit einem Kochlöffel gut verrühren, die Farce wird jedoch hierbei nicht so fein.

Eine ganze Reihe von **VARIANTEN** bietet sich hier an, diese Fasanenknödel sowohl optisch als auch geschmacklich zu verändern:

- Klein geschnittene, angebratene Speckwürfel, getrocknete Preisel- oder Heidelbeeren dazumengen.
- Knödelteig mit Curry oder Kurkuma gelb einfärben.
- Anstelle von Fasanenbrust mit Truthahn oder Hühnerfleisch zubereiten.
- Die Knödel vor dem Anrichten in würzigen, mit fein geriebenen Walnüssen vermischten Butterbröseln wälzen oder mit zerlassener Trüffelbutter beträufeln.
- Als Beilage: Rot-, Wein- oder Mostkraut, Rinds- oder Wildsauce, Preiselbeersauce.
- Auf Blattsalat anrichten.
- Aus dieser Farce lassen sich auch hervorragende Ravioli zubereiten: einen Nudelteig bereiten, rasten lassen, mittels Nudelmaschine oder dem Rollholz sehr dünn ausrollen, auf bemehlte Arbeitsfläche legen, mit Dotter bestreichen. Die weicher gehaltene Farce (Bröselmenge beträchtlich reduzieren) in einen Spritzsack füllen und in nicht zu großen Abständen auf den Nudelteig aufdressieren, mit einem zweiten Teigblatt abdecken, die Zwischenräume fest andrücken und mit einem runden Ausstecher Ravioli ausstechen. In kochendes Salzwasser einlegen und ca. 5 Minuten garen.

Aus rohem Fleisch zubereitete Füllmassen sind in der Konsistenz nach dem Kochen fester als solche mit gekochtem oder gebratenem faschiertem Fleisch.

(Foto rechts)

Abgebrannte Spinatknödel

Für ca. 16 Stück

ZUTATEN ~ 170 ml Wasser / 80 g Butter / 150 g glattes Weizenmehl 20 g Semmelbrösel / 90 g gut passierter Spinat, ausgedrückt / 1 klein geschnittene Knoblauchzehe, Knoblauchpaste oder Bärlauch / Salz / Pfeffer, frisch gemahlen Prise Muskatnuss, gemahlen / fein geriebener, würziger Käse zum Bestreuen Schnittlauchröllchen zum Garnieren

ZUBEREITUNG ~ Wasser mit Salz und Butter aufkochen, Mehl einrühren und so lange mit einem Kochlöffel abtreiben, bis sich der Teig vom Geschirr löst. Überkühlt nach und nach die Eier einrühren, Brösel, Gewürze und Spinat dazugeben und gut durchmischen. Masse ca. 30 Minuten im Kühlschrank rasten lassen. Kleine Knödel formen, in kochendes Salzwasser einlegen und je nach Größe ca. 10 bis 12 Minuten unter dem Siedepunkt garziehen lassen.
Teig nicht zu lange stehen lassen.
Mit Schinkenstreifen und einer Rahm- oder Knoblauchsauce servieren.
In eine feuerfeste Form schichten, mit Schinkenstreifen belegen, mit Käse bestreuen und bei Oberhitze kurz überbacken, mit Nussbutter beträufelt servieren.

Fischknödel

Dieses Rezept stammt von Paula Langmayr, Landgasthof Dieplinger, Eferding

ZUTATEN ~ **300 g Fischfilets (Karpfen, Hecht, Barsch oder beliebiges kräftiges Fischfilet) / 100 g entrindetes Toast- oder Weißbrot / 125 ml Obers 100 g Schalottenwürfel / 1 Ei / 10 ml Oliven- oder Sonnenblumenöl / etwas Dille, fein gehackt / evtl. etwas Mie de pain oder Semmelbrösel zum Panieren**

ZUBEREITUNG ~ Das Brot mit der halben Menge Obers anweichen, Fischfilets und Brot durch die feine Scheibe des Fleischwolfes drehen oder in einer Küchenmaschine cuttern und kalt stellen. Schalotten in einer Pfanne mit Öl andünsten, abgekühlt mit dem faschierten Fisch mischen.

Ei und restliches, gut gekühltes Obers einarbeiten, würzig abschmecken. Mit befeuchteten Händen kleine Knödel formen, in kochendes Salzwasser oder Fischfond einlegen und ca. 8 bis 12 Minuten garziehen lassen.
Die Knödel auf Gemüse anrichten und mit einer Rahmsauce servieren.
Die Knödel können auch gebacken werden, dann in Bröseln wälzen und in heißem Fett backen.
Mit einer leichten Kräuterrahmsauce, Spinat oder auf Blattsalat servieren, mit Dille bestreuen oder zu einer Schwammerlsauce oder einem Steinpilzgulasch reichen.
Eventuell mit Forellenkaviar, Shrimps, Scampi oder mit einem Stück Räucherfisch zusätzlich füllen.

SCHWEDISCHE FISCHBÄLLCHEN IN SAUCE – FISKBULLAR I SÅS

Obige würzig abgeschmeckte Fischmasse eventuell mit etwas Semmelbröseln (Paniermehl) festigen, zu kleinen Bällchen formen, mit Zitronensaft beträufeln und in Semmelbröseln wälzen. In einer Pfanne etwas Öl erhitzen und die Fischbällchen darin je nach Größe ca. 4 bis 5 Minuten braten. Rahmsauce (siehe Rezept S. 214) mit Curry abschmecken, Bällchen darin erhitzen, auf Tellern mit Currysauce anrichten und mit Reis servieren.

Gebackene Bierknödel

ZUTATEN ~ 100 ml helles Bier / 70 g Zwiebelwürfel / 20 g Butter / 2 Eier 60 g Essiggurkerl / 60 g Sardellenfilets / 60 g Kapern / 2 Knoblauchzehen, fein geschnitten / 100 g Semmelbrösel / ca. 100 g glattes Weizenmehl / Prise Muskatnuss Pfeffer, frisch gemahlen / je 1 EL frisch gehackte Petersilie und Schnittlauchröllchen

ZUBEREITUNG ~ Knoblauch und Zwiebelwürfel in etwas Butter anschwitzen. Sardellenfilets, Gurkerl und Kapern fein hacken, alle Zutaten mit etwas Mehl vermengen und zu einem Teig kneten; so viel Mehl dazugeben, bis ein formbarer Teig entsteht. Aus der Masse kleine Knödel formen und ca. 6 Minuten bei ca. 160 °C schwimmend in Fett backen. Herausnehmen, gut abtropfen lassen und mit frittierter Petersilie garnieren.
Salzen nur bei Bedarf, da die Sardellen meist sehr salzig sind.
Diese Knödel zum Aperitif reichen oder als Vorspeise mit Blattsalat servieren.

Albondigas Hackfleischbällchen

ZUTATEN ~ 350 g gemischtes Faschiertes / 20 g Pistazien oder Pinienkerne 2 Knoblauchzehen / 1 Ei / 1 Scheibe Toastbrot, ersatzweise Knödelbrot / Salz Pfeffer, frisch gemahlen / 1 EL Petersilie, fein gehackt / evtl. Prise Muskatnuss etwas Milch oder Wasser

ZUBEREITUNG ~ Toastbrot in Würfel schneiden und mit etwas Milch oder Wasser anweichen, die Flüssigkeitsmenge richtet sich nach der Trockenheit des Brotes. Es bleiben ca. 70 g ausgedrücktes Brot.

Alle Zutaten in einer Schüssel gut durchmengen und würzig abschmecken. Mit feuchten Händen kleine Knödel oder Bällchen formen, in Mehl oder Brösel wenden und in heißem Öl bei ca. 155 °C backen oder in Rindsuppe oder Salzwasser kochen.

Dazu Tomatensauce oder -ragout, Gemüse- oder Kapernsauce sowie Weißbrot und Blattsalat reichen. Die fertigen Bällchen in die heiße Sauce geben und darin noch 5 Minuten köcheln lassen.

Gedämpfte Wantan-Taschen mit Shrimps und Schweinefleisch

Für ca. 20 Taschen

ZUTATEN ~ 20 Wantan-Teigblätter (oder selbst gemachter Wantan-, Erdäpfelnudel-, Nudel-, Brand- oder Fleischknödelteig, siehe Seite 16 ff.) / 200 g faschiertes, mageres Schweinefleisch, alternativ Hühner- oder Truthahnfleisch / 50 g Bauch- oder Karreespeck / 170 g Shrimps und/oder Krebsfleisch / 40 g Austernpilze, Champignons oder chinesische Pilze / Salz / Pfeffer, frisch gemahlen / 1 TL Zucker / 10 ml Sesamöl, ersatzweise Sonnenblumenöl / 1 EL Weizenstärke / 1 EL frisch gehacktes Koriandergrün, ersatzweise Petersilie / Sesamöl und frisch geriebener Ingwer zum Garnieren

ZUBEREITUNG ~ Shrimps und Krebsfleisch fein schneiden, die Pilze klein hacken und beides gemeinsam mit dem Faschierten sowie Zucker, Salz, Pfeffer und Sesamöl vermischen. Speisestärke und Koriander untermengen, würzig abschmecken. Die Teigblätter auflegen (selbst bereiteten Teig dünn ausrollen) und jeweils etwas Fülle in die Mitte setzen. Nach Belieben rund ausstechen und zu halbmondförmigen Täschchen zusammenklappen oder die Ecken so übereinanderklappen, dass ein Dreieck entsteht. Die Teigränder dabei mit Wasser oder verquirltem Ei befeuchten und gut andrücken. Im Dampfgarer garen oder in einen Topf einen Dämpfeinsatz oder ein Bambuskörbchen platzieren, genügend Wasser einfüllen (darf nicht gänzlich verdampfen) und zugedeckt 8 bis 10 Minuten dämpfen. Wantans mit etwas Sesamöl beträufeln und mit Ingwer bestreuen.

Mit Sauce von Chazu servieren (siehe Seite 101).

TIPP ~ Die Füllmasse kann geschmacklich beliebig, etwa durch gehackte geröstete Erdnüsse, frisch gehackten Ingwer oder Chili, abgewandelt werden.

Foto Seite 70/71

Grießmohnknödel mit Gorgonzola

ZUTATEN ~ 250 ml Milch / 60 g Butter / 80 g Weizengrieß / 2 Eier / 35 g Mohn, gerieben / 50 g Semmelbrösel / Salz / Gorgonzolawürfel oder würzige Weichkäsesorten zum Füllen

ZUBEREITUNG ~ Milch mit Salz und Butter aufkochen, Grieß einrühren, Hitze reduzieren und unter ständigem Rühren dick einkochen; Teig überkühlen lassen, Eier, Mohn und Brösel unterrühren. Masse zu einer Rolle formen, Stücke abnehmen, auseinanderdrücken und beliebig mit Ziegenkäsebällchen, Gorgonzolawürfeln oder Schafskäsestücken füllen. In kochendes Salzwasser einlegen und je nach Größe ca. 8 bis 10 Minuten garziehen lassen.

TIPP ~ Mohn durch gemahlene Nüsse oder Kürbiskerne ersetzen.
Knödelmasse sowohl süß als auch pikant verwenden.

Gebackene Reisknödel

ZUTATEN ~ 200 g Vollkornreis oder Rundkornreis / ca. 1 l Wasser / ½ KL Salz ca. 500 ml Milch / 70 g weiche Butter / 1 Dotter / 1 Ei / 100 g klein geschnittene Schinkenwürfel / 10 bis 20 g Semmelbrösel / 50 g fein geriebener, würziger Käse, ersatzweise Parmesan / Salz / Pfeffer, frisch gemahlen / 2 EL fein gehackte Petersilie, ersatzweise beliebige frische Kräuter wie Schnittlauch, Basilikum etc.
1 bis 2 Eier / Mehl und Semmelbrösel zum Panieren / ca. 250 g Öl oder Kokosfett zum Backen

ZUBEREITUNG ~ Wasser mit Salz aufkochen, Reis einrühren und ca. 2 bis 3 Minuten kochenlassen, abseihen und abtropfen lassen, Reis mit Milch (anfangs je nach verwendeter Reissorte etwas weniger Milch zugießen) weich kochen, die Flüssigkeit soll vom Reis vollständig aufgenommen worden sein, überkühlt Butter einrühren. Restliche Zutaten unter den erkalteten Reis mengen, würzig abschmecken und mit Bröseln formbar machen. Aus der Masse kleine Knödel formen, zuerst in Mehl, dann verquirltem Ei und zuletzt in Bröseln wälzen, in heißem Fett bei ca. 155 °C etwa 3 bis 4 Minuten backen.
Als Beilage, auf Blattsalaten angerichtet oder mit einer Gemüse- oder Kräutersauce servieren.

SÜSSE VARIANTE: Käse, Gewürze, Pfeffer, Kräuter und Schinken weglassen. Mit Zucker, Vanille, Orangen- oder Zitronenschale, Zimt, Lebkuchengewürz, klein gehackten Dörrfrüchten vermengen und Knödel formen. Mit Vanillesauce, Eis, Sorbet, Beerenragout etc. servieren

Reisknödel

Dieses Rezept stammt von Karin Helm, Hotel Spanberger, Gröbming

Für ca. 8 Knödel à 40 g

ZUTATEN ~ **100 g Natur- oder Vollkornreis / ca. 700 ml Wasser / Salz Prise Muskatnuss / 1 KL Reismehl / evtl. fein gehackte Kräuter untermengen**

ZUBEREITUNG ~ Wasser in einem Topf zum Kochen bringen, Salz und Reis zufügen, zugedeckt ca. 15 Minuten weich kochen lassen, Reis in ein Sieb leeren und gut abtropfen lassen.
Die halbe Menge gekochten Reis entweder mit einer Gabel zerdrücken, mit dem Messer klein hacken oder in einer Küchenmaschine zerkleinern. Noch heiß mit dem restlichen Reis und Reismehl vermengen, abschmecken, mit nassen Händen Knödel formen und eventuell mit Gemüse oder Gemüseaufstrich füllen. Bei zu weicher Masse noch zusätzlich mit etwas Reismehl festigen.
Knödel in Frischhaltefolie einwickeln, in kochendes Salzwasser einlegen und je nach Größe ca. 12 bis 15 Minuten darin garen. Oder über Dampfeinsatz im Kochtopf oder im Dampfgarer (ohne Folie) dämpfen.
Paniert und gebacken als Beigabe zu Saucenfleisch.
Diese Knödel eignen sich gedämpft besonders gut für die Diätküche.
Die Masse kann beliebig erhöht werden.
Auf süßer Basis mit Vanillezucker, Zimt, Lebkuchengewürz, Anis, Fenchel etc. aromatisieren und mit Früchten wie Weichseln, Amarenakirschen, Nuss- oder Mohnmasse füllen.

Grünkernknödel

Grünkern ist das halbreif geerntete und unmittelbar darauf künstlich getrocknete Korn des Dinkels.

ZUTATEN ~ **100 g Zwiebelwürfel / 50 ml Öl oder Butter / 200 g Grünkern, grob geschrotet / 1 Knoblauchzehe / ca. 250 ml Gemüse- oder Rindsuppe / ca. 30 g feines Dinkel- oder Vollkornmehl / Salz / Pfeffer, frisch gemahlen / Thymian / 2 Eier Prise Muskatnuss**

ZUBEREITUNG ~ Zwiebel und Knoblauch in heißem Öl in einer Pfanne glasig anschwitzen, Grünkernschrot dazugeben und unter ständigem Rühren ca. 3 Minuten rösten, mit Suppe aufgießen, gut aufkochen lassen. Bei mittlerer Hitze ca. 15 Minuten quellen lassen. Überkühlt Eier, Kräuter und Mehl einmengen. Sehr würzig abschmecken, mit angefeuchteten oder geölten Händen kleine Knödel formen und in kochendem Salzwasser ca. 10 Minuten unter dem Siedepunkt garen oder über Wasserdampf oder im Dampfgarer garen, hierbei verlängert sich die Garzeit.
Mit beliebiger Sauce, Gemüseragout oder Salat reichen.
Die Knödel können auch in Bröseln gewälzt und in heißem Fett schwimmend gebacken werden.
Ebenfalls kann man unter die Masse noch Käse-, Schinken- oder Gemüsewürfel mengen.

Hirse-Pilzknödel

ZUTATEN ~ 250 ml Milch / 15 g Butter / 100 g Hirse / 1 Dotter / 50 g vorbereitete Pilze oder Schwammerl nach Angebot / 40 g geriebenen Gouda / Salz / Pfeffer, frisch gemahlen / Muskatnuss / 10 g glattes Weizen- oder feines Dinkelmehl / ½ EL fein gehackte Petersilie / 1 EL Butter zum Braten der Pilze

ZUBEREITUNG ~ Milch mit Butter und Salz aufkochen, Hirse einrühren und auf kleiner Flamme ca. 10 Minuten ziehen lassen, dabei öfter umrühren. Hirse vom Feuer nehmen und ca. 20 Minuten quellen lassen.
In der Zwischenzeit die Pilze in ½ EL Butter anschwitzen, abkühlen lassen, eventuell in einem Sieb abtropfen lassen. Überkühlte Hirse mit restlichen Zutaten vermengen und würzig abschmecken.
Kleine Knödel formen, in kochendes Salzwasser einlegen und ca. 10 Minuten unter dem Siedepunkt garziehen lassen, mit einem Siebschöpfer aus dem Wasser heben.
Mit Rahmsauce, Gemüseragout, Blattsalat als Beilage oder als Suppeneinlage servieren.
Eventuell mit frischen Kräutern bestreuen.
Milch kann mit Obers gemischt werden.

Käseknödel

ZUTATEN ~ 250 g Topfen, gut abgetropft / 150 g Mondseer Käse, ersatzweise Ennstaler Steirerkas oder Graukäse / 130 g glattes Weizenmehl / 60 g zerlassene Butter 1 Ei / Salz / Pfeffer, frisch gemahlen / etwas fein geriebener Käse zum Bestreuen evtl. braune Butter und Schnittlauch zum Servieren

ZUBEREITUNG ~ Käse fein schneiden oder zerbröseln. Butter mit Ei, Topfen und Käse verrühren, Mehl und Gewürze untermengen und würzig abschmecken. Mit Frischhaltefolie abdecken und ca. 1 Stunde kühl stellen. Eventuell Probeknödel kochen und bei Bedarf etwas Weißbrotbrösel einmengen.
Kleine Knödel formen, in kochendes Salzwasser einlegen und je nach Größe ca. 8 bis 12 Minuten unter dem Siedepunkt garziehen lassen. Mit einem Sieb- oder Lochschöpfer aus dem Wasser heben, gut abtropfen lassen und mit fein geriebenem Käse bestreut servieren.
Dazu passen sehr gut Tomatensauce, Blattspinat, Gemüsesauce, Gemüseragout, Blattsalat oder eine leichte Kräutersauce.

VARIANTEN ~
- Die Käseknödel in gerösteten, gemahlenen Kürbiskernen wälzen und mit Kernöl beträufelt servieren.
- Die Knödel in Brösel wälzen und in heißem Fett bei ca. 155 °C schwimmend backen.
- Die Knödel flach drücken und in einer beschichteten Pfanne mit wenig Fett auf beiden Seiten goldbraun als Laibchen braten.

Krautknödel

ZUTATEN ~ 180 g fein geschnittenes Kraut / 200 g faschiertes Fleisch (Rind, Kalb, Schwein, Lamm, Huhn, Truthahn) / 30 g Butter oder Butterschmalz / 80 g Zwiebelwürfel 1 Ei / Salz / Pfeffer, frisch gemahlen / Kümmel, fein gemahlen / ca. 40 g Semmelbrösel

ZUBEREITUNG ~ Butter in einer Pfanne zerlassen und Zwiebel darin anschwitzen, ausgekühlt alle Zutaten vermengen und würzig abschmecken. Die Masse zu Knödeln formen, jeden Knödel in Frischhaltefolie wickeln, Enden mit Klammer oder Bindfaden verschließen, in kochendes Salzwasser einlegen und je nach Größe ca. 8 bis 12 Minuten garen. Aus dem Wasser nehmen, Folie abnehmen und mit Tomaten-, Paprika-, Rahm-, Kräuter- oder Gemüsesauce servieren.

VARIANTEN ~

- Beliebig würzen mit Curry, Kurkuma, Paprikapulver, Tomatenmark, Muskatnuss, Rosmarin, Thymian, Salbei, Kreuzkümmel, Knoblauch, Zitronenschale.
- Mit Rotkraut, Sauerkraut, Kohl oder Wirsing ebenso zubereiten.
- Mit Käse bestreuen und eventuell gratinieren.
- Unter die Masse noch etwas Topfen, Sauerrahm oder einen durchgedrückten Erdapfel mischen.
- Anstelle von Knödeln kleine Würste formen.

Die Knödel werden saftiger, wenn die Frischhaltefolie mehrmals mit einer Nadel angestochen wird.

Schwarzplenten-Knödel

(Hoadene Knödel oder Plentenknödel)

ZUTATEN ~ 130 g Knödel-, Weiß- oder Toastbrot, würfelig geschnitten ca. 100 g grobes Buchweizenmehl (Schwarzplentenmehl) / ca. 100 ml Milch oder Wasser / 50 g Butter oder Butterschmalz / 80 g Lauch-, Zwiebel- oder Schalottenwürfel 80 g kleine Selchfleisch- oder Speckwürfel / 2 Eier / Salz / Pfeffer, frisch gemahlen Muskatnuss / 1 EL fein gehackte Petersilie / evtl. eine klein geschnittene Knoblauchzehe

ZUBEREITUNG ~ Milch mit Eiern vermengen und das Brot damit anweichen. Butter in einer Pfanne erhitzen und Lauch, Knoblauch und Speckwürfel darin hell anschwitzen. Überkühlt zum Brot geben, mit restlichen Zutaten gut vermengen und würzig abschmecken. Die Knödelmasse ca. 30 Minuten ziehen lassen. Eventuell mit leicht befeuchteten oder geölten Händen kleine Knödel formen, in kochendes Salzwasser einlegen und je nach Größe ca. 14 bis 20 Minuten unter dem Siedepunkt garziehen lassen. Milch und Mehlmenge richtet sich nach der Trockenheit des Brotes. Mit einer Wildfüllung füllen und auf Rotkraut mit Wildsauce servieren.
Mit Kren-, Käse-, Rahm- oder Kräuterrahmsauce servieren. Als Suppeneinlage geeignet.

VARIANTE ~ Anstelle von Speck können auch Käsewürfel, speziell auch Graukäse, verwendet werden oder man kann ein Stück Gorgonzola in die Knödelmitte drücken.

Oa in Schmalz Knod'n
(Eier-in-Schmalz-Knödel)

Dieses Rezept stammt von Georg Friedl

Für 4 Personen

ZUTATEN ~ **Erdäpfelteig (siehe Seite 19)**

FÜR DIE FÜLLE~ **4 Eier / 40 g Butter oder Schmalz / Salz, Pfeffer, Muskat**

ZUBEREITUNG ~ Butter oder Schmalz in einer Rein heiß werden lassen. Die versprudelten Eier dazugeben, würzen. Im Rohr bei 160 °C stocken lassen. Die Eiermasse kalt stellen. Erkaltet in Würfel schneiden. Erdäpfelteig zubereiten und in kleine Stücke schneiden. Die Eierwürfel in Erdäpfelteig einschlagen. In einer Rein Butter zergehen lassen. Die Knödel darin wenden und nebeneinander in die Rein setzen. Bei mittlerer Hitze backen. Die Knödel können ebenso in Salzwasser gekocht werden.
Mit Salat oder Krautsalat anrichten.

Rehknödel Diana

Dieses Rezept stammt von Manfred Schönleitner, Gasthof Nell in Kleinraming

ZUTATEN ~ **200 g Reh- oder Wildfleisch / Salz / 100 g Schweinefleisch / 150 ml Obers 1 Ei / 2 Scheiben entrindetes Toastbrot (= 50 g), ersatzweise weiches Knödelbrot 10 g Wildpastengewürz (oder eine Mischung aus Wacholderbeeren, Pfefferkörnern, Thymian, Majoran, Nelken, Macisblüten, Koriander, Rosmarin, Kardamom, Prise Muskatnuss, Ingwer; alle Gewürze fein mahlen, je nach Vorrat)**

ZUBEREITUNG ~ Reh- oder Wildfleisch mit Schweinefleisch grob faschieren oder schneiden, salzen und kurz tiefkühlen. Toastbrot schneiden, mit Obers vermischen und anweichen. Fleisch und Brot mit dem Ei in der Küchenmaschine zu einer homogenen Masse cuttern bzw. verarbeiten, eventuell durch ein Sieb streichen und würzig abschmecken. Kleine Knödel oder Nockerln formen und in Bouillon oder klarem Wildfond mehr ziehen als wallend kochen lassen.
Kochfond nicht wegleeren, sondern daraus eine Sauce zubereiten, die zu den Knödeln serviert wird. Dazu ca. 400 ml Kochfond mit etwas Obers auf die Hälfte einkochen lassen, würzig abschmecken, mit Portwein verfeinern und vor dem Anrichten mit kalter Butter aufmixen.
Mit Maronenpüree, Preiselbeeren oder Rotkraut servieren.
Es kann ebenso eine braune Wildsauce gereicht werden.

VARIANTE ~ In die fertige Masse ca. 80 g klein geschnittene Dörrfrüchte, 80 g gekochte, gut abgetropfte Gemüsewürfel oder 40 g grob gehackte Nüsse oder eine Nussmischung untermengen.

Als Hauptgericht die doppelte Menge zubereiten.

Schwedische Fleischbällchen – Köttbullar

Köttbullar sind ein klassisches Nationalgericht, werden oftmals mit Rentierfleisch zubereitet und dürfen beim Weihnachtsbuffet nicht fehlen.

ZUTATEN ~ **300 g faschiertes Fleisch (Schwein, Kalb, Huhn, Pute) / 1 Ei 100 g ansautierte Zwiebelwürfel / 30 g Butter / ca. 160 g Semmelbrösel ca. 130 bis 150 ml Milch / Salz / Pfeffer, frisch gemahlen / 1 EL Petersilie, fein gehackt**

ZUBEREITUNG ~ Butter in einer Pfanne erhitzen und Zwiebelwürfel darin hell anschwitzen, alle Zutaten vermengen, mit Milch zu einer geschmeidigen Masse verarbeiten, würzig abschmecken und mit angefeuchteten Händen kleine Bällchen formen. Etwas Öl in einer Pfanne erhitzen und die Bällchen darin von allen Seiten braun braten, mit Reis oder Erdäpfeln servieren.
Die Bällchen können auch gekocht und mit einer beliebigen Sauce (z. B. Pfefferrahmsauce) gereicht werden.

Schweizer Fleischkügeli

Als Hauptspeise doppelte Menge zubereiten

ZUTATEN ~ **250 g faschiertes Schweine-, Kalb-, Truthahn- oder Geflügelfleisch 20 g Butter / 2 Semmeln oder Toastbrot (ca. 100 g) / ca. 60 ml Milch (je nach Trockenheit des Brotes) / Salz / Pfeffer, frisch gemahlen / 1 Ei / 1 Knoblauchzehe 50 g Zwiebelwürfel / 1 EL Petersilie, fein gehackt / Muskatnuss, gemahlen / Majoran und Thymian / Paprikapulver / etwas unbehandelte Zitronenschale / 1 TL Senf evtl. Semmelbrösel zum Festigen / ca. 1,5 l Geflügel-, Gemüse- oder Rindsuppe zum Kochen / eventuell einige klein geschnittene Sardellenfilets**

ZUBEREITUNG ~ Semmeln in sehr kleine Würfel schneiden und in einer Schüssel mit der Milch vermengen, die Milchmenge richtet sich nach der Trockenheit des Brotes, dieses soll nur leicht angefeuchtet sein, eventuell mit einer Gabel zerdrücken (ist das Brot zu weich, dann ausdrücken). Butter in einem Topf erhitzen und Zwiebelwürfel darin anschwitzen. Ausgekühlt alle Zutaten gut vermengen und würzig abschmecken.
Aus der Masse mit angefeuchteten Händen etwa 3 cm große „Kügeli“ (Bällchen, Kugeln, Knödel) formen, in kochende Suppe einlegen und ca. 10 bis 14 Minuten unter dem Siedepunkt garziehen lassen.
Zusätzlich mit Zitronensaft, unbehandelter Zitronenschale, Prise Zimt und Kurkuma, etwas Ingwer und Chili abschmecken.
Die Kügeli mit beliebiger Rahmsauce servieren. Dazu passen Reis, Erdäpfel oder breite Bandnudeln.
Die Kügeli in Semmelbröseln wälzen und in heißem Fett ausbacken.

VARIANTEN ~

GRIECHISCHE FLEISCHBÄLLCHEN: In Griechenland wird fast ausschließlich Lamm- oder Kalbfleisch verwendet. Ingredienzien bis einschließlich Petersilienzugabe gleich, mit Oregano, Rosmarin würzig abschmecken, eventuell je nach Geschmack mit Pfefferminzblättchen, Zitronen- oder Limettenschale oder Kümmelpulver würzen.

In heißem Öl hellbraun backen und mit Tomatensauce oder einer kalten Joghurt-Gurken-Sauce servieren oder die Bällchen in einer Pfanne nur anbraten und in einer Tomatensauce ca. 10 Minuten bei kleiner Hitze köcheln lassen.

KÖNIGSBERGER KLOPSE: Ingredienzien bleiben bis einschließlich Petersilienzugabe gleich, klein gehackte Sardellenfilets oder Heringe untermengen, zusätzlich mit Paprikapulver vermischen, kleine Knödel (Klopse) formen, in kochende Suppe einlegen und unter dem Siedepunkt garziehen lassen.

Eine Rahmsauce (siehe Rezept S. 214) bereiten und diese mit Kapern, Zitronensaft und Prise Zucker abschmecken. Eventuell zusätzlich noch kleine Cornichonstreifen, Salzgurken oder gekochte, fein geschnittene Karotten der Sauce beimengen.

Mit gehackten Eiern oder gerösteten Brotwürfelchen anrichten.

RUSSISCHE HACKBÄLLCHEN: Ingredienzien bleiben bis einschließlich Petersilienzugabe gleich, zusätzlich einen gekochten Erdapfel durch die Erdäpfelwiege drücken und einmengen, würzig abschmecken, kleine Bällchen formen, in einer Pfanne etwas Öl erhitzen und die Bällchen darin rundum leicht anbraten, 100 ml Sauerrahm dazugießen, zugedeckt ca. 5 bis 8 Minuten leicht köcheln lassen.

Dazu Erdäpfelpüree, Salzerdäpfel, Teigwaren, Salate und Kürbis- oder Rote-Rüben-Salat servieren.

HACKBÄLLCHEN SAHIB: faschiertes Kalbfleisch verwenden, Ingredienzien bleiben bis einschließlich Eizugabe gleich, zusätzlich 60 g kleine Schinkenwürfel, einen kleinen, geschälten, klein würfelig geschnittenen Apfel, etwas Curry und fein geschnittenen Schnittlauch beimengen und kleine Bällchen formen. In einer Pfanne etwas Öl erhitzen, die Bällchen darin auf allen Seiten anbraten, Curry darüberstreuen, etwas Rahmsauce angießen und zugedeckt ca. 5 Minuten ziehen lassen, eventuell vor dem Anrichten noch etwas Obers untermengen.

Mit gedünstetem Reis, Risotto oder Erdäpfelpüree und Salat servieren.

ITALIENISCHE FLEISCHBÄLLCHEN: Ingredienzien bleiben bis einschließlich Petersilienzugabe gleich, zusätzlich klein geschnittene grüne und schwarze Oliven und getrocknete, in Öl eingelegte Tomatenstücke einmengen, mit Rosmarin, Oregano und Salbei würzen, kleine Bällchen formen und backen.

Mit Tomatensauce servieren.

Serviettenknödel und Füllvarianten

ZUTATEN ~ 300 g Knödelbrot / ca. 250 ml Milch je nach Trockenheit des Brotes 2 Eier / Salz / Pfeffer, frisch gemahlen / Prise Muskatnuss

FÜR DIE BLUNZENFÜLLE ~ 30 g Zwiebelwürfel / 200 g gehäutete, in Scheiben geschnittene Blutwurst / 1 Knoblauchzehe, fein geschnitten / 1 TL Petersilie, fein gehackt / 1 Dotter / Salz / Pfeffer, frisch gemahlen

FÜLLVARIANTEN ~

- mit blanchiertem Blattspinat und Schafkäse
- mit Kräutereierspeise
- mit ansautierten Pilzen, Zwiebelwürfeln, Petersilie und Weißbrotbröseln
- mit Räucherfischstücken, Topfen, Weißbrotbröseln und Kren
- klein geschnittenes Sauerkraut und Selchfleischwürfel mit etwas Bröseln binden.

ZUBEREITUNG ~ Knödelbrot je nach Trockenheit mit mehr oder weniger Milch anfeuchten und ca. 15 Minuten quellen lassen, mit den restlichen Zutaten zu einem Semmelknödelteig zusammenmengen.

FÜR DIE FÜLLE: Zwiebelwürfel und Knoblauch in Butter hell anschwitzen, überkühlt restliche Zutaten dazugeben, würzig abschmecken und zu einer Rolle formen.

Semmelknödelmasse auf ein befeuchtetes und geöltes Tuch ca. 1 cm dick auftragen, die Blunzenrolle an den Rand der Semmelknödelmasse legen, das Ganze mit Hilfe des Baumwolltuches zu einer Roulade aufrollen und die beiden Enden mit Küchengarn zusammenbinden oder mit Klammern verschließen. In leicht kochendem Salzwasser je nach Knödelumfang ca. 25 bis 35 Minuten köcheln

lassen. Eventuell mit einem Teller oder Deckel beschweren, damit der Knödel vollständig mit Wasser bedeckt ist und auch an der Oberfläche durchgart.
In Scheiben schneiden und mit Sauerkraut oder Weinkraut sowie mit Schnittlauch bestreut oder mit pikanten Butterbröseln servieren.
Unter die Masse kann man auch eine Prise Backpulver mengen.
Feiner und flaumiger wird der Serviettenknödel, wenn man einen Butterabtrieb bereitet und steif geschlagenes Eiweiß untermengt (siehe Rezept Serviettenknödel S. 86).
Die fertig gekochten Scheiben vor dem Anrichten eventuell noch in Butter braten.

BREZENKNÖDELROULADE: auf die gleiche Weise Knödelteig aus Laugenweckerln zubereiten. 200 g grobe Leberwurst mit 60 g Semmelbröseln und 2 Dottern vermengen, mit Salz, Pfeffer und Majoran abschmecken, zu einer Rolle formen und auf die Brezenknödelmasse auftragen.
Dazu eine Zwiebelsauce oder Apfelweinkraut reichen.

GEMÜSESERVIETTENKNÖDEL: 200 g gekochtes, klein geschnittenes Gemüse unter die Semmelknödelmasse mengen.

OBERÖSTERREICHISCHER SERVIETTENKNÖDEL: unter die fertige Semmelknödelmasse Schinkenwürfel, geriebenen Emmentaler und fein geriebenes Weißkraut mengen.
Das Baumwolltuch kann auch nur mit Mehl bestaubt werden.

Speckknödel Haudum

Dieses Rezept wurde vom Gasthof Haudum zur Verfügung gestellt

FÜR DIE FÜLLE ~ **200 g Bauchspeckwürfel / 1 kleine Zwiebel / Schnittlauch**

FÜR DEN TEIG ~ **200 g gekochte, mehlige Erdäpfel / 100 g Magertopfen 100 g griffiges Weizenmehl / 35 g Grieß / 10 g Butter / Salz / 1 Ei / Salz Muskatnuss, gemahlen**

FÜR DIE ROYAL (EIERMILCH) ~ **ca. 250 ml Milch / 2 Eier / Salz / Muskatnuss, gemahlen**

ZUBEREITUNG ~ Zwiebel klein würfelig schneiden, mit den Speckwürfeln und dem Schnittlauch vermischen, dann 8 kleine Knödel formen.
Geschälte, heiße Erdäpfel mit dem Topfen auf eine Arbeitsfläche pressen. Mit Salz und Muskat würzen und mit Mehl, Grieß und zerlassener Butter rasch zu einem Teig verarbeiten. In 8 Teile schneiden, mit der Speckfülle belegen und zu Knödeln formen. In eine befettete Auflaufform legen und im Rohr ca. 30 Minuten bei 165 °C braun anbacken. Dann aus Milch, Eiern, Salz und Muskat eine Royal bereiten, die Speckknödel damit angießen und weitere 20 Minuten zugedeckt fertig backen. Mit Speckkrautsalat servieren.

Thunfischknödel

ZUTATEN ~ **200 g gekochte, durchgedrückte, mehlige Erdäpfel / 70 g Zwiebelwürfel 1 kleine Dose Thunfisch (ca. 150 g), gut abgetropft / 50 g griffiges Weizenmehl 1 Ei / 1 EL fein gehackte Petersilie / Spritzer Zitronensaft / 70 g gekochte Fisolen, klein geschnitten / 40 g gekochte Maiskörner / Salz / Pfeffer / evtl. noch klein geschnittene, getrocknete Tomaten oder Oliven**

ZUBEREITUNG ~ Thunfisch mit einer Gabel zerkleinern, Zwiebelwürfel in etwas Thunfischöl hell anschwitzen, auskühlen lassen; alle Zutaten vermengen und würzig abschmecken. Kleine Knödel formen und in heißem Öl bei ca. 155 °C goldgelb ausbacken. Mit einem Sieb- oder Lochschöpfer herausnehmen und gut abtropfen lassen.
Auf Blattsalat, mit einer leichten Rahmsauce oder nur mit Zitronenscheiben servieren.

Thunfischknödel lassen sich gut vorbereiten: Die Knödel in heißem Fett kurz anbacken, auslegen, bei Bedarf im Ofen fertig backen.
Zusätzlich fein gehackte Kapern einmengen und mit Senf würzen.
Können auch ohne Gemüse zubereitet werden.

Sterzknödel

Dieses Rezept stammt von Georg Friedl

ZUTATEN ~ 500 g geschälte, mehlige Erdäpfel / 150 g Mehl / 50 g Grieß / 1 Ei / Salz

ZUBEREITUNG ~ Erdäpfel in Salzwasser kochen, passieren und zurück in den Topf geben. Mehl und Grieß daraufsieben und ausdämpfen lassen. Die Masse mit einem Ei schnell zu einem Teig abarbeiten, eine Rolle formen, Stücke abschneiden. Auf jedes Teigstück einen kleinen Butterwürfel geben. Etwas gezuckerten gequetschten Mohn daraufstreuen. Danach formt man Knödel, die man flach drückt. Beidseitig in der Pfanne braten. Am Tisch mit zerlassener Butter übergießen.

Topfenknödel

Grundrezept für allerlei pikante Varianten

**ZUTATEN ~ 100 g weiche Butter / 250 g Magertopfen, gut abgetropft
ca. 100 g Weißbrotbrösel, je nach Feuchtigkeit des Topfens / 2 Eier / gute Prise Salz
Pfeffer, weiß gemahlen**

ZUBEREITUNG ~ Weiche Butter schaumig rühren, nach und nach Eier zugeben, Topfen unterrühren und zuletzt Weißbrotbrösel sowie Gewürze untermengen. Masse mit Frischhaltefolie abgedeckt ca. 2 Stunden im Kühlschrank ziehen lassen.
Aus der Masse kleine Knödel formen, in kochendes Salzwasser einlegen und ca. 8 bis 10 Minuten unter dem Siedepunkt garkochen lassen.
Knödel sind als Suppeneinlage für klare oder gebundene Suppen geeignet, können auf Gemüseragout oder Tomatensauce mit Blattsalat serviert werden.
Lassen sich mit Tomatenmark oder Paprikapulver einfärben, können mit Kurkuma, Curry, Kümmel, Anis oder Fenchel aromatisiert werden.

VARIATIONSMÖGLICHKEITEN ~

- Kräuterknödel: ca. 30 bis 50 g fein geschnittene Kräuter wie Bärlauch, Brennnessel, Basilikum, Salbei, Rosmarin, Dill, Schnittlauch, Thymian etc. oder eine Mischung daraus zugeben, ersatzweise eine Kräuterpaste verwenden (diese ist sehr ölhältig, unbedingt abtropfen lassen).
- Gemüseknödel: fein geschnittenes, gekochtes, gut abgetropftes Gemüse untermengen.
- Käseknödel: fein geriebenen, würzigen Bergkäse oder Parmesan zugeben.
- Pilzknödel: Knödelmasse mit klein geschnittenen, sautierten Pilzen (je nach Verfügbarkeit) vermischen.
- Mit fein geriebenem Kren und gekochten Rote-Rüben-Würfeln, Schinken- oder Speckwürfeln zubereiten.

TIPP ~ Sollte ein Knödelteig zu weich geraten, dann in Frischhaltefolie oder geöltes Baumwolltuch wickeln und als Serviettenknödel zubereiten.

Topfennockerln, pikant oder süß

ZUTATEN ~ 400 g Topfen / 60 g griffiges Weizenmehl / ca. 15 g Weizengrieß Prise Muskatnuss / 20 g zerlassene Butter / 2 Eier / Prise Salz

ZUBEREITUNG ~ Topfen mit Butter verrühren, restliche Zutaten dazugeben und mit einem Schneebesen oder in einer Küchenmaschine gut verrühren, mindestens 3 Stunden im Kühlschrank anziehen lassen. Mit einem nassen Löffel kleine Nockerln formen, in kochendes Salzwasser einlegen und unter dem Siedepunkt garziehen lassen. Vor dem Herausnehmen noch einmal aufkochen lassen, mit einem Lochschöpfer entnehmen, gut abtropfen lassen und beliebig anrichten.

Pikant als Einlage für beliebige Suppen (z. B. Tomatensuppe), als Beilage zu Saucenfleisch. Als Vorspeise mit Gemüseragout oder Kräutersauce servieren oder mit Kräutern vermischt auf Blattsalat anrichten.

Geschmacklich unterschiedlich variiert werden kann mit Kurkuma, frisch gemahlenem Pfeffer, Kümmel, Anis oder Fenchel oder Bergkäse in Würfel geschnitten.
Als Alternative die Masse zu kleinen Laibchen formen, in Bröseln wälzen und in Butter in einer beschichteten Pfanne braten.

Für die süße Variante eventuell noch 50 bis 70 g Zucker dazugeben. Mit Zitronen- oder Orangenschalenpulver, Vanillezucker, Zimt oder Lebkuchengewürz aromatisieren.

Wickelknödel

ZUTATEN FÜR DEN ERDÄPFELTEIG ~ 250 g mehlige, am Vortag gekochte Erdäpfel 45 g griffiges Weizenmehl / 45 g glattes Weizenmehl / 10 g Weizengrieß oder Polenta 1 Dotter / 25 g flüssige Butter / Prise Salz

FÜR DIE FÜLLE ~ 10 g Butter / 20 g Semmelbrösel / 1 EL fein gehackte Kräuter, ersatzweise nur Petersilie / 30 g Zwiebelwürfel / Salz / Pfeffer, frisch gemahlen

ZUBEREITUNG ~ Die am Vortag gekochten Erdäpfel schälen und durch eine Erdäpfelwiege drücken, gemeinsam mit den restlichen Zutaten zu einem Teig verarbeiten und nicht zu lange stehen lassen.

Für die Fülle Butter zerlassen, Zwiebelwürfel darin anschwitzen, Brösel dazugeben und anrösten, abgekühlt die Kräuter einmengen und würzig abschmecken.

Teig auf einer gut geölten oder bemehlten Serviette (oder Frischhaltefolie) rechteckig ausrollen, die Fülle auf den Teig verteilen und diesen zu einer Rolle formen. Die Serviette zusammenrollen und verschließen, in kochendes Salzwasser einlegen, mit einem Teller beschweren und je nach Größe ca. 30 bis 40 Minuten garen. Zum Servieren in Scheiben schneiden.

TIPPS ~

- Für knusprige Erdäpfelkroketten formen Sie aus dem Teig daumendicke Kroketten, wälzen diese in Bröseln oder panieren sie in Ei und Bröseln und backen sie dann in heißem Fett goldgelb heraus.
- Für knusprige Birnenkroketten den Teig zu einer Birne formen.
- Dieser Teig eignet sich auch als Teighülle, aber auch für Schupf-, Nuss- oder Mohnnudeln.
- Anstelle der Fülle mit pikanten Butterbröseln zubereiten.
- Beliebig noch Spinat, Schafkäse, Oliven, Kapern, getrocknete Tomaten und Mozzarella unter den Teig mengen.

Als Hauptspeise die doppelte Menge zubereiten.

Birnenkrokette

Würzige Fleischravioli mit Käsesauce

**ZUTATEN FÜR DEN TEIG ~ 350 g glattes Weizenmehl / 15 ml Öl / 2 Eier
ca. 80 ml kaltes Wasser / Salz**

**FÜR DIE FÜLLE ~ 250 g faschiertes Fleisch / 230 g Zwiebelwürfel
3 Knoblauchzehen, klein geschnitten / Salz / Pfeffer, frisch gemahlen / Thymian
Majoran / 20 ml Öl / geröstete Mandelsplitter zum Garnieren**

**FÜR DIE SAUCE ~ 125 g Crème fraîche oder Mascarpone / 40 g Parmesan, gerieben
150 ml Rind- oder Gemüsesuppe / Salz / Pfeffer, frisch gemahlen / 2 EL Salbei, fein geschnitten**

ZUBEREITUNG ~ Alle Zutaten für den Teig in eine Schüssel geben, zuerst mit einem Kochlöffel verrühren, dann mit den Händen zu einem geschmeidigen Teig verarbeiten, bei Bedarf noch etwas Mehl einkneten.
Für die Fülle Öl in einer Pfanne erhitzen, Zwiebelwürfel und Knoblauch hineingeben, bei mittlerer Hitze ca. 2 Minuten glasig andünsten. Faschiertes dazugeben und so lange weiterdünsten, bis das Fleisch durchgegart ist (ca. 5 bis 8 Minuten, je nach Größe des Topfes). Würzig abschmecken und auskühlen. Teig auf einer leicht bemehlten Arbeitsfläche sehr dünn ausrollen, runde Kreise von ca. 8 cm ausstechen, die Ränder dünn mit Wasser bepinseln und in die Mitte einen Löffel Fülle geben. Die Ränder zusammenschlagen und gut andrücken, damit die Fülle fest eingeschlossen ist, eventuell mit einer Gabel Muster eindrücken. Ravioli auf einem mit Mehl bestaubten Blech ablegen, bis alle zubereitet sind. In kochendes Salzwasser einlegen und je nach Größe ca. 5 bis 10 Minuten kochen lassen. Mit einem Lochschöpfer aus dem Wasser heben, gut abtropfen lassen.
Für die Sauce Suppe aufkochen lassen, Crème fraîche darin auflösen, Käse einmengen und würzig abschmecken. Zuletzt Salbei beigeben. Ravioli mit Sauce auf Tellern anrichten und mit Mandelsplittern garnieren.

VARIANTE ~ Servieren Sie dazu auch einmal eine Tomatensauce.
Bleibt einmal Fülle übrig, diese mit Ei und etwas Weißbrot- oder Semmelbrösel vermengen, kleine Füllrohlinge formen und einfrieren.

**FLEISCHRAVIOLI MIT HÜHNERFÜLLE: 300 g in Stücke geschnittene Hühnerbrust, ohne Haut und Knochen / 40 g Butter / 60 g Zwiebelwürfel / 150 g frische Pilze
100 g blanchierter, gut abgetropfter Blattspinat / 1 Ei / Salz / Pfeffer, frisch gemahlen
2 EL fein gehackte Kräuter (Petersilie, Basilikum etc.)**

ZUBEREITUNG ~ Hühnerfleisch in Butter anschwitzen, Zwiebelwürfel und Pilze dazugeben und nur so lange braten, bis das Fleisch durchgegart ist. Ausgekühlt mit dem Spinat faschieren, würzig abschmecken und mit dem Ei vermischen. Wie oben beschrieben weiterverarbeiten.
VARIANTE ~ Etwas Hühnerleber mit dem Fleisch mitbraten.

Knödel als Hauptspeise

Blunzen-Erdäpfelknödel oder -tascherln

ZUTATEN FÜR DIE FÜLLE I ~ 30 g Butter oder Butterschmalz, ersatzweise Schweineschmalz / 50 g Schalotten- oder Zwiebelwürfel / 50 g Lauchwürfel 80 g gekochte Karottenwürfel / 100 g gekochte, durchgedrückte Erdäpfel 50 ml Obers / 150 g Blunzen / 1 EL Schnittlauchröllchen / Salz / Pfeffer, frisch gemahlen / Prise Muskatnuss, gemahlen / 1 EL frische Majoranblätter, fein gehackt

ZUTATEN FÜR DIE FÜLLE II ~ 300 g Blunzen / 160 g Zwiebelwürfel 1 bis 2 Knoblauchzehen / Petersilie, fein gehackt / Salz, Pfeffer / Majoran

ZUBEREITUNG ~ Für die Fülle die Butter in einer beschichteten Pfanne erhitzen und die Schalotten darin hell dünsten, Lauch, Karotten und Blunzen dazugeben und kurz mitdünsten. Obers einrühren und sämig einkochen lassen, Gewürze außer Schnittlauch zugeben und nochmals aufwallen lassen. In die überkühlte Masse Erdäpfel und den Schnittlauch einmengen, würzig abschmecken. Kleine Knödel formen und anfrieren.

FÜR DEN ERDÄPFELTEIG ~ 300 g gekochte, durchgedrückte, mehlige Erdäpfel 20 g glattes Weizenmehl / 30 g Kartoffelstärke / 2 Dotter / Salz / Pfeffer, frisch gemahlen / Muskatnuss, fein gemahlen

ZUBEREITUNG ~ Die Erdäpfel noch lauwarm durch die Erdäpfelpresse oder -wiege drücken, restliche Zutaten dazugeben und rasch zu einem Teig zusammenmengen. (Teig nicht zu lange stehen lassen, verliert die Bindung und wird weich.) Teig für Knödel zu einer Rolle formen, kleine Stücke abstechen und die angefrorenen Füllrohlinge damit umhüllen, in kochendes Salzwasser einlegen und je nach Größe ca. 10 bis 12 Minuten garziehen lassen. Eventuell mit Rahmkraut servieren: Dazu fertiges Sauerkraut mit etwas Obers einkochen oder geschlagenes Obers unter das Sauerkraut mengen. Eventuell mit Röstzwiebeln garnieren. (siehe S. 171)
Anstelle von Blutwurst kann man auch Haschee, Leberwurst oder beliebige andere Füllungen verwenden. Mit Topfen-, Brandteig oder beliebigem Teig ebenso zubereiten.

FÜR TASCHERLN ~ Hierzu benötigt man etwas mehr Teig, daher die 1,5-fache Menge zubereiten. Eine Frischhaltefolie oder Backmatte mit reichlich Mehl bestauben, den Teig zwischen der Folie oder Backmatte ca. 3 mm dick ausrollen, die Folie vom Teig abnehmen und Kreise von ca. 8 cm Durchmesser ausstechen. In die Mitte der Kreise jeweils etwas von der Fülle geben, die Ränder mit Eidotter oder verquirltem Ei bestreichen, die Kreise zu Tascherln zusammenklappen und die Ränder fest andrücken. Wie oben beschrieben kochen.

Nach dem Kochen eventuell kurz in Eiswasser abschrecken und auf einem Küchentuch abtropfen lassen. Butter oder Butterschmalz in einer Pfanne erhitzen und die abgetropften Tascherln darin auf beiden Seiten goldgelb braten, mit Salz und Pfeffer würzen, mit Majoran oder Schnittlauch bestreuen.

Bärlauch-Topfenknödel

ZUTATEN ~ 400 g Topfen, 20 %, abgetropft / 80 g weiche Butter / 130 g Kindergrieß, ersatzweise Weizengrieß / 3 Dotter / 3 Eiweiß / 10 g Mais- oder Weizenstärke 100 g Gouda, ersatzweise Butterkäse, fein gerieben / Salz / weißer Pfeffer, frisch gemahlen / 30 bis 50 g Bärlauchblätter, fein geschnitten / evtl. etwas Semmelbrösel oder Weißbrotbrösel / 70 g Butterschmalz / 120 g fein geriebener, würziger Bergkäse, ersatzweise Parmesan

ZUBEREITUNG ~ In einer Schüssel Butter mit Dottern schaumig rühren, Topfen und Grieß einrühren, würzig abschmecken und 1 Stunde rasten lassen; Eiweiß mit Stärke zu steifem Schnee schlagen und zusammen mit dem Bärlauch und Käse unter den Abtrieb rühren. Mit nassen Händen kleine Knödel formen, in kochendes Salzwasser einlegen und unter dem Siedepunkt ziehen lassen, je nach Größe ca. 12 bis 15 Minuten kochen, eventuell Probeknödel kochen. Bei Bedarf mit Weißbrot- oder Semmelbröseln nachbinden.
Die Knödel anrichten, mit heißem Butterschmalz übergießen und mit Käse bestreuen.
Bärlauch durch Basilikum, Kerbel, Petersilie, Brennnessel oder Blattspinat ersetzen.
Anstelle von frischem Bärlauch eine Bärlauch- oder Kräuterpaste verwenden.

KÄSETIPPS ~ Weicher Käse kann besser gerieben werden, wenn man ihn tiefgekühlt mit einer feinen Reibe reibt.
Zum längeren Aufbewahren geriebenen Käse nochmals lose frieren, dann in eine gut verschließbare Dose oder in Frischhaltebeutel geben und wieder tiefkühlen. Kann so jederzeit entnommen werden und man vermeidet zudem einen Qualitätsverlust bzw. Schimmelbildung bei längerer Lagerzeit.

Basilikum-Käseknödel auf Tomatenkompott

Dieses Rezept stammt von Gabi Strahammer

ZUTATEN ~ 500 g Erdäpfel (Bintje), geschält, gekocht, ausgedämpft und durch die Erdäpfelpresse gedrückt / 2 EL Basilikumöl / 70 g Parmesan / 2 Dotter Salz / 200 g glattes Weizenmehl / 150 g milder Käse, in kleine Würfel geschnitten einige große Basilikumblätter

ZUBEREITUNG ~ Passierte Erdäpfel mit Basilikumöl, Parmesan, Dotter, Mehl und Salz glatt abarbeiten. Teig zu einer Rolle formen, Teigstücke abnehmen, auseinanderdrücken, einige Käsewürfel mit Basilikumblatt umwickeln, in Teig einpacken und zu Knödeln formen. In kochendes Salzwasser einlegen und je nach Größe ca. 4 bis 7 Minuten unter dem Siedepunkt garziehen lassen, auf Tomatenkompott (siehe S. 218) anrichten.

Brennnesselmaultaschen oder -knödel in Hanfölcreme mit Hühnergrammeln

„Die Maultaschen haben mich im Landrestaurant ‚Mühltalhof' in Neufelden begeistert. Diese Kreation von Helmut Rachinger sagt, dass man statt Maultaschen auch Knöderl mit dieser würzigen Fülle herstellen kann."

Dieses Rezept stammt von Helmut Rachinger, Landrestaurant Mühltalhof, und ist eine Empfehlung von Peter Hirsch, „Feinspitz" der OÖ Nachrichten.

Für 4 Personen

ZUTATEN FÜR DIE FÜLLE ~ 100 g Brennnesselblätter / 40 g Blattspinat 20 g Bärlauchblätter / 1 Knoblauchzehe / 1 Zwiebel / 1 EL Butter / Salz / Pfeffer 2 EL Crème fraîche

ZUBEREITUNG ~ Für die Fülle gehackten Knoblauch in Butter anschwitzen, fein geschnittene Zwiebel beigeben. Brennnesselblätter, Spinat und Bärlauch klein hacken und einrühren, zusammenfallen lassen, mit Salz und Pfeffer würzen, mit etwas Wasser ablöschen, Crème fraîche unterrühren und abkühlen lassen.
Werden Knödel bereitet, die Fülle zu kleinen Knödeln formen und diese im Tiefkühlfach anfrieren. Falls erforderlich, eventuell zwischendurch, bevor sie angefroren sind, nachformen.

ZUTATEN FÜR DEN TASCHERLTEIG (KNÖDELTEIG) ~ 50 g Butter / 200 g glattes Mehl 100 g Sauerrahm / Salz / 1 Spritzer Weißwein

ZUBEREITUNG ~ Für den Teig eher sehr kalte Butter in kleine Stücke schneiden und mit den restlichen Zutaten rasch zu einem glatten Teig verkneten, falls erforderlich, etwas kaltes Wasser einarbeiten; Teig ca. 30 Minuten kühl rasten lassen.
Teig dünn ausrollen, Quadrate von ca. 7 x 7 cm schneiden, mit verquirltem Ei bepinseln, mit Fülle belegen, zusammenklappen und Ränder fest andrücken oder angefrorene Füllknödel mit Teig umhüllen. Die Tascherln bzw. Knödel in gesalzenem Wasser knapp unter dem Siedepunkt garziehen lassen, bis sie an der Oberfläche schwimmen.

Hanfölcreme

ZUTATEN ~ 3 Eidotter / 1/16 l Hanföl / 6 cl Gemüsefond (klare Gemüsesuppe) 1/16 l Obers / Salz / Muskat

ZUBEREITUNG ~ Für die Sauce alle Zutaten mit einem Stabmixer einmal durchmixen.
Im Schneekessel über Wasserbad schaumig schlagen.
Aufgeschlagene Hanfölcreme auf Teller geben, die Tascherln oder Knödel in die Sauce setzen, mit wenig Hanföl beträufeln.
Garnieren mit frittierten Brennnesselwipferln, Taubnesselblüten oder knusprigen Hühnerhautgrammeln: Hühnerhaut abziehen, in Streifen schneiden, in heißem Öl knusprig braten, abtropfen lassen, dann in kleine Stücke schneiden, noch einmal frittieren, salzen.

Buchweizen- oder Weizenknödel

ZUTATEN ~ 100 g Zwiebeln, grob geschnitten / 2 Knoblauchzehen, fein geschnitten 20 g Butter oder Öl / 10 g Petersilie / 200 g Buchweizen / ca. 400 ml Wasser oder Suppe Salz / Pfeffer, frisch gemahlen / Prise Muskatnuss / 2 Eier / 40 g Weißbrotbrösel (Mie de pain) oder etwas Weizenvollkornmehl

ZUBEREITUNG ~ Buchweizen oder Weizen in Wasser oder Suppe weich kochen und nachquellen lassen; falls die Körner noch nicht weich sind, noch etwas Flüssigkeit zugeben, die Flüssigkeit soll aber vollständig aufgesogen sein; abkühlen lassen.
Zwiebeln und Knoblauch in etwas Fett anlaufen lassen, Petersilie dazugeben und nochmals kurz anschwitzen, auskühlen lassen. Buchweizen und Zwiebelgemisch faschieren, Eier und Weißbrotbrösel untermengen, würzig abschmecken und kleine Knödel oder Nockerln formen. In kochendes Salzwasser oder klare Rindsuppe einlegen, ca. 15 Minuten unter dem Siedepunkt garen.

Zusätzlich mit Koriander, Thymian oder Majoran würzen.
Eventuell noch zusätzlich 80 g Mandeln untermengen oder klein geschnittenes, gekochtes, gut abgetropftes Gemüse einmengen.

Dazu passen Rahmsauce, Joghurtsauce, frisches Gemüse, Blattsalat etc.

Bei Verwendung als Knödelfülle zusätzlich etwas Topfen, durchgedrückte Erdäpfel oder Crème fraîche zugeben.

Chazu

(sprich „Tschause")

ZUTATEN FÜR DEN TEIG ~ 360 g glattes Weizenmehl / 200 ml heißes Wasser 30 ml Öl / ca. 1 TL Salz (5 g) / etwas Stärkemehl zum Festigen und Ausrollen des Teiges

ZUBEREITUNG ~ Mehl mit Salz und Öl in eine Schüssel geben, mit heißem Wasser übergießen und zu einem glatten Teig zusammenkneten, eventuell etwas Stärkemehl einmengen.
Mit Frischhaltefolie abdecken oder einwickeln und ca. 25 Minuten rasten lassen.

FÜR DIE FÜLLE ~ 20 g Öl oder Butterschmalz / 250 g Shrimps oder Scampi 50 g Jungzwiebel- oder Zwiebelwürfel / 150 g Lauch, in kleine Würfel geschnitten 1 gestr. TL Backpulver / 2 TL Weizenstärke / 20 ml Weißwein oder Reiswein 10 ml Zitronensaft / 1 TL Zucker / 1 TL kandierter oder frischer Ingwer, klein geschnitten / 1 Eiklar

ZUBEREITUNG ~ Zwiebelwürfel und Lauch in Öl kurz anschwitzen, abgekühlt mit Eiweiß und Stärkemehl verrühren, Shrimps nicht zu groß schneiden und mit Salz, Backpulver, Ingwer, Zucker, Wein und Zitronensaft sowie dem Lauch-Zwiebel-Gemisch vermengen und würzig abschmecken. Anstelle von Lauch weißen Rettich oder Radieschen verwenden, klein schneiden, salzen, durchmischen, rasten lassen und vor dem Untermengen gut ausdrücken. Bei dieser Variante nur die Zwiebelwürfel anschwitzen.
Teig auf einer mit Stärkemehl bestreuten Arbeitsfläche sehr dünn ausrollen, Scheiben von ca. 7 cm Durchmesser ausstechen, Ränder mit wenig Wasser bestreichen (der Teig hält sonst nicht gut zusammen). Teigscheiben in der Mitte mit Fülle belegen, zur Hälfte zusammenklappen und gut andrücken. Die Taschen auf den Rücken stellen, die Enden zusammendrücken und länglich formen. Einen Topf mit Wasser aufstellen, Siebeinsatz einlegen, mit Öl ausstreichen, Chazu einlegen und zugedeckt ca. 10 Minuten dämpfen, Deckel nicht abnehmen; oder im Dampfgarer bei 100 °C oder im Bambuskorb garen.

Der Teig eignet sich auch sehr gut als Knödelhülle und kann zudem auch im Wasser gekocht werden.

FÜR DIE SAUCE: 20 g Sesam / 20 g Balsamicoessig / 30 g Sojasauce / 20 ml Wasser oder Suppe / Pfeffer

ZUBEREITUNG ~ Sesam in einer Pfanne ohne Öl hellbraun rösten, abgekühlt in einer kleinen Küchenmaschine (Kaffeemaschine) fein reiben, mit den restlichen Zutaten vermengen und zu den Teigtaschen reichen. Eventuell mit Wasabipulver, fein gehacktem Kren, Knoblauch, Ingwer, Schnittlauch, Zucker oder Honig aromatisieren.

Bierfleischknödel

ZUTATEN ~ 700 g gemischtes Faschiertes oder faschiertes Schweine-, Hühner- oder Truthahnfleisch / 80 g weiches Knödelbrot oder Toastbrot, in Würfel geschnitten / 2 Eier ca. 130 ml helles Bier / Salz / Pfeffer / ½ TL Kümmel, gemahlen / ½ TL Majoran 2 Knoblauchzehen, zerdrückt / Prise Muskatnuss, gemahlen / 1 EL Petersilie, fein gehackt

ZUBEREITUNG ~ Eier mit Bier versprudeln und über das Brot gießen, gut ansaugen lassen, mit dem Faschierten vermischen, restliche Zutaten dazugeben und würzig abschmecken. Kleine Knödel formen, eventuell in Brösel wälzen und in heißem Fett schwimmend ausbacken, bei ca. 155 °C je nach Größe ca. 10 Minuten.

VARIANTE ~ Die Knödel in Fett anbacken, auf einen Gitterrost mit Tropftasse legen und im Ofen fertig garen.
Die Knödel können auch in einer Rindsuppe gekocht werden.

ZUSÄTZLICHE KNÖDELEINLAGEN: fein gehackte Kapern, grüne Pfefferkörner oder Käsewürfel. Mit Sauerkraut und Bratensaft oder einer herzhaften Biersauce servieren, dazu Blattsalat und Erdäpfel reichen.
Als Garnitur: mit gebackenen Knoblauchscheiben, Schnittlauch oder geriebenem Käse bestreuen.

Dinkeltascherln mit Schafkäse- oder Hirsefüllung

ZUTATEN ~ 200 g feines Dinkelmehl / ca. 120 ml Wasser oder einreduzierte Säfte Salz / 10 ml Öl

ZUBEREITUNG ~ Mehl mit Wasser, Salz und Öl zu einem glatten Teig verkneten, in Frischhaltefolie einschlagen und ca. 1 Stunde rasten lassen.
Die Wassermenge richtet sich nach dem Ausmahlgrad des Mehles, der Teig soll elastisch sein und nicht kleben.

Dieser Teig eignet sich gleichermaßen für Ravioli, Tortellini oder Schlutzkrapfen. Mit Kurkuma, Curry, Paprikapulver einfärben.

Je nach Belieben können vor dem Zusammenmengen des Teiges klein geschnittene grüne oder schwarze Oliven, in Öl eingelegte, getrocknete Tomaten, fein gehackte Kräuter oder Kräuterpasten – im Wasser mitgemixt – beigegeben werden.

TIPP ~ Je nach Verwendung kann man den Teig mit stark einkochten Gemüse- oder Obstsäften einfärben.

FÜR DIE SCHAFKÄSEFÜLLE ~ 30 g Butter / 20 g Zwiebelwürfel / 120 g mittelfester Schafkäse / 200 g gekochte, durchgedrückte Erdäpfel / 30 g Sauerrahm ca. 10 g Semmelbrösel zum Festigen / Salz / Pfeffer, frisch gemahlen

ZUBEREITUNG ~ Die Zwiebelwürfel in Butter kurz anschwitzen, ausgekühlt alle Zutaten vermengen und würzig abschmecken, mit Semmelbröseln zu einer gut bindenden, jedoch nicht zu weichen Masse verarbeiten.

FÜR DIE HIRSEFÜLLE ~ 100 g Hirse / ca. 300 ml Wasser oder Gemüsefond 40 g Butter / 50 g Zwiebelwürfel / 10 bis 20 g Semmelbrösel, je nach Feuchtigkeit des Topfens / 250 g Topfen / 20 g Sauerrahm oder Crème fraîche / Salz / Pfeffer, frisch gemahlen / evtl. frische Kräuter nach Belieben

ZUBEREITUNG ~ Hirse mit Wasser oder Gemüsefond aufkochen und auf kleiner Hitze ca. 15 Minuten quellen lassen, bei Bedarf noch etwas Flüssigkeit zugeben. Hirse abseihen und gut abtropfen.
Zwiebelwürfel in Butter hell anschwitzen, abgekühlt mit den restlichen Zutaten vermengen und würzig abschmecken. Je nach gewünschter Festigkeit mit mehr oder weniger Semmelbröseln binden. Die Masse danach noch ca. 30 Minuten rasten lassen.

Diese eher neutrale Füllung kann wieder geschmacklich sehr individuell abgeändert werden: in die fertige Masse 150 g fein würfelig geschnittenes Gemüse, Käsewürfel (Ziegenkäse, Gorgonzola), ansautierte, gut abgetropfte Pilze, Speckwürfel, Räuchertofu, Schinken sowie Kräuter (Bärlauch, Basilikum, Kerbel, Minze etc.) einmengen.

Die Hirsefülle ist auch ein wunderbarer Aufstrich, der durch die zusätzliche Beigabe von Crème fraîche oder Sauerrahm noch cremiger wird.

VERARBEITUNG ~ Den Teig auf einer bemehlten Arbeitsfläche ausrollen, Kreise ausstechen und in die Mitte etwas Füllung platzieren, die Ränder mit verquirltem Ei bestreichen und die Kreise zusammenklappen. In kochendes Salzwasser einlegen und je nach Größe ca. 6 bis 8 Minuten kochen, dabei den Topfboden bewegen oder mit einem Kochlöffel vorsichtig umrühren, damit die Teigtaschen nicht auf dem Topfboden oder am Rand ankleben. Mit einem Lochschöpfer aus dem Wasser heben, gut abtropfen lassen. Mit Tomatenragout servieren, eventuell mit Olivenöl beträufeln und mit fein geschnittenen Salbei- oder Basilikumblättern bestreuen.
Die Fülle kann auch mit einem kleinen Eisportionierer aufgetragen werden.

Durcheinanderknödel mit Stöckelkraut

ZUTATEN ~ 300 g mindestens einen Tag altes Brot / 100 g durchzogener Räucherspeck oder Hamburger / 20 g Butter oder Butterschmalz / 3 Eier / Salz / 100 ml Sauerrahm 60 ml Schlagobers / ca. 50 g glattes Weizenmehl oder feines Dinkelmehl

ZUBEREITUNG ~ Das Brot in kleine Würfel schneiden und mit dem ebenfalls kleinwürfelig geschnittenen und in etwas Butter goldgelb gerösteten Speck gut vermischen. Die Eier mit Salz, Rahm und Schlagobers verquirlen und diese Mischung unter die Brot-Speck-Masse mengen. Gut durchrühren und, wenn die Masse nicht genügend Feuchtigkeit hat, noch etwas Obers zugießen. Die Masse etwa eine halbe Stunde lang gut durchziehen lassen, das Mehl darübersieben, gut durcharbeiten und Knödel daraus formen. In sprudelndem Salzwasser etwa 10 bis 15 Minuten lang kochen, bis die Knödel an die Wasseroberfläche aufsteigen

ZUTATEN FÜR DAS STÖCKELKRAUT ~ 1 ganzer Weißkrautkopf von ca. 1 kg / Salz 1 KL Kümmel / Essig / Prise Zucker / 6 EL Bratenfett oder Bratensoße

ZUBEREITUNG ~ Inzwischen das Stöckelkraut zubereiten. Dafür den gesäuberten und in sechs „Stöckel" genannte Stücke geschnittenen Krautkopf unter Beigabe von Salz, Zucker und Kümmel in reichlich Salzwasser kernweich kochen, abseihen und gründlich abtropfen lassen.
Mit heißem Bratenfett übergießen.

TIPP ~ Das Stöckelkraut passt auch zu Schweinsbraten, Schlachtplatte oder Geselchtem.

Eferdinger Spargelknödel oder -tascherln

ZUTATEN ~ Topfen-, Brand-, Erdäpfel- oder beliebiger Teig / 300 g geschälter Spargel, ca. 7 Stangen, in kleine Stücke geschnitten / 100 ml Milch / 100 ml Obers / 40 g Crème fraîche / 100 g gekochte, durchgedrückte Erdäpfel / ca. 10 g Semmelbrösel / Salz / weißer Pfeffer, frisch gemahlen / evtl. Prise Muskatnuss und Zitronensaft

ZUBEREITUNG ~ Spargel in Milch und Obers bissfest kochen, dabei sollte die Flüssigkeit vollständig verdunsten; ist die Masse zu flüssig, in einem feinen Sieb abtropfen lassen und ausdrücken oder in einem Küchentuch ausdrücken; auskühlen lassen.
Zwei Drittel des Spargels in einer Küchenmaschine fein zerkleinern (cuttern), mit Spargelstücken und den restlichen Zutaten vermengen und würzig abschmecken. Kleine Füllrohlinge formen und anfrieren, mit Teig umhüllen und im Salzwasser je nach Größe ca. 10 bis 12 Minuten garziehen lassen. Mit zerlassener oder brauner Butter beträufeln und mit frischen Kräutern oder mit grob gehackten, gerösteten Walnüssen bestreut servieren.

VARIANTEN ~

- Der Spargelmasse kann man auch noch fein gehackten, blanchierten Spinat beimengen.
- Statt Crème fraîche Topfen verwenden.
- Mit grünem Spargel ebenso zubereiten.
- Für Tascherln die Füllmasse weicher halten.
- Anstelle von Erdäpfeln nur mit Bröseln oder Weißbrotbröseln zubereiten, dazu die Bröselmenge erhöhen.

TIPP ~ Bruchspargel in kleine Stücke schneiden, auf einem Sieb oder Nudeltrockenblech auflegen und trocknen lassen. Getrocknet in einer Küchenmaschine zu feinem Pulver vermahlen, gut verschlossen aufbewahren; zum Würzen von Spargelgerichten, verstärkt den Spargelgeschmack.

Einkornknödel mit Tomaten-Paprika-Sauce

Dieses Rezept stammt von Reiner Loacker

Einkorn ist eine sehr alte Getreideart, der Name kommt vom einzelnen Korn auf der Ährenspindel. Einkorn stammt ursprünglich vom wilden Weizen ab.

**ZUTATEN FÜR DEN TEIG ~ 250 g Einkornsamen / 10 g Bio-Frischhefe / 190 ml Wasser
25 g Vollkornreis oder grüne Sojabohnen / 3 g Kräutersalz Sonnentau
3 g Paprikapulver, süß / 2 g Oregano-Blätter**

**FÜR DIE SAUCE ~ 500 g Kirschtomaten / 100 g roter Paprika / 2 Zehen Knoblauch
Steinsalz / ca. 1 TL Pfeffer, gemahlen / 3 EL natives Olivenöl / 10 Blätter Pfefferminze**

ZUBEREITUNG KNÖDEL ~ Das Einkorn wird grob gemahlen, der Vollkornreis fein vermahlen und anschließend beides vermengt. Die Bio-Frischhefe in 30 °C warmem Wasser auflösen und mit dem Kräutersalz, Paprikapulver und 1 g Oregano-Blätter zum Mehl-Reis-Gemisch geben und gut vermengen; den Teig ca. ½ bis 1 Stunde abgedeckt rasten lassen. Aus dem Teig 8 bis 10 kleine Knödel mit einem Löffel rund formen und entweder im Dampf oder in schwach kochendem Salzwasser ca. 10 bis 15 Minuten kochen. Wenn die Knödel etwas aufspringen, dann sind sie gargekocht.

ZUBEREITUNG SAUCE ~ Die Knoblauchzehen klein schneiden, die Kirschtomaten vierteln und daraufgeben, Paprikaschote in kleine Würfel schneiden oder in eine Pfanne geben und mit Steinsalz und etwas gemahlenem Pfeffer würzen. Nun ohne Zugabe von Fett oder Öl ca. 10 Minuten garen. Von der Herdplatte nehmen, restliches Oregano und zerkleinerte Pfefferminze mit Olivenöl in die Tomaten-Paprika-Sauce einrühren.

Mit den jeweiligen Knödeln ergibt diese sehr schmackhafte Sauce ein vollkommenes Gericht.
Da nichts in Fett oder Öl angeröstet wird und alle Zutaten aus der biologischen Vollwertperspektive sein sollen, ist diese Speise sehr gesund, nicht belastend, Geist und Seele fühlen sich wohl.

Eggenberger Bierknödel

Für 16–20 Knödel

ZUTATEN ~ **600–700 g Knödelteig (Erdäpfel- oder Topfenteig, siehe S. 19 bzw. 31)**

FÜR DIE FÜLLE ~ **100 ml Eggenberger Bier (helles Bier) / 200 g fein geschnittene Eierschwammerl (ersatzweise Champignons oder Steinpilze) / 500 g grob faschiertes Kalbfleisch (Geflügel- oder Truthahnfleisch) / 100 g Zwiebeln / 2 Knoblauchzehen 100 g Lauch / 1 EL fein gehackte Petersilie / 4 Eier / Salz / Pfeffer aus der Mühle Muskatnuss / 4 cl Öl / evtl. 50–100 g Brösel von entrindetem Weißbrot (siehe S. 221) Bier und Salzwasser zum Kochen**

ZUBEREITUNG ~ Zwiebeln, Knoblauchzehen und Lauch fein schneiden und in Öl glasig andünsten. Pilze beimengen und anrösten, Faschiertes zugeben, durchrösten und mit Bier ablöschen. Einkochen lassen, bis die Flüssigkeit zur Gänze verdampft ist. In die noch warme Masse Eier sowie gehackte Petersilie einmengen und mit Salz, Muskatnuss und Pfeffer würzig abschmecken. Ist die Masse noch zu weich, mit Bröseln binden, Masse auskühlen lassen. Dann kleine Knödel formen und anfrieren, damit sie sich leichter mit Teig umhüllen lassen. Die Knödel in Teig einschlagen und zu Knödeln formen. In einem Topf zwei Drittel Salzwasser mit einem Drittel Bier aufkochen und die Knödel darin 12 bis 15 Minuten (tiefgekühlte Knödel etwas länger) mehr ziehen als kochen lassen. Beilagenempfehlung: mit Bier abgeschmecktes Sauerkraut und goldbraun gebackene Zwiebelringe.

Fischlaibchen

ZUTATEN ~ **3 große Scheiben Toastbrot (= 70 g), in Würfel geschnitten 70 g Sauerrahm oder Milch / 300 g Fischfilets, ohne Gräten und Haut, von Forelle, Hecht, Karpfen, Lachs, Barbe, aber auch Kabeljau oder Dorsch / 20 g Butter evtl. 40 g Zwiebelwürfel / 1 Knoblauchzehe / ½ EL Petersilie, fein gehackt 10 ml Zitronensaft / 1 bis 1 ½ TL Salz / Pfeffer, frisch gemahlen / Prise Muskatnuss, gemahlen / evtl. 10 ml Weinbrand oder Pernod**

ZUBEREITUNG ~ Das Toastbrot mit dem Sauerrahm vermischen, einige Zeit ziehen lassen, mit dem Fisch eher grob faschieren (Scheibendurchmesser beim Fleischwolf ca. 7 bis 8 mm). Zwiebelwürfel und Knoblauch in einer Pfanne in heißer Butter hell anschwitzen, überkühlt unter die Fischmasse mengen, vermischen und würzig abschmecken. Mit angefeuchteten Händen ca. 60 g schwere Laibchen formen, flach drücken, auf ein Blech legen, abgedeckt ca. 1 Stunde kühl stellen. In einer, am besten beschichteten, Pfanne etwas Öl erhitzen und von beiden Seiten goldbraun braten. Laibchen können auch über Dampf gegart werden.

SERVIERVARIANTEN ~

- Mit einer kalten Kräutersauce.
- Mit warmer Rahmsauce mit Kräutern oder Kren oder einer stärker eingedickten Tomatensuppe.

- Mit Erdäpfeln und Salat.
- Als Fischburger: kleine Semmel oder Wachauer Laiberl halbieren oder 2 getoastete Toastbrotscheiben mit Salatblatt belegen, Tomaten- und Gurkenscheibe daraufgeben, mit Kräutersauce beträufeln, Fischlaibchen einlegen und Deckel auflegen.
- Kalt auch als Jause oder Brotbelag.

VARIANTEN ~

- Anstelle von Zwiebeln mit gleicher Menge Lauch oder Fenchel zubereiten.
- Eventuell vor dem Braten in Semmelbröseln wälzen.
- Gemüse wie Petersilienwurzel, Karotte, Sellerie und Lauch, würfelig geschnitten und gekocht, gut abgetropft, untermengen.
- Anstelle von Gemüse fein geschnittenen, blanchierten Blattspinat einmengen.
- Zusätzlich mit Chilischoten, fein gehackter Dille anstelle von Petersilie, Kümmel oder Kreuzkümmel, Koriander, Senf, Ingwer, Muskatnuss, Majoran, Thymian oder anderen frischen Kräutern je nach Geschmack und Vorrat würzen.
- Mit Paprikapulver oder Tomatenmark einfärben.
- Dinkel- oder Vollkorntoastbrot verwenden.

Fischknödel oder -nockerln

ZUTATEN ~ 500 g Fischfilets wie Forelle, Hecht, Zander, Kabeljau, Karpfen etc. 3 Eier / 50 g glattes Weizenmehl / 40 ml Obers / Schuss Zitronensaft / Salz / Pfeffer Prise Muskatnuss, gemahlen / evtl. fein gehackte Dille, Fenchel oder Pernod zum Verfeinern / evtl. Kräuterbrösel zum Wälzen

ZUBEREITUNG ~ Die gut entgräteten Fischfilets faschieren, mit den restlichen Zutaten vermengen und würzig abschmecken. Masse kurz kalt stellen, zu kleinen Knödeln oder Nockerln formen und in kochendem Salzwasser oder Fischfond garziehen.

TIPP ~ Zusätzlich klein geschnittene Räucherlachsstücke einmengen.

Dazu passt warme und kalte Gemüse- oder Kräutersauce.

VARIANTE ~ Mit einem angefeuchteten Löffel kleine Nockerln formen, in heißem Fett schwimmend goldbraun backen (zusätzlich vor dem Backen eventuell in Kräuterbröseln wälzen), auf Blattsalat oder mit beliebiger Tomaten-, Kräuter- oder Rahmsauce servieren.

ALS SNACK: kleine Laibchen formen und in einer beschichteten Pfanne mit wenig Öl beidseitig braten. Diese Laibchen zwischen getoastete Semmelhälften mit mariniertem Salatblatt und Tomatenscheibe legen und mit einer Gurkensauce *(Rezept siehe nächste Seite)* servieren.

KALTE GURKENSAUCE:

250 g würfelig geschnittene Gurken / 180 ml Sauerrahm (oder eine Mischung aus 70 g Mayonnaise und 110 g Sauerrahm) / Schuss Zitronensaft / Salz / Pfeffer, frisch gemahlen / evtl. fein geschnittene Knoblauchzehe, Knoblauchpaste oder Chili 1 bis 2 TL fein gehackte Dille / Prise Zucker

ZUBEREITUNG ~ Gurkenwürfel leicht salzen und in einem Sieb ca. 15 Minuten abtropfen lassen, leicht ausdrücken. Sauerrahm mit den Gewürzen vermengen, Gurkenwürfel zugeben und würzig abschmecken. Werden die Gurken nicht ausgedrückt, so verliert die Sauce ihre Kompaktheit.

Diese Sauce wird zu sämtlichen Fischgerichten wie auch zu diversen faschierten Bällchen gereicht.

Fischknödel (Nockerln) im Reismantel

Für *ca. 16 Knödel à 50 g*

ZUTATEN ~ 350 g sorgfältig entgrätetes, gut gekühltes Fischfilet (Hecht, Forelle, Karpfen etc.) / 2 Eiweiß / 100 g Crème fraîche / 170 g Topfen / Prise Muskatnuss und Cayennepfeffer / weißer Pfeffer, frisch gemahlen / Salz / evtl. 10 bis 20 g Semmel- oder Weißbrotbrösel / 200 g gekochter Reis zum Wälzen

ZUBEREITUNG ~ Fisch in Stücke schneiden und zusammen mit Eiweiß und Gewürzen in einer Küchenmaschine oder einem Mixer zu einer glatten Masse verarbeiten. Bei laufendem Gerät nach und nach Crème fraîche und Topfen einmengen, sodass eine glatte und homogene Masse entsteht. Sehr würzig abschmecken. Abgedeckt für ca. 2 Stunden in den Kühlschrank stellen.
Aus der Masse kleine Knödel oder Nockerln formen und diese in gekochtem Reis wälzen, Reis dabei etwas andrücken. Knödel oder Nockerln in einen geölten Siebeinsatz, Bambuskorb oder in einen Einsatz des Dampfgarers (gelocht oder ungelocht) setzen und je nach Größe ca. 10 bis 15 Minuten garen.
Die Knödel mit einer Spinatrahm-, Tomaten-, Wein-, Gemüse-, Dill- oder Kräutersauce servieren.

Ist die Masse schwer formbar, mit etwas Bröseln festigen, nochmals etwas rasten lassen.
Durch die Bröselbeigabe sind die Knödel nach dem Garen in ihrer Konsistenz etwas fester (al dente).

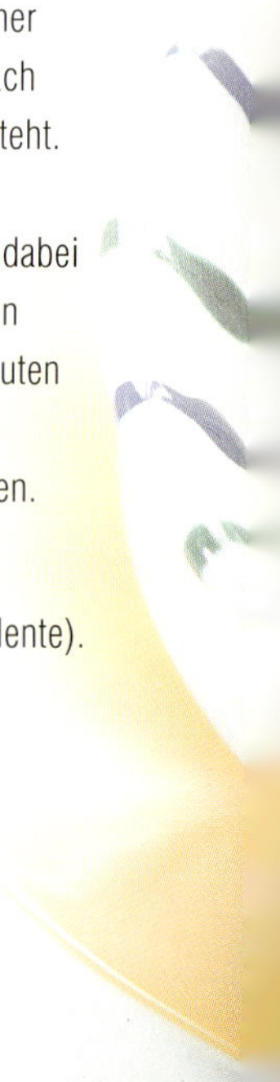

VARIANTEN ~

- Frische, klein gehackte Kräuter oder/und fein zerdrückte rosa Pfefferkörner einmengen.
- Klein geschnittene Fisch- oder Räucherfischstücke zugeben.

Fleischtascherln mit Nudelteig

ZUTATEN ~ Nudelteig siehe Kärntner Nussnudeln oder anderen beliebigen Teig

FÜR DIE FLEISCHFÜLLE ~ 40 g Olivenöl / 300 g gemischtes Faschiertes 140 g Zwiebelwürfel / 2 Knoblauchzehen, fein geschnitten / 100 g kleine Karottenwürfel je 70 g rote, gelbe und grüne Paprikawürferl / 15 bis 20 g Tomatenmark / 1 Ei / Salz Pfeffer / ca. 150 g zerlassene oder braune Butter zum Beträufeln / evtl. Salbei, Basilikum, Rucola, Oregano oder Estragon

ZUBEREITUNG ~ Gemüse klein würfeln. In einer Pfanne Olivenöl erhitzen, das Faschierte darin anrösten und danach auslegen. In der Pfanne nun Zwiebelwürfel und Knoblauch langsam hell anschwitzen, Karotten und Paprika dazugeben und mitrösten, Faschiertes beimengen und mit etwas Tomatenmark vermischen, würzig abschmecken, abkühlen lassen.
Nudelteig dünn ausrollen, Kreise von ca. 7 cm Durchmesser ausstechen, Teigstücke mit etwas Fülle belegen, Ränder eventuell mit verquirltem Ei bestreichen, zu Halbkreisen zusammenlegen und gut andrücken. In kochendes Salzwasser einlegen und je nach Größe 8 bis 12 Minuten kochen.
Aus dem Wasser heben, gut abtropfen lassen und mit zerlassener oder brauner Butter beträufeln.
Eventuell Kräuter in Butter schwenken und damit servieren.
Für Verwendung als Knödelfülle: mit ca. 50 g Semmelbröseln festigen.

Frittierte Hackfleischbällchen

ZUTATEN ~ 500 g faschiertes Fleisch, gemischt oder nur durchwachsenes Schweinefleisch / 40 g eingelegter Ingwer, ersatzweise kandierter Ingwer 100 g Zwiebelwürfel / 30 ml Sesamöl, ersatzweise neutrales Öl / 30 ml Sojasauce Pfeffer, frisch gemahlen / Salz / Prise Zimt / 1 EL Koriandergrün, fein geschnitten, ersatzweise Petersilie / 1 Ei / evtl. in Milch eingeweichtes, gut ausgedrücktes Knödelbrot einmengen

ZUBEREITUNG ~ Zwiebel in einer Pfanne mit Öl hell anschwitzen, abkühlen lassen.
Alle Zutaten vermengen und würzig abschmecken. Bei zu weicher Konsistenz mit Semmelbröseln oder Stärkemehl binden. Aus der Masse kleine Bällchen formen und in heißem Öl bei ca. 155 °C hellbraun backen oder die Bällchen in gehackten Walnüssen oder Erdnüssen wälzen, etwas Öl im Wok erhitzen und die Bällchen rundum ca. 4 Minuten knusprig braun braten.
Mit beliebigen Saucen servieren, Rahmkraut, gekochte Glasnudeln oder Knoblauchspinat dazu reichen.

Zusätzliche Würzmöglichkeiten oder Einlagen:

- 50 g eingeweichte chinesische Pilze, ansautierte Lauchwürfel, Knoblauch, Kokosflocken, Krabben- oder Krebsfleisch, in Gewürzessig eingelegte Rosinen oder beliebige Dörrfrüchte, klein gehackte, getrocknete Tomaten, Kapern und/oder Oliven.
- 1 bis 2 EL verschiedenste Chutneys untermengen.
- Ingwerpulver, Senf, Paprikapulver, Erdnussbutter, Kreuzkümmel, Koriander, Kurkuma, Piment, Dille, Curry, Limettenschale, Austernsauce, süße Chilisauce.

TIPPS ~

- Die Bällchen in einer Suppe kochen und die Kochflüssigkeit mit Stärkemehl binden, mit Sojasauce abschmecken, eventuell mit Obers vollenden.
- Vor dem Backen in Mehl, Ei und Bröseln, vermischt mit Sesam, panieren.
- Die Masse mit 100 g Topfen oder durchgedrückten Erdäpfeln lockern.
- Eventuell mit einer in Sojasauce eingelegten oder marinierten Dörrzwetschke füllen.

Wer dieses Gericht original chinesisch zubereiten will, sollte die Zutaten nicht faschieren, sondern das Fleisch zuerst in kleine Stücke schneiden, mit einem Messer fein hacken und dabei von einer Seite zur anderen arbeiten. Das wird so lange wiederholt, bis man einen gleichmäßigen Brei hat.

Geflügel- oder Ganslknödel

ZUTATEN ~ Erdäpfelteig (siehe S. 19) oder Topfenteig (siehe S. 31)

400 g Fleisch von Gans, Ente, Hendl oder Truthahn, gebraten / 50 g gekochte kleine Karottenwürfel / 50 g gekochte kleine Selleriewürfel / 50 bis 100 g Zwiebelwürfel 20 g Butter oder Öl / 1 bis 2 Eier / ca. 40 g Brösel von entrindetem Weißbrot (siehe S. 221) / Salz / Pfeffer / Majoran / fein gehackte Petersilie

ZUBEREITUNG ~ Gebratenes Fleisch kleinwürfelig schneiden oder faschieren. Zwiebel- und Gemüsewürfel in Butter anschwitzen, Fleisch zugeben und auf kleiner Flamme kurz durchrühren, etwas überkühlen lassen. Ei und Brösel zugeben und würzig abschmecken. Kleine Knödel formen und diese kurz anfrieren. Mit Erdäpfelteig umhüllen und schwimmend in heißem Fett bei ca. 155 °C anbacken, im Rohr fertig ausbacken oder in Topfenteig gehüllt in Salzwasser kochen.

BEILAGENEMPFEHLUNG: Bratensaft von der Gans, Rotkraut oder Weinkraut, mit Schnittlauch bestreut servieren.

Statt Gemüse gedünstete Rot- oder Weißkrautwürfel untermengen.
Gekochtes Gemüse kann auch faschiert werden.
Zusätzlich mit Rosmarin, Salbei, Lorbeer oder Oregano würzen.

VARIANTE ~ Wird rohes Fleisch und Gemüse verwendet, beides in kleine Stücke schneiden oder faschieren, in Öl anbraten, mit 10 ml Weißwein ablöschen, mit 100 ml Suppe und 50 ml Obers aufgießen und so lange einkochen, bis die Flüssigkeit verdampft und das Fleisch gar ist.
Wie oben beschrieben weiterverarbeiten.

Fülle kann für Ravioli, Tascherln usw. verwendet werden.

Frittierte Hühnerfleisch-Dim-Sum

ZUTATEN ~ 40 Stk. Wantan-Blätter oder Wantan-Teig, doppelte Menge Teig von gebratenen chinesischen Teigtaschen oder dreifache Menge selbstgemachter Wantan- oder Tascherl-Teig (siehe Rezept S. 35)

FÜR DIE FÜLLE ~ 400 g Hühner- oder Truthahnbrust / 100 g Schinken
50 g Bambussprossen / 50 g Jungzwiebeln oder Schalotten / 40 g Selleriestange
1 TL fein gehackter Ingwer, ersatzweise kandiert / 10 ml Sojasauce
1 bis 2 Knoblauchzehen / Salz / Öl zum Frittieren

ZUBEREITUNG ~ Hühnerfleisch und Schinken entweder ganz fein hacken oder faschieren. Bambussprossen, Sellerie und Zwieberl ebenfalls fein hacken und alle Zutaten in einer Schüssel miteinander vermengen. Mit Ingwer, Sojasauce, Knoblauch und Salz abschmecken und gut vermengen. Fertige Teigblätter auflegen oder Teig dünn ausrollen, jeweils etwas Füllmasse auftragen, dann die Teigenden so zusammenklappen, dass ein kleines Säckchen entsteht; die Teigränder mit Wasser befeuchten und gut zusammendrücken. Der Teig kann mehr oder weniger kunstvoll zu gerippten Täschchen oder einem schmetterlingsartigen Dim Sum festgedrückt werden. In einer großen Pfanne oder einem Wok reichlich Öl erhitzen und die Täschchen darin goldbraun backen.
Auf Küchenpapier abtropfen lassen.
Oder: kalorienbewusst über Wasserdampf oder im Dampfgarer garen.

TIPP ~ Die Täschchen mit halbierten, blanchierten Schnittlauchhalmen verschließen bzw. zusammenbinden.

Empanadas

Dieses Rezept stammt aus Spanien

ZUTATEN FÜR DEN TEIG ~ 270 g glattes Weizenmehl / ca. 90 ml Wasser / 1 Ei ½ TL Feinkristallzucker / 50 g zerlassene Butter / Salz

ZUBEREITUNG ~ Alle Zutaten für den Teig in einer Schüssel oder auf der Arbeitsfläche vermengen und gut durchkneten. Der Teig sollte weich und gut formbar sein, aber nicht kleben (je nach Beschaffenheit Mehl oder Wasser beigeben). In Frischhaltefolie gewickelt ca. 1 Stunde kühl rasten lassen.

FÜR DIE FÜLLE ~ 80 g Zwiebelwürfel / 20 ml Öl / 1 bis 2 fein geschnittene Knoblauchzehen / 300 g faschiertes Schweine- und/oder Hühnerfleisch 20 g Tomatenmark / 1 TL Rohrzucker / 2 hartgekochte, klein gehackte Eier / 60 g klein geschnittene Gewürz- oder Essiggurkerl / 1 EL fein gehackte Petersilie oder Koriandergrün / 1 Eiweiß zum Einstreichen / Öl zum Braten

ZUBEREITUNG ~ Öl in einer Pfanne erhitzen, Zwiebelwürfel und Knoblauch unter ständigem Rühren darin kurz anschwitzen, Fleisch dazugeben und durchrösten, bis es gegart ist. Etwaige größere Klumpen zerteilen. Tomatenmark und Zucker zugeben, nochmals kurz durchrösten, ausgekühlt restliche Zutaten einmengen und würzig abschmecken.
Auf einer leicht bemehlten Arbeitsfläche Teig dünn ausrollen, rund ausstechen oder rechteckig ausschneiden, mit der Fülle belegen, die Ränder mit Eiweiß bepinseln, zusammenklappen und die Teigränder gut andrücken. Den Rand je nach Belieben mit einer Gabel verzieren bzw. ein Muster eindrücken.
Die Tascherln in kochendes Salzwasser einlegen und je nach Größe ca. 5 bis 8 Minuten garen oder in einer beschichteten Pfanne etwas Öl erhitzen und darin goldgelb backen, herausnehmen und auf Küchenpapier gut abtropfen lassen.

Einer meiner Lieblingsteige für Tascherln, Maultaschen etc., die sich damit gut formen lassen.

VARIANTEN ~

- Weiters können ca. 80 g ansautierte Speck- oder Schinkenwürfel, Pilze (Eierschwammerl, Champignons, chinesische Pilze etc.), klein geschnittene, gekochte Gemüsewürfel oder Shrimps eingemengt werden.
- Gurkerl und Eier durch klein gehackte grüne und/oder schwarze Oliven und eingelegte Tomaten ersetzen.

Erdäpfel-Gemüseknödel, gekocht oder gebacken

ZUTATEN ~ 400 g gekochte und geschälte mehlige Erdäpfel / 40 g glattes Weizen- oder feines Dinkelmehl / ca. 80 g Semmel- oder Vollkornbrösel / 2 Eier 100 bis 200 g gekochte oder blanchierte, fein geschnittene Gemüsewürfel (Karotten, gelbe Rüben, Sellerie, Zucchini, Kohlrabi, Kürbis, Lauch, Rote Rüben, Blattspinat, Erbsen, Mais etc.) / evtl. ca. 20 g Bärlauch- oder Kräuterpaste oder 1 bis 2 EL frische Kräuter, fein geschnitten / Salz / Pfeffer, frisch gemahlen / Öl zum Ausbacken oder Gemüsekochwasser zum Kochen

ZUBEREITUNG ~ Die Erdäpfel durch die Erdäpfelwiege drücken, mit den restlichen Zutaten zu einem Teig zusammenmengen, würzig abschmecken.
Kleine Knödel formen und in kochendem Salzwasser (Gemüsekochwasser verwenden) je nach Größe ca. 7 bis 10 Minuten unter dem Siedepunkt garziehen lassen. Eventuell Probeknödel kochen.
Oder: Knödel in Brösel wälzen und in heißem Fett bei ca. 155 °C schwimmend backen; hierbei die Knödel eher klein halten, sodass sie eine kürzere Garzeit haben und nicht zu dunkel ausgebacken werden.

TIPPS ~

- Dieses Erdäpfelgrundrezept lässt sich geschmacklich individuell nach Belieben abändern.
- Bei sehr feuchtem Gemüse dieses in ein Baumwolltuch einschlagen und leicht ausdrücken.
- Die Bröselmenge richtet sich nach der Trockenheit der Erdäpfel und des Gemüses.
- Gemüse durch Käse-, Speck-, Schinkenwürfel, ansautierte, gut abgetropfte Pilze oder Räucherfischstücke ersetzen.
- Mit Tomatenragout, Rahm- oder Kräutersauce, kalter Joghurt- oder Sauerrahmsauce, Blattsalat, zerlassener Butter, frischen Kräutern zum Bestreuen etc. servieren.

Gebackene Mühlviertler Speck- bzw. Grammelknödel

Dieses Rezept stammt von der Fleischerei Leibetseder, Rohrbach

Für 25 St. Knödel

ZUTATEN ~ 1 kg gekochte, geschälte, mehlige Erdäpfel (ohne Schale gewogen) 40 dag griffiges Weizenmehl / 5 dag Weizengrieß / 1 Ei / 1 gestrichener TL Salz 1 Prise Muskatnuss, gemahlen

FÜR DIE SPECKFÜLLE ~ 75 dag klein würfelig geschnittener, schön durchzogener Bauchspeck / gehackte Petersilie

FÜR DIE GRAMMELFÜLLE ~ 75 dag Speckgrammeln, grob gehackt / gehackte Petersilie / evtl. Salz

FÜR DEN GUSS ~ 3 Eier / 0,6 l Milch / 1 TL Salz / 1 Prise Muskatnuss

ZUBEREITUNG ~ Gekochte, geschälte Erdäpfel noch heiß durch eine Presse drücken und mit den restlichen Zutaten rasch zu einem Teig verarbeiten. Den Erdäpfelteig nicht rasten lassen, sondern so rasch als möglich weiterverarbeiten. Eine große Rolle formen, mit genügend Mehl auf der Arbeitsfläche. Für einen Knödel verwendet man ca. 7 dag Erdäpfelteig. Ein solches Stück von der Rolle mit einer Teigkarte abtrennen. In der Handfläche etwas flach drücken. Je nachdem, ob man nun Grammel- oder Speckknödel macht, von der gewünschten Fülle ca. 30 g schwere Häufchen in die Mitte des Teigstückes geben. Mit Gefühl den Teig verschließen und einen schönen Knödel formen.
Den fertigen Knödel in ein zuvor etwas eingefettetes Reindl oder eine Auflaufform geben. Man reiht die Knödel schön nebeneinander ohne zu viel Zwischenraum. Ist die Form mit Knödeln gefüllt, kommt sie für ca. 15 Minuten bei 180 °C in ein vorgeheiztes Rohr. Die Knödel werden bei trockener Hitze goldbraun angebacken.
In der Zwischenzeit die Eier mit Milch, Salz und Muskat kurz aufmixen. Anschließend die angebackenen Knödel mit der Eier-Milch übergießen. Die obere Wölbung der Knödel sollte noch hervorschauen – erinnert ein bisschen an die hügelige Landschaft des Mühlviertels. Nochmals ca. 20 Minuten bei 175 °C im Rohr backen, bis die Eier-Milch gestockt ist.
Gegessen werden unsere Mühlviertler Knödel traditionell mit Sauerkraut. Guten Appetit!

Gebackene Grammelknödel

Dieses Rezept stammt von Steffi Kappel aus Gmunden

ZUTATEN FÜR DIE FÜLLE (AM VORTAG ZUBEREITEN) ~ **500 g Grammeln / Salz Pfeffer, frisch gemahlen / etwas Knoblauch, fein geschnitten, oder Knoblauchpaste etwas Paprikapulver / evtl. 1 EL Petersilie**

ZUBEREITUNG ~ Alle Zutaten in einer Schüssel vermengen, würzig abschmecken, kleine Knödel formen und einfrieren.

FÜR DEN TEIG ~ **1 kg mehlige, gekochte Kartoffeln / 200 g griffiges Weizenmehl 2 Eier / Salz / etwas Butter für die Pfanne**

ZUBEREITUNG ~ Die gekochten Kartoffeln passieren oder durch die Wiege drücken, mit allen Zutaten vermengen und mit etwas Mehl zu einer Rolle formen, der Teig hat eine weichere Konsistenz. Kleine Stücke abnehmen, in einer feuerfesten Form etwas Butter schmelzen lassen. Mit leicht beölten Fingern aus Teig und Grammelfülle Knödel formen, in Butter drehen und in die Form legen, bei ca. 170 °C ca. 20 Minuten vorbacken, kurz aus dem Ofen nehmen und überschüssiges Fett vorsichtig ableeren.

FÜR DEN ÜBERGUSS ~ **250 ml Milch / 1 Ei / Salz / Pfeffer, frisch gemahlen**

Alle Zutaten verrühren und über die vorgebackenen Knödel leeren, dann weitere 30 Minuten fertig backen. Die Knödel sollen goldbraun sein.
Am besten mit Krautsalat oder Sauerkraut servieren.

TIPPS ~

- Für einen festeren Teig noch zusätzlich 30 g Weizengrieß einmengen oder die Mehlmenge erhöhen.
- Die Eier-Milch kann auch mit etwas Sauerrahm vermengt werden.
- Wird ein Teil der Grammeln faschiert, dann hält die Masse besser zusammen.
- Mit etwas Semmel- oder Weißbrotbröseln (Mie de pain) vermengen, nehmen Fett auf und festigen so die Grammelmasse, und zusätzlich kann man noch ein Ei untermengen.
- Für gekochte Knödel die Füllrohlinge mit Erdäpfel-, Nudel-, Topfen-, abgebranntem Knödel- oder beliebigem Teig umhüllen.

Haschee- oder Speckknödel können auf die gleiche Art zubereitet werden.
Gekochte Variante: mit beliebigem Teig umhüllen und kochen, mit Sauerkraut und Bratensaft servieren.

GRAMMELN AUSLASSEN BZW. GRAMMELSCHMALZ HERSTELLEN: Aus 2 ½ kg Rücken-, Karree- oder Bauchspeck (kein Filz) erhält man ca. 400 g Grammeln; beim Fleischer vorbestellen und grob faschieren oder in kleine Würfel schneiden. In einem breiten Topf unter ständigem Rühren auslassen und leicht bräunen. Vorsicht, das Fett kann dabei leicht spritzen!
Sobald die Grammeln goldbraun sind, in ein Metallsieb geben und das Fett in einen anderen Topf umleeren, wodurch der Bräunungsvorgang unterbrochen wird. Die Grammeln gut abtropfen lassen. Je nach gewünschtem Fettgehalt ausdrücken oder etwas Schweineschmalz einmengen.

TIPPS ~

- Wenn Sie den Speck vor dem Schneiden für ca. 30 Minuten tiefkühlen, so lässt er sich viel leichter schneiden.
- Besonders weiß und luftig wird das Grammelschmalz, wenn Sie es in kaltem Zustand in einem Rührkessel schaumig aufschlagen.

FÜR GRAMMELSCHMALZ: Fett und Grammeln abkühlen lassen, etwas aufrühren, damit die Grammeln sich gut im Schmalz verteilen, und vor dem vollständigen Stocken in kleine Keramik- oder Steinguttöpfe füllen. Nach dem Auskühlen mit Frischhaltefolie abdecken und kühl stellen.

Foto: Knödel mit Topfenteig- bzw. mit Kräutern eingefärbtem Teig umhüllt und in Salzwasser gekocht.

Verwendung: Auf frisches, knuspriges Bauernbrot streichen und nach Belieben mit frisch gehackter Petersilie bzw. Schnittlauch bestreuen und mit Zwiebelringen garnieren.

VARIATIONSMÖGLICHKEITEN ~ Durch folgende Zutaten, die Sie unter die noch nicht ganz gebräunten Grammeln mengen, können Sie dem Grammelschmalz eine jeweils andere Geschmacksnote verleihen:

- Etwa 50 g gehackte (rote oder weiße) Zwiebeln und/oder 20 g Apfelwürfel; werden die Zwiebeln nicht mitgeröstet, dann sollten sie vorher blanchiert werden.
- Kernöl oder fein gemahlene Kürbiskerne.
- Klein gehackte Dörrzwetschken oder -marillen.
- Gehackter Knoblauch, Majoran, Thymian, Liebstöckl

Mit fein faschierten Grammeln kann auch ein Mürbteig zubereitet werden.

G'sottene Kasknödel

Dieses Rezept stammt von Georg Friedl

ZUTATEN ~ **500 ml Milch / 500 g Bauerntopfen (Bröseltopfen) / 2 EL weiche Butter 2 Eier / Salz / Pfeffer / Muskatblüte**

ZUBEREITUNG ~ Milch mit den Gewürzen aufkochen lassen. Topfen einbröseln. Kurz erhitzen, sodass der Topfen glasig wird. Überschüssige Flüssigkeit ableeren. 2 Esslöffel Butter mit 2 Eiern abrühren. Den noch lauwarmen Topfenkas einarbeiten. Erkalten lassen und Knödel formen. In einen Erdäpfelteig oder Strudelteig einschlagen. In Salzwasser kochen und mit Schnittlauch und brauner Butter servieren.

Topfen-Gemüseknöderl

ZUTATEN ~ **350 g Topfen / ca. 80 g Semmelbrösel / 50 g zerlassene Butter / 2 Eier 100 g gekochtes, fein geschnittenes, gut abgetropftes Gemüse (Karotten, Lauch, gelbe Rüben, Fenchel, Sellerie, Brokkoli, Kohlrabi, Karfiol, Spinat etc., je nach Belieben und Marktangebot) / Salz**
Pfeffer, frisch gemahlen / Prise Muskatnuss / 1 bis 2 fein geschnittene Knoblauchzehen oder Knoblauchpaste

ZUBEREITUNG ~ Topfen, Eier und Butter verrühren, restliche Zutaten einmengen und ca. 2 Stunden kühl rasten lassen, damit die Masse gut formbar ist. Mit angefeuchteten Händen kleine Knödel formen, in kochendes Salzwasser einlegen und je nach Größe ca. 10 Minuten unter dem Siedepunkt garziehen lassen. Eventuell Probeknödel kochen.

SERVIERVARIANTEN ~

- Auf Spinat anrichten und mit frisch geriebenem Parmesan oder würzigem Bergkäse bestreut servieren.
- Mit Tomatenragout und Schnittlauchröllchen oder fein geschnittenen Basilikumblättern servieren.
- Butter in einer Pfanne schmelzen oder bräunen, fein gehackte Kürbiskerne einmengen und die Knödel mit der Kürbiskernbutter überziehen.

Diese Masse kann auch mit nur einer Gemüsesorte zubereitet werden.

TIPP ~ Mit einem Eisportionierer lassen sich die Knöderl gleichmäßig portionieren.

Gulaschknödel

Dieses Rezept ist eine Kreation von Prof. Christoph Wagner

ZUTATEN ~ 500 g fertiges Rindsgulasch, möglichst vom Wadschinken, davon ca. 350 g Fleischanteil

FÜR DEN KNÖDEL-BROTTEIG ~ 300 g griffiges Weizenmehl / 140 g Toast- oder Knödelbrot / ca. 100 ml Wasser / ca. 200 ml Milch, je nach Trockenheit des Brotes Salz / evtl. 2 Dotter / etwas Gulaschsaft für die Garnitur

ZUBEREITUNG ~ Ein bereits fertiges Rindsgulasch mit wenig Saft nochmals aufkochen und so lange weiterköcheln lassen, bis das Fleisch fast zerfällt und die Flüssigkeit nahezu verdunstet ist. Fleisch mit einer Gabel zerdrücken und erkalten lassen, bis es eine sülzig-gallertartige Konsistenz hat. Aus der Gulaschmasse (eventuell unter Zugabe von etwas Butter) Bällchen oder Knödel formen und diese im Tiefkühlfach einfrieren.
In der Zwischenzeit den Knödelteig vorbereiten. Toast- oder Knödelbrot mit Wasser und Milch vermengen und kurz anweichen lassen. Mehl sowie Salz und eventuell Dotter zugeben und zu einem geschmeidigen Teig verarbeiten. Klebt der Teig noch zu sehr, mit etwas Mehl festigen. Mit Frischhaltefolie abgedeckt ca. 20 Minuten rasten lassen. Teig zu einer Rolle formen, kleine Teigstücke abstechen und die gefrorenen Gulaschbällchen damit umhüllen. Gulaschknödel in Salzwasser kochen, bis sie aufsteigen, und mit etwas Gulaschsaft umgossen servieren.

Auf diese Weise kann man auch Wild-, Kalbs- oder Lammragoutknödel oder Beuschelknödel zubereiten. Dazu das Saucenfleisch eventuell auch mit etwas Obers stark einkochen.
Die Füllungen können auch für Tascherln, Tortelloni, Ravioli, Piroggen oder Dim Sum verarbeitet werden. Bei dieser Variante muss die Füllung nicht so kompakt sein.

Um eine feinere Füllung zu erhalten, kann das eingekochte Ragout auch fein faschiert werden.
Zu den Knödeln, Tascherln, Ravioli, Tortelloni etc. auch etwas dazu passende Sauce, frittierte oder ansautierte Pilze, frittierte Kräuter usw. reichen.
Zu Wild passt auch sehr gut eine Preiselbeerbutter (dazu Butter zerlassen und Preiselbeeren darin erwärmen) oder ein mit Öl verdünntes Nusspesto (siehe Rezept S. 224):

Hascheeknödel

Für ca. 30 Knödel

ZUTATEN ~ Doppelte Menge von Erdäpfel- (pikanter Erdäpfelteig, siehe S. 19), Brand-, Topfen- oder Innviertler Knödelteig
600 g Bratenstücke (Schweins- oder Surbraten, Bauchfleisch) / 200 g Hartwurst wie Braunschweiger, Wiener oder andere würzige Wurst / 150 g fein gehackte Zwiebeln 2–3 fein gehackte Knoblauchzehen / 60 ml Öl oder Butterschmalz / 3 EL fein gehackte Petersilie / Muskatnuss / Majoran / Salz / Pfeffer aus der Mühle / evtl. Piment oder Koriander / evtl. noch 4 cl Bratensaft, Schweineschmalz oder Rindsuppe

ZUBEREITUNG ~ Fleisch und Wurst nicht zu fein faschieren. Zwiebel- und Knoblauchwürfel in Öl anlaufen und wieder auskühlen lassen. Unter das Fleisch mengen und mit den restlichen Zutaten zu einer würzigen Masse verarbeiten. Ist die Masse zu trocken, noch etwas Bratensaft, Suppe oder Schmalz einarbeiten.
Aus der Masse kleine Knödel formen (kurz tiefkühlen, damit sie sich leichter umhüllen lassen), mit Teig umhüllen, zu Knödeln drehen und in siedendem Wasser 12–15 Minuten (tiefgekühlte Knödel etwas länger) eher ziehen als kochen lassen.
Beilagenempfehlung : Gulaschsaft oder Bratensaft'l, Sauerkraut, kalter oder warmer Krautsalat.

VARIATIONSMÖGLICHKEITEN ~

- Mischen Sie unter die fertige Hascheeknödelmasse zur Abwechslung einmal eine gewürfelte rote Paprikaschote, gehackte Oliven, Essiggurkerl und hart gekochte, gehackte Eier.
- In die Masse eingemengter Schafkäse, Oregano und/oder Rosmarin zaubern hingegen einen Hauch Süden in Ihre Knödel.
- Auch getrocknete Tomaten sowie eingelegte Pilze machen sich in der Füllmasse bestens.
- Etwas gekochtes Selchfleisch oder Hamburgerspeck verwenden.
- Für Salzburger Hascheeknödel gekochtes Rind-, Schweine- und Selchfleisch zu gleichen Teilen nehmen und wie oben beschrieben würzen.
- Bauchfleisch braten: rohes Bauchfleisch mit Salz, Pfeffer, gemahlenem Kümmel und Knoblauchpaste gut einreiben, in heißem Fett anbraten und im Rohr fertig braten, dazu immer wieder mit Wasser oder Rindsuppe aufgießen und ein würziges Safterl ziehen. Erkaltet eignet sich dieser Saft sehr gut als Bratlfett zum Aufstreichen auf Schwarzbrot, dieses dann mit Zwiebelringen belegen.
- 500 g Wurstreste und 300 g gekochtes Rindfleisch verwenden.

- G'hackknödel: 600 g Bratenreste (eventuell mit gekochtem Rindfleisch gemischt) und 300 g Speck- oder Selchfleisch, faschiert, 2 angeschwitzte Zwiebeln, Petersilie mit Paprikapulver, Salz, Pfeffer, frisch gemahlen, würzig abgeschmeckt.
- Meine Großmutter mengte unter die Hascheefülle noch zusätzlich 2 Eier.

TIPPS ~

- Bereiten Sie kleine Knödel und reichen Sie pro Person ca. 4 bis 5 davon.
- Gleich eine größere Menge Füllrohlinge herstellen und auf Vorrat einfrieren.
- Fleisch beim Metzger vorbestellen und faschieren lassen.

Rindsgulasch
(Grundrezept für Gulaschknödel)

Für 4–6 Portionen

ZUTATEN ~ 1,5 kg Rindfleisch (Wadschinken oder Schulter) / 500 g Zwiebeln 4 Knoblauchzehen / Kümmelpulver / gerebelter Majoran / 2 Lorbeerblätter 1–2 EL edelsüßes Paprikapulver / 30 g Tomatenmark / 2 cl Essig / 1,5–2 l Rindsuppe oder Wasser / Prise Cayennepfeffer / 150 g Schmalz oder Öl / Salz / Pfeffer

ZUBEREITUNG ~ Das oberösterreichische Rindsgulasch unterscheidet sich vom Wiener Saftgulasch vor allem dadurch, dass der Zwiebelanteil etwas geringer ist und nicht wie in Wien Kernfett, sondern vorzugsweise Schweineschmalz oder eventuell auch Pflanzenöl verwendet wird.

Zunächst das Fleisch in mundgerechte (ca. 40 g schwere) Würfel, die Zwiebeln würfelig schneiden. In einem Topf etwas Fett erhitzen und das Fleisch darin gut anbraten, bis die Flüssigkeit verdampft ist. Wieder herausnehmen. Nochmals etwas Fett in den Topf geben und nun die Zwiebeln darin langsam goldbraun anrösten.
Fleisch wieder zugeben, Paprika einrühren, Tomatenmark zugeben und kurz durchrösten.
Mit einem Schuss Essig ablöschen und mit Suppe aufgießen. Gewürze einmengen und zugedeckt auf kleiner Flamme langsam ca. 90 Minuten, je nach Fleischqualität, weich dünsten.
Würzig abschmecken.
Beilagenempfehlung: Salzerdäpfel, Semmelknödel, Semmelauflauf, Spätzle oder Nudeln, gebratene Würstchen, Spiegelei, Gurkerl.

VARIATIONSMÖGLICHKEITEN ~

- Für molligeres Gulasch entweder vor dem Aufgießen mit einem Esslöffel Mehl stauben oder abschließend mit Mehl, Sauerrahm und wenig Wasser binden. Für Rahmgulasch rühren Sie 150 bis 200 ml Schlagobers oder Crème fraîche ein.
- Rühren Sie zur Abwechslung einmal Erdäpfelwürfel, Paprikastreifen, Krautwürfel, gekochte Bohnen, Sauerkraut, Perlzwieberl oder Essiggurkerl in das Gulasch ein und garnieren Sie es mit Grillwürsteln und Spiegelei.
- Chili, Tabascosauce oder Pfefferoni verleihen dem Gulasch mehr Schärfe.

Hirseknödel

ZUTATEN ~ 300 g Hirse / 30 g Butter oder Butterschmalz / 100 g Zwiebelwürfel 2 Knoblauchzehen, fein geschnitten / ca. 400 ml Rindsuppe oder Gemüsebrühe, ersatzweise Wasser / 2 Dotter / 1 Ei / 40 g glattes Weizen- oder feines Dinkelmehl 3 EL fein gehackte Kräuter wie Petersilie, Schnittlauch, Kerbel, Kresse, Majoran, Basilikum, Bärlauch / Salz / Pfeffer, frisch gemahlen / Muskatnuss

ZUBEREITUNG ~ Butter in einer Kasserolle erhitzen, Zwiebel und Knoblauch hell anrösten, Hirse dazugeben und unter ständigem Rühren anrösten. Mit Rindsuppe aufgießen und so lange unter ständigem Rühren dünsten, bis die Hirsekörner aufplatzen, bei Bedarf noch etwas Rindsuppe nachgießen, eventuell noch 20 Minuten abgedeckt quellen lassen.
Die überkühlte Hirsemasse in einer Schüssel mit den Kräutern vermischen, Ei, Dotter und Mehl einrühren und würzig abschmecken. Knödel formen, in kochendes Salzwasser einlegen oder über Dampf ca. 15 Minuten garziehen lassen. Eventuell Probeknödel kochen.
Ist die Masse zu weich, etwas Semmelbrösel einmengen.
Mit Gemüseragout, Tomatensauce, Blattsalat oder kalter Joghurtkräutersauce servieren.

VARIANTE ~ Zu Laibchen formen, in Semmelbröseln wälzen und in einer beschichteten Pfanne auf beiden Seiten goldbraun braten.
Einen Teil der Hirsemasse in einer Küchenmaschine cuttern bzw. zerkleinern.

Hirschbacher Hascheeknödel

Dieses Rezept stammt von Magdalena Malzner aus Hirschbach

Für 10 Knödel

ZUTATEN FÜR DEN BRANDTEIG ~ 500 g griffiges Weizenmehl / 375 ml Wasser 50 g Butter / ½ TL Salz / 2 Eier

ZUTATEN FÜR DIE FÜLLE ~ 700 g Haschee (200 g gekochtes Geselchtes, 200 g Selchwurst, 300 g Extrawurst) / 1 kleine Zwiebel / 2 Knoblauchzehen ca. 50 g Suppengewürz (am besten hausgemacht) / 1/16 l Milch / frisch gemahlener Pfeffer / 1 TL geschnittene Petersilie

ZUBEREITUNG ~ Für die Fülle das Haschee mit der warmen Milch und den restlichen Zutaten gut vermengen und 10 Knödel zu je 7 dag formen. Für den Teig Wasser, Salz und Butter aufkochen und sofort in die Schüssel mit Mehl gießen. Kurz durchrühren, dann die Eier dazugeben und mit dem Kochlöffel fest verrühren. Teig aus der Schüssel auf eine bemehlte Fläche geben und rasch zu einem seidigen Teig verkneten. Wenn der Teig zu weich sein sollte, noch etwas Mehl dazugeben!
Den warmen Teig rasch mit der Fülle zu Knödeln formen. Knödel in kochendes, gesalzenes Wasser einlegen und 25 Min. leicht köcheln lassen.
Dazu passen am besten Gulaschsaft und Sauerkraut oder auch warmer Krautsalat.

Innviertler Knödelrezept

Dieses Rezept stammt von Eva Maier

ZUTATEN ~ 100 g Knödelbrot oder Kaisersemmeln (ca. 2 Stück), geschnitten ca. 250 ml lauwarme Milch / 1 Ei / Salz / ca. 200 bis 230 g glattes Weizenmehl

ZUBEREITUNG ~ Knödelbrot mit lauwarmer Milch vermengen, gut anweichen lassen, zu einer sämigen Masse verrühren (Tipp: Knödelbrotmasse durch die „Flotte Lotte" passieren), Ei dazugeben, salzen, nun das Mehl untermengen, bis ein fester Teig entsteht (eventuell nachsalzen, Teig sollte nun leicht salzig schmecken).
Den fertigen Teig auf gut bemehltem Untergrund 1 cm dick ausrollen, kleine Quadrate ausschneiden oder ausstechen und die vorgefertigten (tiefgekühlten) Surspeckkugerl, Grammel- oder Bratknödel darin einwickeln. Knödel gut verschließen und zusammendrücken, in kochendem Wasser ca. 12 Minuten sieden lassen.
Beilage: Sauerkraut und Salzerdäpfel.

Die Teigkonsistenz sollte so beschaffen sein, dass sich der Teig gut verarbeiten lässt, d. h., er sollte nicht zu weich sein (kleben), bei Bedarf noch Mehl einmengen.
Eventuell gleich eine größere Menge zubereiten und die umhüllten, ungekochten Knödel tiefkühlen.

FÜLLMÖGLICHKEITEN ~

SURSPECKKNÖDEL: kleinwürfelig geschnittenen Surspeck (direkt aus dem Kühlschrank) mit frisch geriebenem schwarzem Pfeffer und Schnittlauch vermengen, 2 bis 3 cm große Kugerl formen, anfrieren (damit lassen sich die Speckkugerl leichter in die Teighülle einarbeiten).

GRAMMELKNÖDEL: frische Grammeln grob hacken, mit Salz und Pfeffer gut würzen, Weiterverarbeitung wie Speckknödel.

BRATKNÖDEL: Bratenreste (vom Kalb, Schwein, Rind) mit Knoblauch und Zwiebel faschieren, Masse mit Salz, Pfeffer, Majoran gut würzen (falls die Masse zu fest ist, Wasser, Bouillon, 1 bis 2 Eier oder Bratensaft untermengen), Weiterverarbeitung siehe oben.

Kakaoravioli mit Frischkäse auf Kürbisgemüse

Rezept von Gabi Strahammer, Restaurant s'Schulhus in Krumbach

ZUTATEN ~ **450 g griffiges Weizenmehl / 50 g gesiebtes Kakaopulver / 250 g Eier, aufgeschlagen, ohne Schale gewogen**

ZUBEREITUNG ~ Alle Zutaten in einer Küchenmaschine oder Schüssel zu einem glatten Teig kneten, in Frischhaltefolie einschlagen und ca. 1 bis 2 Stunden rasten lassen.

FÜR DIE FÜLLE ~ **200 g gut abgetropften Topfen / 200 g Naturgervais / 50 g fein geriebener Parmesan, ersatzweise würziger Bergkäse / 4 EL fein geschnittene Kräuter (Petersilie, Rosmarin, Thymian, Liebstöckel) / 2 EL getrocknete Tomaten, fein geschnitten / Salz / Pfeffer**

ZUBEREITUNG ~ Alle Zutaten für die Fülle vermengen und würzig abschmecken.
Am besten mit einer Nudelmaschine sehr dünne Teigblätter ausrollen, mit der Fülle belegen, mit verquirltem Ei bestreichen, ein weiteres Teigblatt darüberlegen, rund ausstechen und zu Ravioli formen. Oder vom Teig mittlere Kreise ausstechen, mit Fülle belegen, mit verquirltem Ei bestreichen, zusammenklappen, fest andrücken und zu Ravioli formen oder spezielle Ravioli-Formen verwenden, (erhältlich im gut sortierten Fachhandel).
In kochendes Salzwasser einlegen und je nach Größe ca. 5 bis 8 Minuten garziehen lassen.
Mit einem Lochschöpfer herausheben, gut abtropfen lassen und auf Kürbisgemüse anrichten.

ZUBEREITUNG TORTELLONI ~ Den Teig sehr dünn ausrollen und ca. 5 x 5 cm große Quadrate ausschneiden, auf die Nudelblätter einen Löffel Füllung geben, den Teigrand mit etwas Eiweiß oder Wasser bestreichen, den Teig in Dreieckform zusammenklappen und das gefaltete Dreieck über den Finger drehen. Bis zum Einkochen auf ein gut bemehltes Tuch oder Blech legen und eventuell kalt stellen. In kochendes Salzwasser einlegen und ca. 8 Minuten garen lassen.

FÜR DAS KÜRBISGEMÜSE ~ 1 Zwiebel, würfelig geschnitten / 2 Knoblauchzehen 400 g geschälten, klein würfelig geschnittenen Kürbis / 1 EL Butter / Salz / Pfeffer, frisch gemahlen / Thymian / etwas Chili / 100 ml Obers / Gemüsefond oder Wasser zum Aufgießen

ZUBEREITUNG ~ Kürbiswürfel in Butter mit Zwiebelwürfeln und Knoblauch anschwitzen, würzen, mit wenig Gemüsefond oder Wasser aufgießen, weich dämpfen, Obers dazugeben, nochmals etwas einkochen lassen, abschmecken.

Kärntner Kas- oder Nussnudelfülle mit Teig

ZUTATEN FÜR DEN KÄRNTNER NUDELTEIG ~ 500 g glattes Weizenmehl / 1 Ei 3 EL Öl / ca. 200 ml kaltes Wasser / Salz

ZUBEREITUNG ~ Alle Zutaten für den Nudelteig in einer Schüssel vermengen und gut durchkneten, in Frischhaltefolie gewickelt ca. 1 Stunde rasten lassen.

FÜR DIE KÄRNTNER KASNUDELFÜLLE ~ 200 g gekochte, mehlige, durchgedrückte Erdäpfel / 70 g Zwiebelwürfel / 1 Bund Petersilie (15 g) / 70 g Lauchwürfel / 120 g Butter oder Butterschmalz / 500 g Topfen oder Bröseltopfen / 2 klein geschnittene Knoblauchzehen / Salz / Pfeffer, frisch gemahlen / Prise Muskatnuss / fein gehackte Nudelminze

ZUBEREITUNG ~ Zwiebel und Knoblauch in zerlassener Butter hell anschwitzen, Lauch und fein gehackte Petersilie dazugeben, kurz durchrösten, ausgekühlt alle Zutaten vermengen und würzig abschmecken. Zubereitung wie oben. Eventuell mit etwas Semmelbrösel festigen.

FÜR DIE KÄRNTNER NUSSNUDELFÜLLE ~ 200 g Topfen oder Bauerntopfen 100 g geröstete, fein gemahlene Walnüsse / 100 g Gelb- oder Rohrzucker 10 g Semmelbrösel / 1 EL Sauerrahm / Prise Salz / Prise Zimt, Nelkenpulver, Lebkuchengewürz und eventuell Prise Neugewürz

ZUBEREITUNG ~ Alle Zutaten für die Fülle vermengen und aromatisch abschmecken. Als Knödelfülle etwas mehr Nüsse und eventuell zusätzlich Semmelbrösel dazugeben, gerade so viel, dass sich die Masse zu Knödeln formen lässt.

AUSFERTIGUNG ~ Teig auf einer bemehlten Arbeitsfläche sehr dünn ausrollen (oder mit der Nudelmaschine), runde Kreise von ca. 7 cm ausstechen, in die Mitte einen Löffel Fülle geben, die Ränder eventuell mit verquirltem Ei oder Wasser bestreichen und den Teig zusammenschlagen, gut andrücken. Mit Daumen und Zeigefinger ein Muster „krendln" (kärntnerischer Ausdruck für das spezielle Umbiegen der Ränder; der „gekrendelte" Rand ist typisch für die Kärntner Nudeln.) Die Nudeln in kochendes Salzwasser einlegen und je nach Größe ca. 8 bis 10 Minuten garziehen lassen.

SERVIERVORSCHLÄGE ~

- Mit zerlassener oder brauner Butter beträufeln.
- Zwetschkenfruchtsauce (200 g geschlagenes Obers, 2 EL Powidlmarmelade und 1 EL Rum oder Nusslikör vermengen) dazu reichen.
- Mit Vanillesauce oder Vanilleeis servieren.
- Mit erwärmtem Honig beträufeln und mit gerösteten Walnussstücken oder Nusskrokant bestreuen.

Kärntner Kasnocken
(zwei Varianten)

ZUTATEN FÜR DEN TEIG ~ **300 g griffiges Weizenmehl / ca. 200 ml kaltes Wasser / Salz**

FÜR DIE KRÄUTERFÜLLE ~ **300 g Topfen, wenn möglich bröselig, also unpassiert, oder Bauerntopfen / 300 g gekochte, mehlige, durchgedrückte Erdäpfel / 40 g Butter 50 g kleine Zwiebelwürfel / 50 g Lauch, klein geschnitten / je 1 EL fein gehackte Petersilie und Kerbel / Salz / Pfeffer, frisch gemahlen / evtl. Knoblauch zerlassene Butter und etwas braune Nudelminze zum Servieren**

FÜR DIE KÄSEFÜLLE ~ **240 g Topfen, wenn möglich bröselig, also unpassiert, oder Bauerntopfen / 120 g gut gereifter Gorgonzola oder Edelschimmelkäse / 120 g fein geriebener Parmesan oder würziger Bergkäse / 2 Eier / Thymian, fein gehackt evtl. Salz / Pfeffer, frisch gemahlen**

ZUBEREITUNG ~ Für den Teig die Zutaten vermengen und zu einem glatten Teig verkneten, bis er fest und zäh ist, mit Klarsichtfolie abgedeckt ca. 30 Minuten rasten lassen.
Auf einer leicht bemehlten Arbeitsfläche dünn ausrollen, Kreise von ca. 6 bis 7 cm Durchmesser ausstechen, mit der Fülle belegen und die Ränder mit verquirltem Ei bestreichen (der Teig hält besser zusammen). Teig zusammenklappen, die Ränder gut andrücken und mit dem Daumen die Teigränder „krendln". Die gefüllten Teigtaschen in kochendes Salzwasser einlegen und ca. 6 bis 7 Minuten kochen lassen.

KRÄUTERFÜLLE: Zwiebel und Lauch in einer Pfanne mit Butter anlaufen (anschwitzen) lassen, abkühlen. Erdäpfel mit Zwiebelwürfeln, Topfen und Lauch in eine Schüssel geben und mit den restlichen Zutaten vermengen, würzig abschmecken.
Mit zerlassener oder gebräunter Butter und Minze servieren.
Anstelle von Minze Schnittlauch, Petersilie, Rucola oder Kräuter nach Belieben verwenden.

KÄSEFÜLLE: Gorgonzola, Topfen, Parmesan, Eier und Gewürze vermengen, bei sehr würzigem Käse nicht salzen.

TIPP ~ Die Fülle so dimensionieren, dass die Teigränder frei bleiben und die Füllung nicht herausquillt; bei nicht geschlossenen Nocken weicht die Fülle beim Kochen auf.
Die Füllungen können zu Knödeln geformt und tiefgekühlt mit beliebigem Teig umhüllt werden.

HOLZFÄLLERNUDELN: ein Schinken- oder Speckomelette zubereiten, Zwiebelringe goldgelb backen, alles klein geschnitten mit etwas eingedickter Rahmsauce oder Crème fraîche vermengen, viele frische Kräuter dazumengen, würzig abschmecken und Nudeln zubereiten.

KÄRNTNER FLEISCHNUDELN: gekochtes Geselchtes und gebratenes Schweinefleisch zu gleichen Teilen, Zwiebelwürfel und Knoblauch angeschwitzt, Ei und Semmelbröseln zu einer nicht zu festen Masse vermengen und mit Salz, Pfeffer, Basilikum, Majoran und Liebstöckl würzig abschmecken.

Erdäpfel-Spinattaschen

Rezept von Gabi Strahammer, Restaurant s'Schulhus in Krumbach

**ZUTATEN ~ 500 g mehlige Erdäpfel, z. B. Röseler (netto, ohne Schale gekocht)
40 g Butter / 2 Dotter / 250 g glattes Weizenmehl / Salz**

ZUBEREITUNG ~ Gekochte Salzerdäpfel durchpressen, kalt verarbeiten, mit den übrigen Zutaten zusammenkneten und rasten lassen.
Erdäpfelteig dünn auswalken, rund ausstechen, mit der Fülle belegen, mit verquirltem Ei bestreichen, zusammenklappen, in kochendes Salzwasser einlegen und unter dem Siedepunkt garziehen lassen, herausheben, gut abtropfen lassen und mit brauner Butter anrichten.

**FÜR DIE FÜLLE ~ 500 g Spinat / 1 kleine Zwiebel / 1 Knoblauchzehe / 200 g Topfen
80 g Parmesan, gerieben, ersatzweise würziger Bergkäse / Salz / Pfeffer / Muskatnuss, gemahlen**

ZUBEREITUNG ~ Spinat in kochendem Salzwasser kurz überbrühen, in kaltem Wasser abschrecken, abkühlen lassen, ausdrücken und fein hacken. Zwiebel und Knoblauch fein schneiden, in Butter glasig anschwitzen, mit Salz, Pfeffer und Muskatnuss würzig abschmecken, mit Topfen und Parmesan vermengen.

Erdäpfel-Topfentascherln

**ZUTATEN FÜR DEN NUDEL- BZW. TASCHERLTEIG ~ 250 g griffiges Weizenmehl
30 ml Rapsöl / 2 Eier / 3 Dotter / Salz**

ZUBEREITUNG ~ Alle Zutaten zu einem Teig verkneten und in einem Plastiksack oder vakuumiert rasten lassen.

**FÜR DIE FÜLLE ~ 300 g Topfen oder Frischkäse / 200 g mehlige, gekochte, durchgedrückte Erdäpfel, netto / Salz / 100 g kleine Zwiebelwürfel / 60 g Butter
Pfeffer, weiß gemahlen / Kräuter nach Belieben wie Schnittlauch, Kerbel, Bärlauch, Basilikum, Minze usw.**

ZUBEREITUNG ~ Zwiebel in einer Pfanne mit Butter anschwitzen, abgekühlt mit allen Zutaten für die Fülle vermengen und sehr würzig abschmecken. Ist die Masse zu weich, als zusätzliche Bindung noch etwas Mie de pain untermischen.
Nudelteig auf einer bemehlten Arbeitsfläche sehr dünn ausrollen, noch besser durch die Nudelmaschine drehen, Kreise ausstechen, mit Fülle belegen, die Ränder mit verquirltem Ei oder Eiweiß bestreichen, Kreise zusammenschlagen und die Teigränder gut andrücken.
In kochendes Salzwasser einlegen und je nach Größe ca. 8 bis 12 Minuten kochen lassen.
Dazu passen sehr gut eine Nussbutter oder 130 g geklärte Butter mit Kräutern bzw. 30 g fein geschnittener Rucola.
Mit fein geriebenem, würzigem Käse bestreut servieren.

Dieser eher neutralen Fülle zusätzlich klein würfelig geschnittenes Gemüse wie Karotten, Lauch, Zucchini, Spinat, Broccoli etc. beimengen, ebenso ansautierte Pilze, Käse-, Speck- oder Schinkenwürfel sowie gekochte Getreidekörner.

Die Fülle, zu Knödeln geformt, ev. angefroren, kann auch für beliebige Teighüllen verwendet werden.

TORTELLONI ZUBEREITEN: aus dem Nudelteig Quadrate von ca. 7 x 7 cm ausschneiden oder -stechen, etwas Füllmasse in die Mitte platzieren, die Ränder mit Eiklar bestreichen und zu einem Dreieck zusammenlegen, gut andrücken. Die obere Spitze des Dreiecks umbiegen, die Tortelloni über den Zeigefinger drehen und die beiden anderen Spitzen mit etwas Eiklar oder Wasser zusammenkleben.

Käseknödel mit Tomatenragout

ZUTATEN ~ 150 g Knödelbrot / ca. 100 ml warme Milch / je 60 g Zwiebel- und Lauchwürfel / 2 Eier / 10 g Petersilie, fein gehackt / Salz / Pfeffer, frisch gemahlen Muskatnuss / Majoran / ca. 200 g würfelig geschnittener würziger Bergkäse oder Parmesan

ZUBEREITUNG ~ Das Brot mit Milch übergießen und gut durchmischen, ca. 30 Minuten ziehen lassen, alle anderen Zutaten untermischen, würzig abschmecken und nochmals 30 Minuten rasten lassen. Knödel formen, in kochendes Salzwasser einlegen und ca. 10 bis 12 Minuten garen.
TIPP ~ Masse weicher halten, zu Laibchen formen, in Bröseln wälzen und in einer Pfanne braten.

FÜR DAS TOMATENRAGOUT ~ 500 g frische, geschälte Tomaten, in Würfel geschnitten (oder 1 kg Dosenware) / 20 g Tomatenmark / je 50 g Zwiebel und Lauchwürfel / 20 ml Olivenöl / 125 ml Weißwein / ca. 250 ml Gemüsebrühe, Rindsuppe oder Wasser mit Suppenwürze / je ½ KL Majoran und Thymian / 2 Knoblauchzehen Pfeffer, frisch gemahlen / 10 g Zucker / Salz

ZUBEREITUNG ~ Zwiebel, Lauch und Knoblauch in Öl anschwitzen, Tomatenwürfel zugeben, mit Wein und Suppe aufgießen und einkochen lassen, würzig abschmecken.

TIPPS ~

- Zusätzlich mit Lorbeerblatt, Oregano, Rosmarin, Basilikum oder Bärlauch würzen.
- Mehr Schärfe erhält man durch Beigabe von Cayennepfeffer oder Chili.
- Mit Balsamicoessig zusätzlich abschmecken.
- Kann auch mit etwas angerührter Stärke gebunden werden.
- Sehr gute Beigabe auch zu Fischknödeln.

Knödel mit Topfenfülle

ZUTATEN FÜR DEN TEIG ~ 250 g griffiges Weizenmehl / 1 Ei / 1 Dotter / 20 ml Öl 1 TL Salz / ca. 100 ml Wasser / Mehl zum Eindrehen der Knödel

ZUBEREITUNG ~ Alle Zutaten zu einem mittelfesten Teig verarbeiten und gut durchkneten, mit Frischhaltefolie abdecken und ca. 1 Stunde rasten lassen.

FÜR DIE FÜLLE ~ 350 g Bröseltopfen / 80 g Knödelbrot oder entrindetes, in Würfel geschnittenes Weiß- oder Toastbrot / 170 ml Sauerrahm / 40 g Butter oder Butterschmalz / fein gehackte Kräuter wie Petersilie, Schnittlauch, Kerbel und braune, milde Minze / je nach Belieben / Steinsalz / Pfeffer aus der Mühle / 120 g braune oder geschmolzene Butter zum Begießen

ZUBEREITUNG ~ Für die Fülle Butter in einer Pfanne zerlassen und die Kräuter darin kurz schwenken, Knödelbrot mit Sauerrahm vermischen und etwas stehen lassen. Restliche Zutaten zugeben, gut vermischen, würzig abschmecken, kleine Knödel formen und anfrieren.
Teig auf einer leicht bemehlten Arbeitsfläche dünn ausrollen und runde Scheiben ausstechen, angefrorene Topfenknödel damit umhüllen, mit den Händen gut zusammendrücken und in kochendes Salzwasser einlegen. Je nach Größe ca. 12 bis 14 Minuten kochen lassen, abtropfen und auf Teller anrichten, mit zerlassener, brauner Butter oder einer Rahmsauce servieren (siehe Rezept S. 214) Dazu passt Blattsalat.

VARIANTEN ~

- Der Teig kann auch ohne Ei zubereitet werden, in diesem Falle etwas mehr Öl beimengen.
- Teigtascherln ebenso zubereiten, dazu die Füllung weicher halten (Knödelbrotbeigabe reduzieren).

SERVIERVORSCHLÄGE ~

- Mit Knoblauchspeck garnieren (dazu ca. 200 g faschierten Speck mit fein geschnittenem Knoblauch vermengen, mit Pfeffer würzen). Da sich dieser Knoblauchspeck auch gut als Brotaufstrich eignet, restliche Menge in ein Topfgefäß fest eindrücken, kühl und dunkel lagern.
- 8 EL Kürbiskernöl mit 4 EL fein gehackten Kürbiskernen verrühren und die Knödel damit beträufeln.
- Die Knödel in Butter (100 g Butterschmalz) wälzen und mit gebratenen Räucherspeckscheiben belegen.

Kräuter-Topfenknödel

ZUTATEN ~ 350 g Topfen oder Bröseltopfen / 80 g griffiges Weizenmehl / 35 g feiner Kindergrieß oder Grieß / 30 g Polenta, fein gemahlen / 1 Ei / 70 g Semmelbrösel 125 ml Sauerrahm / Steinsalz oder Salz / 20 g Butter / 1 EL Petersilie, fein gehackt, oder Kräuter wie Basilikum, Kerbel, Salbei, Bärlauch, Spinat, Brennnessel / etwas fein geriebene Zitronenschale / pikante Butterbrösel

ZUBEREITUNG ~ Butter in einer Pfanne erhitzen und die Petersilie darin kurz anschwitzen, überkühlt mit allen Zutaten in einer Schüssel vermischen und würzig abschmecken, 1 Stunde rasten lassen, aus der Masse kleine Knödel formen, in kochendes Salzwasser einlegen und unter dem Siedepunkt ca. 12 bis 15 Minuten garziehen lassen, abgetropft auf Tellern anrichten und mit Butterbröseln servieren (siehe Rezept pikante Butterbrösel, S. 220).

TIPPS ~

- Polenta durch Grieß ersetzen.
- Man kann ebenso ausschließlich Polenta verwenden.
- Grieß kann in einer ausgedienten Kaffeemühle feiner gemahlen werden.
- Die Knödel können, in Bröseln gewälzt, auch in heißem Fett bei ca. 155 °C schwimmend gebacken werden.

Gefüllte Kärntner Kräuter- oder Bärlauchnudeln

Dieses Rezept stammt von Hannes Zechner, Sonnenalm bäuerliche Vermarktung

ZUTATEN FÜR DEN NUDELTEIG ~ 250 g glattes Weizenmehl / 1 TL Salz / 1 Ei 12 EL Milch

FÜR DIE FÜLLE ~ 250 g Sonnenalm Bröseltopfen / 250 g Schafkäse / 1 Bund frische Kräuter oder Bärlauch / 30 g Butter / Salz / Pfeffer / etwas zerlassene Butter oder Butterschmalz

ZUBEREITUNG ~ Für den Teig alle Zutaten in einer Schüssel vermengen und zu einem glatten, nicht zu festen Nudelteig verkneten. Teig abgedeckt ca. 1 Stunde rasten lassen.
Für die Fülle Kräuter oder Bärlauch fein schneiden und kurz in Butter anschwitzen, ausgekühlt mit den restlichen Zutaten vermengen , würzig abschmecken und zu kleinen, nussgroßen Kugeln formen. Den Teig messerrückendick ausrollen, die Hälfte des Teiges mit den Füllkugeln in einer Reihe in regelmäßigen Abständen belegen, restlichen Teig darüberschlagen, sodass rundherum ein ca. 1 cm breiter Teigrand bleibt, die Teigränder gut zusammendrücken und die Nudeln ausradeln (mit einem Teigrad ausschneiden).
Die Nudeln in kochendes Salzwasser einlegen und ca. 10 Minuten unter dem Siedepunkt garziehen lassen. Mit zerlassener Butter oder Butterschmalz beträufeln, eventuell mit frischen Kräutern und fein geriebenem, würzigem Käse bestreuen.

TOPFENSTRUDELNUDEL

Nudelteig (siehe oben) auswalken, die Ränder mit verquirltem Ei bepinseln, etwas Bröseltopfen, der mit Salz, Pfeffer und Kräutern gewürzt wird, auf dem ausgerollten Nudelteig verteilen und zu einem Strudel zusammenrollen. Die Rollen in Salzwasser ca. 10 Minuten kernig weich kochen, aus dem Wasser heben und fingerbreite Stücke abschneiden, diese in Butterschmalz goldgelb braten. Die fertigen Nudeln mit Salat, Kompott oder Apfelmus servieren.

Kürbisknöderl mit zerlassener Butter

ZUTATEN ~ 200 g gekochte Erdäpfel, geschält und durchgedrückt / 200 g klein geschnittener Butternuss-, Hokkaido- oder Muskatkürbis / ca. 60 g Semmelbrösel, je nach Feuchtigkeit der Masse / 1 Knoblauchzehe / 1 Dotter / 60 g Zwiebelwürfel 20 g Öl / Salz / Pfeffer, frisch gemahlen / Prise Muskatnuss / Kümmel, fein gemahlen, und Thymian / evtl. etwas Paprikapulver / ca. 60 bis 80 g Butter / 40 bis 60 g Bergkäse oder Parmesan, fein gerieben / evtl. Schnittlauch zum Bestreuen

ZUBEREITUNG ~ Öl in einer breiten Pfanne erhitzen, Zwiebelwürfel und Knoblauch darin kurz glasig anschwitzen, dann Kürbis dazugeben und unter Rühren ca. 5 bis 10 Minuten, je nach Feuchtigkeit und Härte, dünsten; es sollte keine Flüssigkeit übrig bleiben, wenn doch, Masse in einem Sieb abtropfen lassen und leicht ausdrücken. Ausgekühlt mit allen restlichen Zutaten vermengen und sehr würzig abschmecken (da der Kürbis wenig Eigengeschmack hat), Probeknödel kochen. Kleine Knödel formen, eventuell in Mehl wälzen, die Oberfläche weicht dadurch nicht auf, in kochendes Salzwasser einlegen und je nach Größe ca. 10 bis 14 Minuten unter dem Siedepunkt ziehen lassen. Butter zerlassen, Knödel auf Tellern anrichten, mit zerlassener Butter beträufeln und mit Käse bestreuen, eventuell mit Schnittlauchröllchen garnieren.
Dazu passen alternativ auch eine leichte Rahmsauce oder Blattsalat.
Die Masse kann eventuell mit Paprikapulver oder etwas Tomatenmark eingefärbt werden.
Zusätzliche Gewürze wie Kreuzkümmel, Salbei, Koriander, Estragon, Ingwer, Chilischote, Limettenschale, Rosmarin, Basilikum, Oregano, je nach Vorrat und Geschmack, können beigefügt werden.
Zu Nockerln oder Gnocchi geformt als Beilage zu Fleischgerichten reichen.

Lachsknödel in Weißweinsauce

ZUTATEN ~ **450 g Frischlachs, in kleine Stücke geschnitten / 3 Dotter 20 ml Zitronensaft / Salz / Pfeffer aus der Mühle / 100 g Crème fraîche / 2 EL frisches Dillkraut, fein gehackt / evtl. etwas fein geschnittener Räucherlachs als Einlage evtl. Fischfond**

ZUBEREITUNG ~ Die gekühlten Lachsstücke mit Salz, Pfeffer und Crème fraîche in der Küchenmaschine cuttern, mit den restlichen Zutaten vermengen, würzig abschmecken (eventuell Räucherlachs untermengen) und kalt stellen. Mit nassen Händen kleine Knödel oder mit einem nassen Löffel kleine Nockerln formen, in Fischfond (aus Fischabschnitten, Karkassen und Gemüse zubereiten) oder Salzwasser einlegen und unter dem Siedepunkt ca. 15 Minuten ziehen lassen, keinesfalls kochen (Fischmasse würde zäh werden). Achten Sie darauf, dass die Masse immer gut gekühlt ist.

FÜR DIE WEISSWEINSAUCE ~ **250 ml Weißwein / 250 ml Fischfond (oder Kochwasser, Bouillon, Gemüse- oder Kalbsfond) / 250 ml Obers / Salz / weißer Pfeffer, frisch gemahlen**

ZUBEREITUNG ~ Weißwein stark einkochen lassen, den Fond und das Obers beimengen und nochmals stark einreduzieren, mit Salz und Pfeffer rund abschmecken und einkochen, bis ca. 300 ml übrig bleiben. Sowohl der Grundmasse als auch der Sauce können zur besonderen Verfeinerung klein geschnittene Shrimps und Flusskrebserl beigemengt werden. Je nach Verwendung kann der Sauce auch ein intensiverer Geschmackston verliehen werden wie z. B. durch frisch geriebenen Kren, Pernod oder Anisschnaps, Zitronensaft, Curry, Cayennepfeffer oder gemahlenen Fenchel.
ALS EINLAGE: frisch gehackte Kräuter wie Dille, Basilikum, Estragon etc., ansautierte Tomatenwürfel, gegartes Gemüse wie Fisolen, Fenchel, Zucchini, Kürbis, Karotten, Rote-Rüben-Würferl etc.

Leberkäseknödel

für ca. 40 Knödel

ZUTATEN ~ Knödelteig nach Belieben (Erdäpfel-, abgebrannter Knödel-, Nudel- oder Topfenteig) / ca. 1 kg Leberkäse / 200 g Zwiebeln / 3 bis 4 Knoblauchzehen / 1 TL Salz ½ TL Pfeffer / Prise Muskatnuss / ½ Mokkalöffel Majoran / 3 EL fein gehackte Petersilie Butter oder Öl zum Anschwitzen

ZUBEREITUNG ~ Leberkäse faschieren oder klein hacken. Zwiebeln und Knoblauch ebenfalls fein hacken und in etwas Butter oder Öl anschwitzen, auskühlen lassen. Mit Leberkäse und den restlichen Zutaten gut vermengen. Würzig abschmecken.

Dann aus der Masse Knödel formen und diese kurz anfrieren, damit sie leicht mit dem Teig umhüllt werden können. Knödel mit Teig umhüllen und in leicht wallendem Salzwasser 12 bis 15 Minuten mehr ziehen als kochen lassen. Knödel herausheben und abtropfen lassen.

Garniturempfehlung: mit Salz sowie Pfeffer glatt verrührter Sauerrahm und frisch geriebener Kren; mit Rinds- oder Wildbratensauce garnieren.

Beilagenempfehlung: Krautsalat, Sauerkraut, Rahmkraut, Kürbiskraut.

Mit Kernöl, Paprikapulver, Paprikawürferln, Sesam oder Kürbiskernen bestreut servieren.

VARIATIONSMÖGLICHKEITEN ~

Ein Knödelpotpourri lässt sich ohne großen Aufwand zusammenstellen, indem Sie ein Viertel der Leberkäsegrundmasse wie folgt abwandeln:

- Mit Schafkäse und getrockneten Tomaten füllen.
- Ein Viertel der Grundmasse mit 70 bis 90 g kleinwürfelig geschnittenem würzigem Käse vermengen.
- Ein Viertel der Grundmasse mit 25 g milden Pfefferoni und 30 g Paprikaschoten vermengen und nach Belieben mit Paprikapulver und Tomatenmark abschmecken.
- Zu einem Viertel der Grundmasse 100 g gekochte, in kleine Würfel geschnittene Rote Rüben und einen Esslöffel frisch geriebenen Kren sowie etwas Salz dazugeben.
- Ein Viertel der Grundmasse mit 100 g Crème fraîche, 50 g kleinwürfelig geschnittenem Hausbrot, 60 g kurz angeschwitzten Speckwürfeln und etwas Salz vermengen.
- Anstelle von Leberkäse Extra- oder Truthahnwurst nehmen.
- Zusätzlich mit Paprikapulver, Tomatenmark, Thymian, Kümmel würzen.
- Ist die Knödelmasse zu weich, mit etwas Weißbrotbröseln oder Semmelbröseln festigen.

MIT WILDLEBERKÄSE ZUBEREITEN ~ Wildleberkäse wird von der Lipp'schen Forstverwaltung in Steyrling hergestellt und ist auch im Delikatessenhandel erhältlich.

Ansautierte Zwiebelwürfel und Pilze mit etwas Obers einkochen, bis die Flüssigkeit verdampft ist, ausgekühlt mit faschiertem Wildleberkäse vermengen und mit Majoran, Petersilie, Salz und Pfeffer würzig abschmecken. Eventuell mit Semmel- oder Weißbrotbröseln festigen.

Als Einlage kann man noch grüne oder rote Pfefferkörner oder etwas Preiselbeermarmelade einmengen.

Sibirische Rybnik (Fischpiroggen)

FÜR DEN GERMTEIG ~ siehe Seite 25

ZUTATEN ~ **Gut entgrätete, mit Salz, Zitrone, Sojasauce und Pfeffer gewürzte Fischfiletstücke / ansautierte Zwiebelwürfel / gekochte durchgedrückte Erdäpfel verquirltes Ei zum Bestreichen**

ZUBEREITUNG ~ Germteig (Rezept und Zubereitungsvarianten, siehe S. 25) ausrollen und rechteckige Teigplatten formen, auf diese in Abständen Erdäpfelmasse auftragen, Zwiebel und Fisch darauf verteilen, Ränder mit Ei gut bestreichen und mit einer zweiten Teigplatte abdecken, runde Kreise ausstechen, Ränder gut andrücken und nach Belieben kochen oder backen.

Quenelles mit Sauce Nantua

ZUTATEN FÜR DIE KNÖDEL ~ **300 ml Wasser / 300 ml Milch / 280 g Hartweizengrieß 2 Eier / Prise Salz / Prise Muskatnuss / evtl. frisch gehackte Kräuter oder Gewürze nach Belieben**

ZUBEREITUNG ~ Wasser mit Milch, Salz und Muskatnuss aufkochen, Grieß einrühren und mit einem Kochlöffel am Herd so lange rühren, bis sich die Masse zusammenfügt und vom Topfboden löst. Den Topf vom Herd nehmen und überkühlen lassen. Nach und nach die Eier einmengen und kräftig rühren, bis man eine homogene Masse hat. Mit angefeuchteten oder geölten Händen (damit die Masse nicht kleben bleibt) kleine Knödel formen, in kochendes Salzwasser einlegen und je nach Größe ca. 8 bis 12 Minuten garziehen lassen. Zu Geschnetzeltem, Ragout, Wild- und Rindfleischgerichten, kurzum zu allen Saucengerichten, oder auch zu einem Gemüseragout servieren.

FÜR DIE SAUCE ~ **500 g Krebse mit Schale, ersatzweise Garnelen oder Shrimps 80 g gekochte Karottenwürfel / 80 g Zwiebelwürfel / 40 ml Weinbrand / 100 ml Weißwein / 100 g geschälte Tomatenwürfel / 1 TL Tomatenmark / 400 ml Fischfond, ersatzweise Gemüse- oder Rindsuppe / 2 kleine Knoblauchzehen / 40 g Butter 60 bis 100 ml Obers oder Crème fraîche / Salz / Pfeffer / Thymian / evtl. klein gehacktes Basilikum einmengen und mit mildem Chilipulver würzen / evtl. ansautierte Eierschwammerl, weiße Champignons oder Steinpilze zusätzlich untermengen.**

ZUBEREITUNG ~ Zerkleinerte Krebsschalen mit der halben Buttermenge anrösten, Knoblauch ebenfalls kurz andünsten, dann das Tomatenmark dazugeben, mit Weinbrand ablöschen, mit Weißwein und Fischfond aufgießen, Obers und Crème fraîche zugeben und ca. 10 bis 15 Minuten einkochen lassen, abseihen und mixen.

Ausgelöste Krebse in Stücke schneiden, in restlicher Butter mit Zwiebelwürfeln ansautieren, mit Sauce aufgießen, Karotten- und Tomatenwürfel einmengen und würzig abschmecken. Die Sauce soll eine leicht cremige Konsistenz aufweisen, eventuell mit etwas Mehlbutter oder angerührter Maisstärke nachhelfen.

VARIANTEN ~

- Die Knödel mit klein gehackten Oliven, getrockneten Tomaten, Parmesan oder beliebigem Pesto vermengen.
- Je nach Verwendung mit Kurkuma, Curry, Chili, Paprikapulver, Anis, Fenchel, Kardamom, Nelken, Kreuzkümmel, Koriander, Piment, Ingwer, Vanille, Wacholder, Sesam, Schwarzkümmel, Mohn oder gemahlenen Nüssen aromatisieren.
- Oder mit Kräutern wie Bohnenkraut, Estragon, Basilikum, Kerbel, Liebstöckel etc. abrunden.
- Werden Knödel zu orientalischen Gerichten gereicht, können sie ebenfalls geschmacklich angepasst werden.

TIPPS ~ nicht benötigte Shrimps- oder Krebsschalen zerkleinern, auf Vorrat einfrieren und für Saucenbereitung weiterverwenden.
Ebenso lässt sich auch aus frischen Muscheln ein Fond bzw. eine Sauce herstellen: dazu die gereinigten Muscheln in heißem Olivenöl (anstatt Butter) anschwitzen, auslegen und mit dem Muschelfond die Sauce zubereiten; in der fertigen Sauce die Muscheln kurz erwärmen.

Die Knödel eignen sich gekocht auch zum Einfrieren.

Gmundner Käseknödel im Polentateig

ZUTATEN ~ 80 g Polenta (oder Weizengrieß) / 250 ml Milch / 60 g Butter / 1 Ei 2 Dotter / 70 g Semmelbrösel / Salz / Prise Muskatnuss, gemahlen

FÜR DIE FÜLLE ~ 60 g Gorgonzola oder Blauschimmelkäse / 60 g Gmundnerbergkäse 60 g Topfen / 1 Dotter / Thymian / Pfeffer frisch, gemahlen

ZUBEREITUNG FÜLLE ~ Gmundnerbergkäse fein schneiden, Gorgonzola durch die Erdäpfelwiege drücken, mit Topfen und Dotter vermengen, würzig abschmecken. 12 bis 14 kleine Kugeln formen und tiefkühlen.
Ist die Käsemasse zu weich, eventuell zur Festigung etwas Weißbrotbrösel untermengen.

ZUBEREITUNG TEIG ~ Milch mit Butter und Gewürzen aufkochen, mit einem Schneebesen Polentagrieß einrühren, aufkochen lassen und so lange rühren, bis die Masse dickbreiig ist. Zugedeckt noch ca. 10 Minuten quellen lassen. In eine Schüssel umleeren.
Abgekühlte Polentamasse mit Ei, Dottern und Bröseln vermengen, würzen und zu einem Teig verarbeiten. Zu einer Rolle formen, in 12 bis 14 Teile teilen, mit angefeuchteten Händen den Teig auseinanderdrücken, Käseknödel einlegen, Teig darüberschlagen und zu glatten Knödeln formen. In kochendes Salzwasser einlegen und je nach Größe ca. 10 bis 14 Minuten garziehen lassen. Mit einem Lochschöpfer aus dem Wasser heben, gut abtropfen lassen

SERVIERVORSCHLÄGE ~

- Mit Gemüseragout, Tomatensauce oder auf Blattspinat anrichten.
- Alternativ mit 80 g gebratenen Speckscheiben und 60 g gerösteten Schwarzbrot- oder Weißbrotwürfeln garnieren und mit Schnittlauch bestreut servieren.
- Die Knödel in geröstetem Sesam oder grob gehackten Kürbiskernen wälzen.

Polenta eventuell in einer Küchenmaschine oder ausgedienten Kaffeemühle zusätzlich mahlen. Die Polentamasse könnte noch mit Curry, Kurkuma, Paprikapulver, Rote-Rüben-Pulver (selbst hergestellt und getrocknet) etc. aromatisiert bzw. eingefärbt werden.

Randig Ravioli mit Krensauce

Dieses Rezept stammt von Gabi Strahammer, Restaurant s'Schulhus in Krumbach

FÜR DEN TEIG ~ 400 g griffiges Weizenmehl / 200 g Eier, ohne Schale gewogen

ZUBEREITUNG ~ Mehl und Eier zu einem glatten Teig abarbeiten, in Frischhaltefolie gewickelt ca. 1 Stunde rasten lassen.

ZUTATEN FÜR DIE FÜLLE ~ 1 EL Olivenöl / 1 Schalotte, fein gehackt / 250 g Spinat (blanchiert und fein gehackt) / 150 g Ricotta / 60 g Parmesan, fein gerieben, ersatzweise würziger Bergkäse / Salz / Pfeffer / 150 g gekochte Randig (Rote Rüben), fein geschnitten

ZUBEREITUNG FÜLLE ~ Schalotte in Öl hell anschwitzen, ausgekühlt mit den restlichen Zutaten vermengen und würzig abschmecken.
Am besten mit einer Nudelmaschine sehr dünne Teigblätter ausrollen (ersatzweise mit einem Rollholz), mit der Fülle belegen, mit verquirltem Ei bestreichen, ein weiteres Teigblatt darüberlegen, rund ausstechen und zu Ravioli formen.
Oder: vom Teig mittlere Kreise ausstechen, mit Fülle belegen, mit verquirltem Ei bestreichen, zusammenklappen, fest andrücken und zu Ravioli formen oder mit speziellen Formen, erhältlich im gut sortierten Fachhandel, Ravioli zubereiten.

FÜR DIE SAUCE ~ 500 ml Geflügel- oder Gemüsefond, auf 250 ml eingekocht
200 g Obers / 2 EL frisch geriebener Kren, ersatzweise aus dem Glas
etwas Zitronen- oder Limettensaft

ZUBEREITUNG SAUCE ~ Geflügelfond mit Obers nochmals einkochen und würzig abschmecken. Ravioli auf Teller anrichten und mit der Sauce nappieren bzw. umkränzen.

Ravioli mit Salbei

ZUTATEN ~ Teig wie Rezept Randig Ravioli mit Krensauce, Seite 137 / 30 g Butter 300 g faschiertes Schweine- und/oder Kalbfleisch / 60 g Zwiebelwürfel / 1 EL Tomatenmark / Salz / Pfeffer, frisch gemahlen / Muskatnuss, gemahlen / 1 Dotter / evtl. etwas Rotwein / 60 g fein geriebener Parmesan oder würziger Bergkäse / frische Salbeiblätter etwas Semmelbrösel

ZUBEREITUNG ~ Butter in einem Topf erhitzen, Zwiebelwürfel darin anschwitzen, Faschiertes dazugeben und anrösten, Tomatenmark einrühren und nach Wunsch etwas Rotwein zugeben; so lange am Herd belassen, bis die Flüssigkeit vollständig verdampft und das Fleisch durchgegart ist. Würzig abschmecken, abkühlen lassen und mit Dotter und Käse in einer Küchenmaschine zerkleinern bzw. zu einer glatten Paste verrühren, mit etwas Semmelbröseln binden.
Zu Ravioli verarbeiten, in Salzwasser kochen, mit zerlassener Butter beträufeln, mit frisch gemahlenem Pfeffer und klein geschnittenem Salbei bestreut servieren.

Ravioli, gefüllt mit Brennnesseln, in brauner Salbeibutter

Das Rezept stammt von Gabi Strahammer, Restaurant s'Schulhus in Krumbach

ZUTATEN FÜR DEN NUDELTEIG ~ 250 g griffiges Weizenmehl / 125 g Eier, aufgeschlagen, ohne Schale gewogen

ZUBEREITUNG ~ Alle Zutaten für den Teig mit einer Küchenmaschine oder zuerst in einer Schüssel vermengen und dann auf einer Arbeitsfläche zu einem festen Teig zusammenkneten, in Frischhaltefolie gewickelt ca. 1 Stunde rasten lassen.

FÜR DIE FÜLLE ~ 40 g Butter / 40 g Zwiebelwürfel / 1 fein geschnittene Knoblauchzehe 300 g Brennnesseln / 150 g Topfen / 150 g Mascarpone / 40 g fein geriebener Parmesan, ersatzweise würziger Bergkäse / Salz / Pfeffer, frisch gemahlen / Muskatnuss, fein gemahlen / verquirltes Ei zum Bestreichen / 50 g braune Butter / Salbeiblätter

ZUBEREITUNG ~ Für die Fülle die Butter aufschäumen lassen, Zwiebelwürfel und Knoblauch und die geschnittenen Brennnesselblätter einige Minuten darin weich dünsten, ausgekühlt mit den restlichen Zutaten vermengen und würzig abschmecken.
Mit einer Nudelmaschine sehr dünne Teigblätter ausrollen (oder Teig auf einer bemehlten Arbeitsfläche sehr dünn ausrollen), mit der Fülle belegen, mit verquirltem Ei bestreichen, ein weiteres Teigblatt darüberlegen, rund ausstechen und zu Ravioli formen.
Oder: vom Teig mittelgroße Kreise ausstechen, mit Fülle belegen, mit verquirltem Ei bestreichen, zusammenklappen, fest andrücken und zu Ravioli formen (eventuell mit speziellen Formen, erhältlich im gut sortierten Fachhandel).

Die fertigen Ravioli in kochendem Salzwasser ca. 4 bis 6 Minuten garen, mit brauner Butter und Salbeiblättern anrichten, eventuell mit fein geriebenem Parmesan oder Parmesanflocken bestreuen.

VARIATIONSMÖGLICHKEIT ~ In Erdäpfel- oder Topfenteig füllen und als Tascherln zubereiten.

Gebackene Risotto-Pilzbällchen und Varianten

ZUTATEN ~ 250 g Risottoreis (Rundkornreis) / 250 bis 300 g Pilze nach Belieben 30 g Butter oder Öl / 60 ml Weißwein / ca. 700 bis 800 ml Gemüsefond oder Rindsuppe Salz, Pfeffer aus der Mühle / 1 Dotter / ca. 40 g Semmelbrösel / evtl. 40 g fein geriebener, würziger Käse

ZUBEREITUNG ~ Butter in einem Topf schmelzen, Reis einrühren und kurz glasig anschwitzen. Klein geschnittene Pilze zugeben. Mit Weißwein ablöschen und immer nur mit so viel heißem Fond aufgießen, dass der Reis gerade noch bedeckt ist. Dabei wiederholt umrühren, damit der Reis die Stärke abgibt und dadurch seine eigentliche Bindung erhält. So lange fortfahren (14 bis 17 Minuten), bis der Reis noch einen kernigen Biss hat. Mit Salz sowie Pfeffer würzen. Abgekühlt mit restlichen Zutaten vermengen, zu kleinen Bällchen formen, diese durch verquirltes Ei oder Eiweiß ziehen und in Bröseln wälzen. In heißem Fett bei ca. 155 °C goldbraun backen.
Verwendung: als Beilage und – in größerer Menge – als Hauptgericht

VARIATIONSMÖGLICHKEITEN ~

- Die Pilze bleiben fester, wenn sie extra ansautiert und dann dem fertigen Risotto beigemengt werden.
- Schwitzen Sie, bevor Sie den Reis zugeben, fein gehackte Zwiebelwürfel an.
- Würzen Sie den Risotto zur Abwechslung einmal mit Knoblauch, Koriander, Cayennepfeffer, Ingwer, Curry oder Safran.
- Statt der Pilze kann auch jedwedes gegarte Gemüse wie Karotten, Zucchini, Lauch, Kohl, Kohlrabi, Fenchel, Erbsen, Spinat, Mais, Spargel, Kürbis, in Öl eingelegte getrocknete Tomaten oder Rote Rüben beigemengt werden, wobei Sie in letzterem Fall auch mit Rote-Rüben-Saft aufgießen können; auch Trocken- oder Dörrfrüchte eignen sich als Einlage.
- Aromatisieren Sie den Reis – jeweils der Einlage entsprechend – auch einmal mit Bärlauch, Brennnesseln, Sauerampfer, fein geschnittenen Latschennadeln oder Zitronenschale.
- Gehackte Nüsse, Kürbiskerne (auch etwas Kürbiskernöl), Mandeln, Kapern oder frisch geriebener Kren verleihen den Bällchen eine besondere Geschmacksnote.
- Aufgussfond auf die jeweilige Einlage abstimmen, wie z. B. Fisch-, Gemüse-, Geflügelfond etc.
- Ansautierte Speck- oder Schinkenwürfel einmengen.
- Risotto nach der Fertigstellung gekochte Belugalinsen beigeben.

CURRYRISOTTOBÄLLCHEN: Reis mit Curry würzen; mit gerösteten Pinien-, Sonnenblumen- oder Cashewkernen, Kokosflocken, Rosinen, Sojasauce, süß-pikanter Sauce, gebratenen Geflügelwürfeln oder auch Shrimps variieren.

- Es besteht auch die Möglichkeit, ein Drittel der Risottomasse in einer kleinen Küchenmaschine zu pürieren.
- Verwenden Sie anstelle von Reis auch einmal Dinkel, Hirse, Weizen oder Gerste, wobei Flüssigkeitsmenge und Garungszeit angepasst werden müssen.

FÜR DIE SÜSSE VARIANTE ~ **250 g Risottoreis (Rundkornreis) / 30 g Butter oder Öl 60 ml Weißwein / ca. 700 bis 800 ml Milch-Wasser-Gemisch / Prise Salz / 1 Dotter ca. 40 g Semmelbrösel**

ZUBEREITUNG ~ Siehe oben; mit Zucker, Vanillezucker, Zimt, Zitronenschale, Nelken, Bittermandelöl, getrockneten oder kandierten Früchten, Mandelblättchen etc. variabel zubereiten.
Mit Vanillesauce, Beeren- oder Fruchtröster servieren.

Gmundner Räucherfischknödel

ZUTATEN ~ **500 g faschierte Räucherfischfilets, am besten Forellen / 500 g gekochte, durchgedrückte Erdäpfel / 3 Eier / Spritzer Zitronensaft / Salz / Pfeffer, frisch gemahlen ca. 50 g Semmelbrösel / 1 EL fein gehacktes Dillkraut / evtl. Muskatnuss / Öl zum Backen Ei zum Durchziehen / Semmelbrösel zum Wälzen**

ZUBEREITUNG ~ Alle Zutaten vermengen und rasch zu einem Teig verarbeiten, würzig abschmecken, kleine Knödel formen, durch verquirltes Ei ziehen, in Bröseln wälzen.
Öl in einer Pfanne auf ca. 155 °C erhitzen und die Knödel darin schwimmend backen.
Herausnehmen und gut abtropfen lassen. Mit einer leichten Kren-, Tomaten- oder Rote-Rüben-Sauce oder auf Blattsalat mit Rahmkren anrichten.

TIPPS ~

- Erdäpfel am besten durch eine Wiege drücken. Die Handhabung ist einfach und es bleiben zudem keine Reste im Küchengeschirr haften.
- Erdäpfel werden bei zu langer Bearbeitung, ebenso beim Faschieren, zäh und bekommen eine gummiartige Konsistenz.
- Anstelle von Räucherforellen gut abgetropften Thunfisch nehmen.
- Eventuell etwas zerlassener Butter zusätzlich einmengen.
- Die Knödel mit pochierten oder gebratenen Fischstücken zubereiten, dazu die Filets fein säuberlich entgräten, faschieren oder pürieren, eventuell zusätzlich mit Bröseln festigen.

Zum Formen von Knödeln eignet sich besonders gut ein Eisportionierer, man erhält immer Knödel von gleicher Größe.

Rote-Rüben-Knödel mit Käse

**ZUTATEN ~ 250 g gekochte, geschälte, fein geraspelte Rote Rüben
ca. 100 g trockenes Knödelbrot oder Toastbrot, fein gerieben / 30 g Butter
60 g Zwiebelwürfel / 1 Ei / 50 g Gorgonzola, Graukäse oder würziger Bergkäse
Kümmel gemahlen / 1 TL fein gehackte Petersilie / Salz / Pfeffer, frisch gemahlen
evtl. 1 Knoblauchzehe und noch fein geriebenen Kren einmengen**

ZUBEREITUNG ~ Zwiebel in Butter anschwitzen, Rote Rüben zum Knödelbrot geben und mit den restlichen Zutaten vermengen, würzig abschmecken und ca. 30 Minuten ziehen lassen. Kleine Knödel formen, anfrieren, mit Topfen-, Erdäpfel-, Brandteig oder beliebigem Teig umhüllen, ins kochende Salzwasser einlegen und ca. 12 bis 14 Minuten leicht köcheln lassen.
Mit Kräuter- oder Käsesauce servieren, dazu Blattsalat reichen.
Ist die Knödelmasse zu trocken, eventuell etwas Flüssigkeit beimengen.
Rote Rüben eventuell in einer Moulinette mit Ei fein mixen.
Hat man keine Moulinette, dann die Rüben sehr weich kochen, faschieren oder passieren.

Gefüllte Rehknödel
(Zubereitung Reh- oder Wildragout)

**ZUTATEN ~ 800 bis 900 g Reh- oder Hirschschulter, ohne Knochen zugeputzt / ca. 500 ml Rindsuppe oder Wildfond / ca. 750 ml Rotwein / 30 g Tomatenmark / 80 g Sellerie
80 g Karotten / 40 g Lauch / 1 Knoblauchzehe / 1 Speckschwarte oder 2 Scheiben Bauernspeck / 70 g Preiselbeermarmelade / 50 ml Orangensaft / Salz, Pfeffer aus der Mühle / Thymian, Pfefferkörner, Wacholderbeeren / 2 Lorbeerblätter / 50 ml Öl oder Butterschmalz / Mehlbutter oder Maisstärke zum Binden / evtl. 1 EL Crème fraîche**

ZUBEREITUNG ~ Das Fleisch in mundgerechte Würfel schneiden und mit Salz und Pfeffer würzen. Das Gemüse in kleine Würfel, den Lauch in Ringe schneiden. In einem Topf Öl oder Butterschmalz erhitzen und das Fleisch darin von allen Seiten anbraten. Gemüse, Speckschwarte sowie Tomatenmark zugeben und ca. 5 Minuten unter ständigem Rühren rösten. Dann mit etwas Rotwein ablöschen, einkochen lassen, nochmals mit Rotwein aufgießen und auf die Hälfte einkochen lassen.
Mit Suppe oder Fond auffüllen. Preiselbeermarmelade, Orangensaft, Gewürze und Knoblauch zugeben und das Fleisch zugedeckt ca. 1 Stunde weich dünsten. Fleisch aus der Sauce nehmen. Die Sauce passieren und nochmals einkochen lassen. Rehragout wieder einmengen und noch einmal aufkochen lassen. Nach Belieben mit Mehlbutter oder mit in etwas Rotwein aufgelöster Stärke sämig binden. Mit Crème fraîche geschmacklich abrunden.
Beilagenempfehlung: Preiselbeeren und Knödel, etwa in Erdäpfelteig gehüllt, gegarte Gemüsewürfel.

VARIATIONSMÖGLICHKEITEN ~

- Nach klassisch-böhmischer Art können Sie in die Sauce auch noch Lebkuchen oder Lebkuchenbrösel einrühren, nach einer apart-modernen Variante etwa 20 Gramm Schokolade darin auflösen.
- In Sachen Abschmecken kann man noch zusätzlich fein gehackte Zwiebeln mitrösten oder man perfektioniert das Ragout mit Orangenscheiben, Rosmarin und/oder Gin oder Weinbrand.
- Anstelle von Rehfleisch kann auch jedes andere Wildfleisch verwendet werden.

REHFÜLLUNG ~ Fertiges Rehragout mit etwas Sauce und Obers eher stark einkochen und erkalten lassen. Nudel- oder Tascherlteig dünn ausrollen und entweder rund ausstechen oder in quadratische Blätter schneiden und einen Löffel Füllung in die Mitte geben. Ränder mit verquirltem Ei oder Wasser bestreichen, Teigblätter zusammenklappen oder -falten, die Ränder gut andrücken und zu Ravioli oder Tortelloni formen; auf ein bemehltes Tuch oder Blech legen und in kochendes Salzwasser einlegen und garen. Mit Ragoutsauce und einigen ansautierten Pilzen servieren oder Butter in einer Pfanne zerlassen und Preiselbeermarmelade darin erwärmen und über die Tortelloni träufeln, mit fein geriebenem Bergkäse oder Parmesan bestreuen und eventuell mit frischem Thymian garnieren. Das eingekochte Rehragout kann auch faschiert werden
Für Knödelfüllung eventuell mit etwas Semmel- oder Weißbrotbröseln festigen.

Rehragout mit Serviettenknödel

Schlutzkrapfen

**ZUTATEN FÜR DEN TEIG ~ 120 g Roggenmehl / 130 g glattes Weizenmehl
1 Ei / Salz / 10 g Öl / ca. 100 g kaltes Wasser**

**FÜR DIE FÜLLE ~ 250 g Blattspinat, blanchiert / 10 g Petersilie, fein gehackt
20 g Butter / 50 bis 80 g Zwiebelwürfel / 50 g Crème fraîche / 80 g Topfen
20 bis 40 g fein geriebener Bergkäse, ersatzweise Parmesan
gebräunte Butter und geriebener Bergkäse zum Bestreuen**

ZUBEREITUNG ~ Für den Teig Mehl, Ei, Salz, Öl und Wasser zu einem festen, glatten Teig zusammenmengen und gut verkneten. Ca. 30 Minuten rasten lassen.
Für die Fülle Spinat faschieren oder fein schneiden, Zwiebel in Butter andünsten, Crème fraîche und Topfen dazurühren und leicht einkochen lassen. Überkühlt alle Zutaten vermengen und würzig abschmecken.
Den Teig auf einer leicht bemehlten Arbeitsfläche sehr dünn ausrollen und Scheiben ausstechen, darauf etwas Fülle verteilen, die Ränder zusammenklappen und fest andrücken oder mit einem zweiten runden Teigblatt abdecken und andrücken (siehe Fotos Seite 33). In kochendes Salzwasser einlegen und je nach Größe ca. 6 bis 8 Minuten garen.
Mit gebräunter Butter beträufeln und mit Käse bestreut servieren (eventuell mit Schnittlauch bestreuen).

TIPPS ~

- Nach Belieben unter die Spinatmasse Schaf- oder Ziegenkäse mengen.
- Die Teigtaschen können ebenso mit Sauerkraut, Erdäpfel-, Blunzen-, Leberwurstfülle etc. oder beliebiger Knödelfülle zubereitet werden.
- Eventuell gleich doppelte Menge bereiten und einfrieren.

Zarter Saiblingsknödel

Dieses Rezept stammt von Sandra Neuper und Alfred Pohn von der Knödl-Alm

Für 4 Personen

ZUTATEN FÜR DIE FÜLLE ~ 1 geräucherter Saibling / 1 Ei / 1/16 l Obers / 1 EL Topfen

ZUBEREITUNG ~ Geräucherten Saibling enthäuten, entgräten und faschieren. Fülle mit Ei, etwas Obers und Topfen zu einer leichten Masse vermengen. Zu kleinen Kugeln formen, welche auf einem Teller eingefroren werden.

FÜR DIE HÜLLE ~ 400 g mehlige Erdäpfel / 200 g Mehl / 1 Ei / Muskatnuss / Salz Kren zum Bestreuen

ZUBEREITUNG ~ Erdäpfel kochen, heiß schälen und passieren. Etwas abkühlen lassen und mit den übrigen Zutaten rasch zu einem Teig verarbeiten. Aus dem Teig kleine Knödel formen, flachdrücken, Fülle einlegen und wieder Knödel formen. Gut drücken, damit der anschließende Sprung ins kochende Wasser gut überstanden wird. Etwa 15 Minuten ziehen lassen, bis die Knödel schwimmen. Die Knödel mit einem Hauch Kren bestreuen und mit Blattsalat servieren.
Wir empfehlen die Beigabe von echtem steirischem Kürbiskernöl.

Brat'l in der Rein

Was wären Knödel ohne ein herzhaftes Fleischsaftl, z. B. vom Schweinsbraten

ZUTATEN ~ 1,2 kg Schweinefleisch von Schulter, Karree, Schlögel, Bauch oder Schopf (kann auch gesurt sein) / 30 g Schweineschmalz oder Öl / Salz, Pfeffer aus der Mühle Kümmel, gemahlen oder ganz / zerdrückter Knoblauch zum Einreiben / 3 Knoblauchzehen zum Mitbraten / 500 bis 700 ml Rindsuppe oder Wasser / dunkles Bier zum Begießen Stärke nach Bedarf

ZUBEREITUNG ~ Fleisch am besten bereits am Vortag rundum gut mit Salz, Pfeffer sowie Kümmel und zerdrücktem Knoblauch einreiben. Dann Schmalz und etwas Wasser (bodenbedeckt) in einer Pfanne erhitzen. Fleisch mit der Schwarte nach unten einlegen, ins vorgeheizte Backrohr schieben und bei ca. 190 °C braten. Nach 20 Minuten wenden und die Schwarte mit einem scharfen Messer rillenartig einschneiden, dabei allerdings nicht bis ins Fleisch schneiden, da dieses sonst austrocknet. Den Braten noch ca. 1 ½ Stunden fertig braten. Währenddessen dunkles Bier mit Salz würzen und die Kruste damit wiederholt bestreichen, damit sie schön knusprig und resch wird. Ebenso immer wieder etwas frische, warme Suppe (oder Wasser) zugießen, damit der Braten nicht trocken wird. (Dabei nie zu viel Flüssigkeit nehmen, damit die Sauce eine schöne Farbe bekommt.) Nach der halben Bratzeit Knoblauch in die Rein geben und mitbraten. Fertig gebratenes Fleisch herausheben und warm halten. Bratensatz mit Suppe oder Wasser ablöschen und auf die gewünschte Konsistenz einkochen lassen. Bei Bedarf mit etwas angerührter Stärke binden. Saft abseihen und eventuell noch nachwürzen. Fleisch tranchieren, anrichten und mit dem Bratensaft'l servieren.

Beilagenempfehlungen: Semmel-, Erdäpfel-, Mehl- oder Grießknödel, aber auch gekochte Erdäpfel, Krautsalat, Sauer- oder Stöcklkraut.

TIPP ~ Bereiten Sie lieber etwas mehr Sauce zu! Haschee-, Grammel- und Speckknödel oder kurz gebratene Fleischstücke wie Kotelett und Schweinsfilet schmecken einfach noch einmal so gut, wenn sie mit Bratensaft beträufelt werden.

INGRID PERNKOPFS BESTE „BRAT'L-TIPPS" ~

- Schweinebauch (Bauchfleisch, Jungschweinsbrüstl) kann wie Kalbsbrust gefüllt und ebenso zubereitet werden.
- Wenn man beim Braten ca. 250 g klein gehackte Knochen und Fleischparüren (Abschnitte) sowie Wurzelgemüse und Zwiebelwürfel beigibt, wird das Saft'l gleich noch einmal so g'schmackig.
- Wenn man die Schwarte zuletzt nochmals unter starker Hitze (oder unter der Grillschlange) knusprig brät, „klirrt" sie besonders schön.
- Man kann die Schwarte gleich zu Beginn einschneiden (schröpfen). Hierfür wird das Fleischstück mit der Schwarte für ca. 15 Minuten in einen Topf mit Wasser oder Suppe gelegt, am besten auf einem Siebeinsatz. Die Schwarte wird durch das Vorgaren weich und lässt sich so besser einschneiden.
- Übrig gebliebener Braten lässt sich in der Küche vielseitig verwenden: z. B. kalt mit Kren, Senf und Essiggemüse; faschiert als Knödelfülle oder Fleischaufstrich oder als Basis für Fleischsalat.
- Jeder Schweinsbraten kann auch ohne Schwarte gebraten werden. In diesem Fall kann man ihn, um die nötige Herzhaftigkeit zu erreichen, auch mit gebratenen Speckscheiben garnieren.
- Kaltes Bratenfett lässt sich, garniert mit Zwiebelringen und Paprikapulver, sehr gut als Aufstrich verwenden.
- Nach Geschmack können Sie vor dem Aufgießen auch mit etwas Mehl stauben und dafür die Stärke weglassen. Aber Vorsicht: Nicht zu viel davon nehmen, damit die Sauce nicht eindickt, sondern ein „Natursaft'l" bleibt.
- Die im obigen Rezept zum Aufgießen vorgeschlagene Rindsuppe kann, zumindest teilweise, auch durch Bier oder Most ersetzt werden.
- Grob geschnittenes Gemüse (200 g Schalotten, 4 Karotten) und 500 g Erdäpfel, nach etwa einer Stunde Bratzeit im Saft mitgedünstet, verfeinert nicht nur die Sauce, sondern gibt auch eine gute Beilage.
- Lorbeerblatt, Thymian und Koriander harmonieren mit einem Schweinsbraten besonders gut.
- Scharfer oder Rosenpaprika macht den Braten pikanter.

Süßkartoffelknödel mit Entenleberfüllung

Dieses Rezept stammt von Paul Gerhardt

ZUTATEN FÜR DIE DUCHESSEMASSE ~ **500 g Süßkartoffeln, gekocht / 2 Eidotter
20 g Butter / 15 g Kartoffelmehl / Salz / weißer Pfeffer, gemahlen
Koriander, gemahlen**

ZUBEREITUNG ~ Die Kartoffeln gut ausdämpfen lassen, noch heiß passieren. Mit Butter, Dotter, Kartoffelmehl und Gewürzen zu einer Masse verarbeiten.

FÜR DEN BRANDTEIG ~ **150 ml Milch / 20 g Butter / Salz
100 g glattes Weizenmehl, Type 700 / 1 Ei**

ZUBEREITUNG ~ Milch mit Butter und Salz aufkochen, das gesiebte Mehl mit einer Schneerute untermengen und einkochen. Die Masse abbrennen, d. h. so lange auf einer Kochplatte mit einem Kochlöffel bearbeiten, bis sie sich vom Geschirr löst. (Es bildet sich ein weißer Belag am Boden.) In die etwas überkühlte Masse Ei einarbeiten.

FÜR DIE FÜLLUNG ~ **200 g frische Entenleber / 20 g Butter / 120 ml Rotwein
20 ml Portwein / 20 ml Mandellikör / 1 Ei / 60 g Weißbrotbrösel (Mie de pain)
Filets von 1 Orange / 1 Apfel, geschält, entkernt und gewürfelt / 2 Schalotten, fein gewürfelt / Thymian, frisch / Rosmarin, frisch / 1 Prise Nelken, gemahlen
1 Prise Muskatnuss, gerieben / 1 Prise Ingwerpulver / Pfeffer / Salz**

ZUBEREITUNG ~ Orange, Apfel und Schalotten mit Rosmarin, Thymian und Rotwein reduzieren. Portwein und Amaretto zugeben und nochmals einkochen, bis die Flüssigkeit sehr zähflüssig ist. Die Entenleber in Butter anbraten, würfeln und mit der Reduktion, dem Ei und dem Mie de pain vermengen. Mit Salz, Pfeffer, Muskat, Ingwer und den Nelken abschmecken. Die Masse abkühlen lassen, haselnussgroße Bällchen formen, einfrieren.
Mit Kalbsleber ebenso zubereiten.

Duchessemasse mit Brandteig vermengen, auf 60 g portionieren, Füllung einlegen, Hände mit Kartoffelmehl bestauben und Knödel formen. In 170 °C heißem Öl backen.
Mit warmem Grapefruit-Chili servieren.

Speckknödel mit Erdäpfelteig

ZUTATEN FÜR DEN TEIG ~ **600 g gekochte, kalte, durchgedrückte, mehlige Erdäpfel 150 g glattes Weizenmehl / 150 g griffiges Weizenmehl / 90 g zerlassene Butter 50 g Weizengrieß / 2 Eier / Salz / evtl. Prise Muskatnuss, gemahlen**

FÜR DIE FÜLLE ~ **300 g gekochtes Selchfleisch / 80 g Zwiebelwürfel / 20 ml Öl 2 Knoblauchzehen / 1 EL fein gehackte Petersilie / evtl. 1 Ei**

ZUBEREITUNG ~ Selchfleisch grob faschieren oder klein würfelig schneiden, Zwiebel in Öl hell anschwitzen (zweite Variante: das Fleisch kurz mitrösten), auskühlen lassen, alle Zutaten für die Fülle vermengen und würzig abschmecken. Kleine Knödel formen und kurz anfrieren.

Die Erdäpfel mit den restlichen Zutaten rasch zu einem glatten Teig zusammenkneten, nur kurz rasten lassen. Teig zu einer Rolle formen, gleich große Scheiben abschneiden, flach drücken, mit Füllknödel belegen, Teig über den Knödel ziehen und nach oben hin zusammendrücken, gut verschließen und zu rundem Knödel rollen.
In kochendes Salzwasser einlegen, Hitze reduzieren und je nach Größe ca. 10 bis 12 Minuten unter dem Siedepunkt garziehen lassen.
Speckknödelmasse zusätzlich mit Paprikapulver, Worcestersauce oder Schnittlauch würzen.

TIPPS ~

- Manchmal kann die Teigmenge variieren, d. h., man hat entweder zu viel Teig und zu wenig Füllungen oder umgekehrt. Daher sollte man sich einen kleinen Vorrat an Füllrohlingen im Tiefkühler anlegen; so hat man auch schnell etwas zur Hand, wenn unerwartet Gäste kommen. Mit einem schnell zubereiteten Brandteig oder Topfenteig kann man unkompliziert ein schnelles Knödelgericht herstellen.
- Nicht benötigte, fertig gedrehte Knödel ungekocht auf einem Küchenblech einzeln einfrieren, danach in gut schließbare Beutel oder Dosen geben und beschriften (Datum der Zubereitung sowie Knödelsorte). Fertige süße und pikante Semmelbrösel können ebenfalls eingefroren werden.
- Die Knödel mit gefrorenen Füllungen eher kochen als backen, da sie beim Backen eine viel längere Zeit benötigen, um durchzugaren, auf Grund der Bräunung aber nicht so lange ausgebacken werden können.
- Übrig gebliebenen Erdäpfelteig zu kleinen Beilagenknödeln formen: mit Räucherlachsstücken, Oliven, Tomatenstücken, Käsewürfeln, Maronifülle, Dörrzwetschken, Fruchtmassen etc. beliebig füllen oder mit diversen Kräutern (Bärlauch, Basilikum, Rosmarin, Thymian, Majoran, Kerbel) und Gewürzen (Curry, Paprika, Kurkuma, Kreuzkümmel, Kardamom) aromatisieren bzw. einfärben. Eventuell die Kräuter in zerlassener Butter mixen.
- Teig zu kleinen Fingernudeln (siehe Foto unten) wälzen, in Salzwasser kochen und sowohl als Beilage zu Saucengerichten als auch süß mit Mohn- oder Nussbröseln und zerlassener Butter beträufelt servieren. Als gebackene Erdäpfelnudeln als Beilage servieren.

Topfenknödel auf Spinat

ZUTATEN ~ 40 g weiche Butter / 3 Dotter / 350 g Topfen / 3 Eiweiß / 1 TL Stärkemehl Prise Salz und Muskatnuss, gemahlen / 100 g feines Dinkelmehl / ca. 100 g geriebener würziger Bergkäse oder Parmesan

ZUBEREITUNG ~ Butter mit Dottern schaumig rühren, Topfen und Gewürze zugeben, Eiweiß mit Salz und Stärkemehl steif aufschlagen und mit dem Mehl unter die Topfenmasse heben. Ca. 30 Minuten ziehen lassen. Kleine Knödel oder Nockerln formen, in kochendes Salzwasser einlegen und je nach Größe ca. 8 bis 10 Minuten unter dem Siedepunkt garen (eventuell Probeknödel kochen).

FÜR DEN SPINAT ~ 500 g Blattspinat / 40 g Butter oder Butterschmalz 50 g Zwiebelwürfel / ca. 200 ml Rindsuppe / ca. 200 ml Obers / Salz / Pfeffer aus der Mühle / Prise Muskatnuss, gemahlen / evtl. 1 Zehe Knoblauch

ZUBEREITUNG ~ Die Zwiebelwürfel in Butter kurz anschwitzen, mit Suppe und Obers aufgießen und etwas einkochen. Blattspinat beigeben und kurz einkochen lassen, er soll seine grüne Farbe beibehalten; würzig abschmecken.
Bei Verwendung von frischem Spinat diesen vorher in Salzwasser blanchieren, in kaltem Wasser abschrecken, gut ausdrücken; bei Tiefkühlware den Spinat auftauen und dann die Flüssigkeit ausdrücken. Knödel auf Spinat anrichten und mit Käse bestreut servieren.
Mit Tomatenmark, Paprikapulver oder Kurkuma einfärben oder mit Kräutern abschmecken.

Spinatknödel

ZUTATEN ~ 200 g passierter, gut ausgedrückter Spinat / 200 g gekochte, kalt passierte Erdäpfel / 100 g sehr feine Semmelbrösel / ca. 25 g geschmolzene Butter / 1 Ei / 1 Dotter / Salz / Pfeffer / Knoblauch

ZUBEREITUNG ~ Zuerst Ei, Dotter und Spinat vermischen, dann alle Zutaten miteinander vermengen, Masse kurz rasten lassen; sollte die Masse zu weich gehalten sein, zusätzlich mit Bröseln festigen. 50 bis 70 g schwere Knödel drehen und ca. 10 bis 12 Minuten im Salzwasser unter dem Siedepunkt garen.
Entweder mit einer Rahmsauce und Parmesan bestreut anrichten oder mit Schinkenstreifen und Käse überbacken und Schnittlauchbutter servieren.

VARIANTEN ~

- Unter die Masse noch fein geschnittene Schinkenstreifen oder fein geriebenen, würzigen Bergkäse mengen.
- Durch Zugabe von Bärlauchpaste erhält man eine würzigere Note.
- Die Knödel können auch mit Karotten-, Kürbis- oder beliebigem Gemüsepüree zubereitet werden (siehe Karottenknödel S. 60).

TIPPS ~

- Die Knödel dürfen nicht kochen, da sie sonst zerfallen, zudem nicht zu lange in heißem Wasser belassen werden, da sie sonst die schöne grüne, frische Farbe einbüßen.
- Passierten Spinat in ein feines Sieb geben und über Nacht im Kühlschrank abtropfen lassen. Enthält er dann noch immer zu viel Flüssigkeit, zusätzlich in ein Baumwolltuch geben und leicht ausdrücken.
- Bleiben Knödel übrig, diese in kaltes Salzwasser geben und auskühlen lassen.
- Bei Bedarf im Salzwasser, im Dampfgarer oder über Dampfeinsatz erwärmen.

Foto Seite 94/95

Spinatknödel mit Topfen

ZUTATEN ~ 300 g blanchierter, gut ausgedrückter, klein geschnittener Blattspinat
120 g flüssige Butter / 4 Eier / 130 g Topfen / Salz / Pfeffer, frisch gemahlen
Muskatnuss / Cayennepfeffer / Knoblauch / 180 bis 200 g Semmelbrösel
ca. 20 g griffiges Weizenmehl

ZUBEREITUNG ~ Spinat in Salzwasser blanchieren, eiskalt abschrecken, gut ausdrücken und klein schneiden oder faschieren. Alle Zutaten vermengen und mindestens 1 Stunde rasten lassen. Kleine Knödel formen, in kochendes Salzwasser einlegen und je nach Größe ca. 10 Minuten garziehen lassen. Die Knödel aus dem Wasser heben, gut abtropfen lassen, mit gebräunter Butter beträufeln und mit frisch geriebenem Parmesan bestreut servieren
Auf Tomatenragout anrichten, andere Serviervorschläge siehe Spinatknödel.

Stinkerknödel

ZUTATEN ~ 750 g gekochte, mehlige, kalt durchgedrückte Erdäpfel / ca. 90 g glattes oder griffiges Weizenmehl / 100 g Zwiebelwürfel / 20 g Butter oder Butterschmalz 150 g geriebener Pinzgauer Sperkas (Graukäse), ersatzweise sehr würziger Bergkäse 1 Ei / Salz / Schnittlauchröllchen zum Bestreuen / evtl. zerlassene Butter oder Nussbutter zum Beträufeln

ZUBEREITUNG ~ Zwiebelwürfel in Butter anschwitzen, ausgekühlt mit den restlichen Zutaten vermengen und rasch zu einem Teig verarbeiten. Aus der Masse kleine Knödel formen, Probeknödel kochen, eventuell Mehlmenge erhöhen, in kochendes Salzwasser einlegen und ca. 12 Minuten unter dem Siedepunkt garziehen lassen.
Mit Schnittlauch bestreut und mit zerlassener Butter servieren.
Als Beilage Sauerkraut, Krautsalat oder warmen Speckkrautsalat servieren.
Mit salzigen Butterbröseln und/oder gebackenen Zwiebelringen garnieren.

TIPP ~ Teig sofort verarbeiten, bei längerer Stehzeit verliert er die Bindung. Die Knödel vor dem Einkochen in Mehl oder Stärke rollen, sie laugen beim Kochen nicht aus und haben zudem auch eine bessere Bindung.

Truthahnknödel

ZUTATEN ~ 400 g Truthahnfleisch, ohne Haut und Knochen / 200 ml Obers / 1 Eiklar 100 g Zwiebelwürfel / 20 g Butter oder Butterschmalz / Salz / Muskatnuss, frisch gerieben / evtl. fein gehackte Petersilie, Piment, Zitronenschale oder -saft

ZUBEREITUNG ~ Zwiebelwürfel in einer Pfanne mit Butter hell anschwitzen, abkühlen lassen. Das Truthahnfleisch zweimal faschieren und mit dem Schneebesen Obers und Eiweiß in dünnem Strahl langsam einrühren, Zwiebel dazugeben und würzig abschmecken. Die Masse im Kühlschrank ca. 30 Minuten rasten lassen. Aus der Masse kleine Knödel formen, in kochendes Salzwasser oder Rindsuppe einlegen und je nach Größe ca. 15 Minuten unter dem Siedepunkt garziehen lassen.
Mit einer Rahmsauce servieren, diese kann mit Pilzen, Kapern, Gemüse etc. verfeinert werden.
Als Beilage gekochte Erdäpfel, Reis oder Nudeln reichen.
Die Knödel können auch in heißem Fett (eventuell vorher in Bröseln wälzen) goldbraun ausgebacken werden.
Mit Hühnerfleisch ebenso zubereiten.
Die Masse eher würzig abschmecken.

Wildfleischknödel mit Kürbiskraut

Dieses Rezept stammt von Familie Bergthaler, Gasthof Engelhof, Gmunden

Für ca. 4 Personen

ZUTATEN ~ **800 g Wildfleisch vom Reh oder Hirschkalb, auch Abschnitte 200 g Wurzelgemüse / Lorbeer, Pfefferkörner, Thymian, Rosmarin, Wacholderbeeren 1 Zwiebel / 1 EL Butter / 100 g Selchspeck / Petersilie, gehackt / Salz / Pfeffer**

ZUBEREITUNG ~ Das Wildfleisch mit dem Wurzelgemüse und den Gewürzen weich kochen, nach dem Überkühlen das Fleisch faschieren. Speck und Zwiebel fein schneiden und in Butter anlaufen lassen, eventuell das mitgekochte Gemüse fein schneiden und alles zusammen zu dem faschierten Wildfleisch geben, würzig abschmecken und daraus kleine Knödel formen.

FÜR EINFACHEN BRANDTEIG ZUM UMHÜLLEN ~ **750 g griffiges Weizenmehl 2 EL Öl / ¼ l kochend heißes Wasser / Salz / 1 Ei**

ZUBEREITUNG ~ Das Mehl mit dem heißen Wasser abbrühen, Öl dazugeben, salzen, das Ei untermengen und daraus einen Teig kneten.

Nun die Fleischknödel mit dem Teig umhüllen und 10 Minuten in leicht gesalzenem Wasser kochen.

FÜR DAS KÜRBISKRAUT ~ **ca. 500 g Weißkraut / 1 Muskatkürbis (500 g) 2 EL Butterschmalz / 1 Zwiebel / 1 EL Kristallzucker / 250 ml Weißwein 125 ml Weißweinessig / Salz / Pfeffer / Lorbeer / 1 TL Kümmel / 1 TL Tomatenmark ½ TL Paprikapulver / 1 Prise Cayennepfeffer / ca. 500 ml Gemüsebrühe oder Rindsuppe**

ZUBEREITUNG ~ Das Weißkraut in feine Streifen schneiden, den Kürbis schälen, aushöhlen und ebenfalls in feine Streifen schneiden oder raspeln, mit den Gewürzen, dem Weißwein und dem Weißweinessig marinieren.
Die Zwiebel fein hacken, in Butterschmalz mit dem Zucker leicht anschwitzen, dann das Kraut dazugeben, mit der Suppe aufgießen, weich dünsten lassen und eventuell mit 1 EL Maizena binden.
Anrichten: Die gekochten Knödel auf dem Kürbiskraut anrichten, eventuell mit brauner Butter oder Bratensaft servieren.

Knödel als Beilage

Albins Grießknödel

Ein Rezept von meiner Freundin Irmi Cuchnal

ZUTATEN ~ 250 g Grieß / 80 g Speck / 3 Eier / 500 ml Selchsuppe oder Rindsuppe Salz / Prise Muskatnuss

ZUBEREITUNG ~ Den Speck kleinwürfelig schneiden, in einer Pfanne kurz anrösten und den Grieß damit abbrennen. Grieß in die kochende Selchsuppe einkochen, bis sich der Teig zu einer kompakten Masse zusammenfügt. In die überkühlte Masse nach und nach die Eier einmengen, gut vermischen und ca. 15 Minuten rasten lassen. Wenn nötig, etwas Mehl beifügen. Knödel formen und im Salzwasser oder einer Selchsuppe kochen.
Mit Suppe oder Rahmsauce servieren.

VARIANTEN ~

- In die fertige Masse zusätzlich 200 g gekochte, durchgedrückte Erdäpfel einmengen, eventuell noch fein gehackte Petersilie zugeben.
- Mit Prise Muskatnuss aromatisieren.
- Mit Tomatenmark oder Paprikapulver einfärben.
- Anstelle von Speck können auch Schinkenwürfel, fein geriebener Käse, gekochte Gemüsewürfel oder fein gehackte Kräuter wie Bärlauch, Basilikum, Dille, Rosmarin oder Thymian untergemengt werden.
- Kleine Grießknödel können auch in Fett gebacken werden.
- Mit gekochtem Selchfleisch, zu Specklinsen oder mit Ragout als Beilage servieren.

Alle Grießrezepte können auch mit Polenta zubereitet werden.

Bauernbrotknödel

ZUTATEN ~ 250 g Bauernbrot, klein würfelig geschnitten / 60 g Zwiebelwürfel 20 g Butter oder Butterschmalz / 2 Knoblauchzehen / ca. 80 bis 100 ml heiße Milch, je nach Trockenheit des Brotes / ca. 1 ½ EL glattes Weizenmehl (Roggen- oder Schwarzplentenmehl) / 2 Eier / Salz / Pfeffer, frisch gemahlen / Majoran / evtl. mit etwas Muskatnuss, Fenchel, Anis oder Kümmel, gemahlen, zusätzlich würzen.

ZUBEREITUNG ~ Butter in einer Pfanne zerlassen und Zwiebelwürfel und Knoblauch darin hell anschwitzen. Schwarzbrot mit der Milch übergießen, die Zwiebelmasse und die restlichen Zutaten dazugeben, alles gut miteinander vermischen und einige Zeit ziehen lassen.
Wenn die Knödelmasse die richtige Konsistenz hat (eventuell Probeknödel kochen und bei Bedarf noch etwas Mehl oder Bauernbrotbrösel zugeben) Knödel formen, in kochendes Salzwasser einlegen und je nach Größe ca. 12 bis 15 Minuten köcheln lassen.
Als Beilagenknödel zu Sur- oder Schweinsbraten mit Sauerkraut, Weinkraut oder Rettichsalat servieren.

VARIANTEN ~

- Mit Vollkorn-, Kürbiskern- oder Schwarzbrot ebenso zubereiten.
- Speck- oder Käsewürfel dazumengen.
- Mit frisch gehackten Kräutern aromatisieren.
- Anstelle von Butter Kürbiskernöl verwenden.
- Vor dem Anrichten in geriebenen Kürbiskernen wälzen.
- Als Einlage für eine Rahmsuppe oder zu einer Pilzsauce reichen.

Brotbrösel: hart gewordenes oder getrocknetes Bauern- oder Schwarzbrot in einer Küchenmaschine oder im Cutter fein zu Bröseln reiben, wie Semmelbrösel verwenden. Auch salzige oder pikante Brösel damit zubereiten.

Böhmische Knödel

Dieses Rezept stammt von Florian Hübsch

ZUTATEN ~ 500 g griffiges Weizenmehl / 3 Eier / 5 g Backpulver (½ Packerl) 250 ml Milch / Salz / Pfeffer, weiß gemahlen / Prise Muskatnuss / 100 g Knödelbrot

ZUBEREITUNG ~ Alle Zutaten außer Knödelbrot in eine Schüssel geben und gut abmischen, zuletzt das Knödelbrot untermengen. Zwei längliche Teigrollen formen, in kochendes Salzwasser einlegen und zugedeckt ca. 15 Minuten kurz unter dem Siedepunkt garziehen lassen.
Herausnehmen und in Scheiben schneiden. Zusätzlich noch mit zerlassener Nussbutter beträufeln und mit Schnittlauchröllchen oder fein gehackter Petersilie bestreut servieren.
Diese Knödel reicht man zu Gerichten mit Saucen oder Ragouts.

Foto Seite 154/155

Erdäpfelknödel „halb-halb“

ZUTATEN ~ 250 g rohe Erdäpfel / 250 g gekochte Erdäpfel / ca. 100 g griffiges Mehl 50 g Maisstärke (Maizena) / Schuss Zitronensaft / Salz / Prise Muskatnuss, gemahlen Grieß, Weißbrot- oder Semmelbrösel bei Bedarf

ZUBEREITUNG ~ Die gekochten Erdäpfel kalt durchpressen. Die geschälten rohen Erdäpfel auf einer feinen Reibe reiben und etwas Zitronensaft untermengen, verhindert schnelle Braunfärbung. Nun sämtliche Zutaten miteinander vermengen und mit Salz sowie einer Prise Muskatnuss würzig abschmecken. Ist die Masse noch zu weich, etwas Grieß oder Brösel einarbeiten.
Aus der Masse je nach Vorliebe größere oder kleinere Knödel formen. (Den Teig nicht zu lange stehen lassen, sondern rasch verarbeiten.) In kochendes Salzwasser einlegen und je nach Größe ca. 20 bis 30 Minuten ziehen, aber nicht kochen lassen.
Verwendung: zu allen Saucengerichten, aber auch zu deftiger Hausmannskost.

VARIATIONSMÖGLICHKEIT ~ Unter die Erdäpfelmasse können Sie auch noch gekochtes, gut abgetropftes Gemüse oder geriebenen Käse mengen.

Steirische Käferbohnenknödel mit Brot

Für ca. 350 g fertige Masse

ZUTATEN ~ 50 g trockenes Knödelbrot / ca. 70 ml Milch, je nach Trockenheit des Brotes / 200 g gekochte, faschierte Käferbohnen / Salz / 1 Dotter ca. 10 g Semmelbrösel / Pfeffer / Majoran

ZUBEREITUNG ~ Bohnen kochen: 250 g Käferbohnen ca. 24 Stunden in kaltem Wasser einweichen, dabei das Wasser ein- bis zweimal wechseln; Wasser ableeren, Bohnen abschwemmen, mit ca. 400 ml frischem Wasser bedeckt in einen Topf geben und ca. 60 Minuten weich kochen lassen, eventuell Wasser nachgießen. Erneut Wasser ableeren, Bohnen kalt abschwemmen, gut abtropfen und auskühlen lassen. 250 g trockene Bohnen ergeben ca. 500 g fertig gekochte Bohnen. Bohnen durch die feine Scheibe der Küchenmaschine faschieren.
Brot mit Milch (eventuell heiß) übergießen und ziehen lassen, gut vermengen, die Flüssigkeit muss gänzlich aufgesogen sein und es soll eine breiige Brotmasse ergeben; falls zu weich, zuletzt etwas mehr Semmelbrösel einmengen (zur besseren Bindung), mit den restlichen Zutaten vermengen, würzig abschmecken. Kleine Knödel formen, in Mehl wenden, eventuell Probeknödel kochen, in kochendes Salzwasser einlegen und ca. 10 Minuten kochen; oder in Bröseln wälzen und in heißem Fett bei ca. 155 °C schwimmend backen.
Als Beilage zu Wild- oder Rindfleischgerichten.
Als Suppeneinlage, mit einer Rahm-, Kräuter, Tomaten- oder Kürbissauce, mit Tomatenragout oder mit Blattsalat servieren.

TIPPS ~

- Eventuell mit Kürbiskernöl beträufeln und mit gerösteten Kernen bestreuen.
- Zusätzlich mit verschiedensten Kräutern und Gewürzen wie Knoblauch, Thymian, Bohnenkraut, Muskatnuss, Chili, Kreuzkümmel, Koriandergrün aromatisieren.
- Die Hälfte der Masse mit 20 g Speckwürfel und 15 g Zwiebelwürfel vermengen.
- Als Grundbasis auch als Knödelfüllung zu verwenden, dazu beliebig abschmecken.
- Mit Erdäpfel-, Topfen-, Brand- oder beliebigem Teig umhüllen.
- Alle Bohnen ebenso zubereiten, hierbei kann es nach dem Kochen jedoch geringe Gewichtsunterschiede geben.
- Generell alle gekochten Bohnen (Käferbohnen, Kichererbsen) faschiert weiterverarbeiten.

Jüdische Erdäpfelknödel

ZUTATEN ~ **250 g geschälte, rohe Erdäpfel / 2 Eier / 60 g Zwiebelwürfel
15 g Butter / ca. 50 g Matzemehl (aus ungesäuertem Brot, kann auch durch Semmelbrösel ersetzt werden) / 50 g Kartoffelstärke / Salz / Pfeffer, frisch gemahlen
Prise Muskatnuss, gemahlen**

ZUBEREITUNG ~ Butter in einer Pfanne zerlassen und Zwiebelwürfel darin hell anschwitzen, abkühlen lassen. Die Erdäpfel auf einer Gemüsereibe in eine Schüssel fein reiben, gut ausdrücken. Eier versprudeln, Zwiebel, Mehl und Erdäpfelmehl beigeben, ausgedrückte Erdäpfel gut unter die Masse mengen. Kleine Knödel formen, in kochendes Salzwasser einlegen und je nach Größe ca. 10 bis 12 Minuten kochen. Die Knödel eventuell vor dem Einkochen in Erdäpfelmehl wälzen.

TIPP ~ Geriebene Erdäpfel sofort weiterverarbeiten, sie verfärben sich sehr schnell.

Linzer Seidenknödel

ZUTATEN ~ **250 g gekochte, geschälte, durchgedrückte Erdäpfel
60 g Kartoffelstärke / 30 g Knödelbrot oder Semmelwürfel / 10 g Butter
ca. 125 ml Milch / Salz**

ZUBEREITUNG ~ Milch aufkochen, Knödelbrot in Butter etwas anrösten und mit den restlichen Zutaten in eine Schüssel geben. Die kochende Milch über die Masse gießen, gut vermischen, mindestens eine Stunde ziehen lassen. Kleine Knödel formen, in kochendes Salzwasser einlegen und je nach Größe ca. 12 bis 15 Minuten garziehen lassen.
Die Beschaffenheit dieser Knödel (gummiartig) ist kaum vergleichbar mit herkömmlichen Knödeln. Sie sind jedoch als Beilage zu Sur- oder Schweinsbraten bestens geeignet.
Eventuell gleich doppelte Menge zubereiten.

Flaumiger Serviettenknödel

ZUTATEN ~ 400 g Toastbrot / 250 ml Sauerrahm / 4 Eier / ca. 300 bis 350 ml warme Milch / Prise Muskatnuss / weißer Pfeffer / Salz / 50 g zerlassene Butter

VARIANTE I: Toastbrot in sehr große Stücke zerteilen, mit warmer Milch übergießen und ca. 20 Minuten stehen lassen. Eier, Gewürze und zerlassene Butter dazugeben, würzig abschmecken, in Frischhaltefolie oder geöltes Baumwolltuch eindrehen, in kochendes Salzwasser einlegen und je nach Größe ca. 30 Minuten kochen; eventuell mit einem kleineren Deckel beschweren, dass der Serviettenknödel auch an der Oberseite gleichmäßig durchgegart wird.
Serviettenknödel zu Pilzsauce, Beuschel, gebratenem Fleisch, Rinds- oder Wildbraten servieren.
Die Sauerrahmmenge kann auch jederzeit reduziert werden.
Semmeln vom Vortag in dickere Scheiben schneiden und damit zubereiten.
ZUM AUFWÄRMEN: in Scheiben schneiden, über Dampf erwärmen, dann eventuell noch in Butter braten; mit etwas Butter beträufelt in der Mikrowelle abgedeckt erwärmen.

TIPP ~ Wenn Sie entrindetes Toastbrot verwenden, erhalten Sie einen hellen, fast weißen Knödel. Kann auch gut eingefroren werden, dazu 2 cm dicke Scheiben in Frischhaltefolie wickeln und einfrieren, im Kühlschrank auftauen lassen, im Wasserdampf oder Dampfgarer erwärmen und eventuell in heißer Butter anbraten.
Ist die Masse sehr weich, dann am besten in Frischhaltefolie wickeln, da im Gegensatz zum Baumwolltuch hierbei weniger Kochflüssigkeit aufgenommen wird.

VARIANTE II: Dotter und Eiweiß trennen, Dotter unter Brotmasse mischen, Eiweiß mit 1 TL Maisstärke schaumig aufschlagen und zuletzt unterheben. Am besten zwei kleine Serviettenknödel formen; so garen sie schneller und es genügt ein kleinerer Kochtopf.
Masse in kleine Portionsgrößen teilen, garen und als ganze Rolle servieren; obenauf mit etwas pikanten Semmelbröseln garnieren.

VARIANTE III – SÜSSE ZUBEREITUNG: Anstelle von Muskat und Pfeffer mit einer Prise Salz, Zucker (oder Honig oder Ahornsirup), Vanillezucker, Zitronenschale und Rum abschmecken.
Mit Brioche- oder Milchbrot zubereiten.
Mit süßen Bröseln bestreuen und dazu Vanillesauce, Apfelkompott, Apfelmus, Beeren- oder Früchteragout servieren.

WEITERE MÖGLICHE ZUGABEN:

- Gewürze wie Zimt, Nelke, Apfelschalenpulver, Lebkuchen, Bittermandelöl.
- In Rum eingelegte Rosinen oder eingelegte, klein geschnittene Trockenfrüchte, Pistazien, Pignolien, Mandelblättchen, grob zerstoßenes Krokant, Nougat oder Schokoladetropfen untermengen.

MIT MARONIFÜLLE: Maronipüree mit wenig Grundmasse vermengen, Knödelmasse auf Baumwolltuch aufbringen, Maronifülle länglich auftragen und zusammenrollen.

Grießknödel als Beilage oder Hauptspeise

ZUTATEN ~ 2 Semmeln à ca. 50 g, würfelig geschnitten, oder 100 g Knödelbrot
20 g Butter / 60 g Speckwürfel / 250 g Grieß / 350 ml Wasser, Rind- oder Selchfleischsuppe

ZUBEREITUNG ~ Die Butter in einer Pfanne zerlassen und die Semmelwürfel anbraten und auslegen. Speckwürfel ebenfalls in der Pfanne anbraten, mit dem Grieß vermischen, mit der heißen Suppe aufgießen und so lange abbrennen, bis sich die Masse bindet. Die Semmelwürfel dazugeben und ca. 30 Minuten rasten lassen. Dann kleine Knödel formen, in kochendes Salzwasser einlegen und je nach Größe ca. 12 bis 15 Minuten unter dem Siedepunkt garziehen lassen.
Diese Knödel passen sehr gut zu Schweinsbraten, gekochtem Selchfleisch, Bauernschmaus, Gulasch, aber auch zu Wild-, Rinds-, Lammbraten oder -ragout.

Übrig gebliebene Grießknödel können auch, in nicht zu dünne Scheiben geschnitten, in einer beschichteten Pfanne auf beiden Seiten in Butter gebraten werden. Ebenso als Beilage reichen.
Oder die Scheiben dachziegelartig in eine ausgebutterte, feuerfeste Form legen, mit geriebenem, würzigem Käse und einigen Butterflocken bestreuen und bei Oberhitze im Rohr überbacken.
Dazu passt sehr gut Blattsalat.
Knödel in Scheiben schneiden, panieren und in einer beschichteten Pfanne in wenig Fett auf beiden Seiten goldbraun backen. Auf Küchenpapier abtropfen lassen.

VARIANTEN ~

- In die Hälfte der Teigmasse 100 g klein geschnittenes, gut abgetropftes Sauerkraut untermengen, zusätzlich mit fein gemahlenem Kümmel oder Kreuzkümmel würzen.
- Oder das Sauerkraut zu kleinen Kugeln formen, als Fülle in die Mitte geben und mit dem Grießteig umhüllen.
- Geschmacklich mit Curry, Kurkuma, Paprikapulver, aber auch frischen Kräutern aromatisieren.
- Ohne Speck, mit Gemüse zubereitet, sind sie ein ausgezeichnetes vegetarisches Gericht.
- Zusätzlich kann man noch einige Zwiebelwürfel mit dem Speck anschwitzen.

Als Hauptspeise doppelte Menge zubereiten.

Polentaknödel

ZUTATEN ~ 250 ml Wasser, Gemüsefond, Suppe oder Milch / 20 g Butter oder Butterschmalz / 100 g Polenta oder Grieß / Prise Salz / Prise Muskatnuss / 1 Ei 1 Dotter

ZUBEREITUNG ~ Wasser mit Salz, Muskatnuss und Butter zum Kochen bringen, Polenta einrühren und unter Rühren gut durchkochen lassen, bis sich die Masse vom Topfboden löst. Überkühlt Ei und Dotter untermengen, im Kühlschrank kalt stellen und dann kleine Knödel formen; in kochendes Salzwasser einlegen und je nach Größe ca. 6 bis 8 Minuten garziehen lassen.
Diese Knödel sind eine ideale Beilage zu Schweinsbraten, gekochtem Selchfleisch, Bauernschmaus, Gulasch, aber auch zu Wild-, Rinds- oder Lammbraten oder -ragout.

VARIANTEN ~

- Diese an sich neutrale Polentamasse kann durch frische, gehackte Kräuter wie Bärlauch, Spinat oder Basilikum, fein geriebenen würzigen Berg- oder Blauschimmelkäse, angebratene Speck- oder Zwiebelwürferl, gekochte Gemüsewürfelchen, Maiskörner oder angeröstete Semmelwürfel beliebig geschmacklich abgewandelt werden.
- Mit Gemüse oder Kräutern zubereitet, sind die Knödel ein ausgezeichnetes vegetarisches Gericht.
- Mit Curry, Chilipulver, Paprikapulver, Kreuzkümmel, Kurkuma oder Bohnenkraut aromatisieren.
- Die Masse kann auch in Strudelteig eingeschlagen und in heißem Öl herausgebacken werden.
- Die Scheiben dachziegelartig in eine ausgebutterte, feuerfeste Form legen, mit geriebenem, würzigem Käse und einigen Butterflocken bestreuen und bei Oberhitze im Rohr überbacken.
- Knödel in Scheiben schneiden, panieren und in einer beschichteten Pfanne in wenig Fett auf beiden Seiten goldbraun backen. Auf Küchenpapier abtropfen lassen.
- Polentascheiben: heiße Polentamasse auf ein mit Backpapier ausgelegtes oder geöltes Blech streichen, erkaltet in Scheiben schneiden und auf beiden Seiten in einer beschichteten Pfanne in wenig Öl oder Butter anbraten.
- Übrig gebliebene Polentaknödel können auch, in nicht zu dünne Scheiben geschnitten, in einer beschichteten Pfanne auf beiden Seiten in Butter gebraten werden. Ebenso als Beilage reichen.
- Eventuell mit würzigen Butterbröseln oder mit brauner Butter und Schnittlauch bestreut servieren.
- Für Füllrohlinge Masse mit Crème fraîche oder Topfen cremiger halten, beliebig abschmecken, kurz anfrieren und mit Tcig umhüllen.
- Anstelle von Wasser mit Fischfond zubereiten und klein geschnittene Räucherfischstücke einmengen; als Einlage für Fischsuppen.
- Etwas Flüssigkeit durch Karotten- oder Gemüsesaft ersetzen.

SPECK-TÜRKENKNÖDEL: unter die Masse 60 g Selchspeck oder gekochtes Kaiserfleisch mengen.
KRENKNÖDEL: der Masse fein geriebenen Kren untermengen; diese Knödel als Einlage für Tomatensuppe reichen.
SÜSSE VARIANTE: mit Milch aufkochen und mit Vanillezucker und Zitronenschale aromatisieren.

FÜR ZIMTKNÖDEL: Milch mit Zimt und Prise Nelkenpulver und Salz aufkochen, Polenta dazugeben, gut durchkochen lassen, bis sich die Masse vom Topfboden löst. Überkühlt Ei und Dotter untermengen, im Kühlschrank kalt stellen und dann kleine Knödel formen. In kochende, mit Zimt aromatisierte Milch einlegen und je nach Größe ca. 6 bis 8 Minuten darin garen. Mit Zimt-Zucker-Gemisch bestreuen, dazu Kirschenragout und Marzipaneis (Marzipanrohmasse mit einer Gabel zerdrücken, mit Maraschino aromatisieren und mit Vanilleeis vermengen) servieren.
FALSCHE MARZIPANKNÖDEL: die Masse mit Bittermandelöl aromatisieren.

Riebelmaisknödel

Dieses Rezept stammt von Richard Dietrich aus Lauterach

Der Vorarlberger Riebelmais ist eine seit 350 Jahren in der Region gezüchtete und bis heute erhalten gebliebene alte Landsorte, typischerweise ein weißer Hartmais.
Die Internationale Slow Food-Stiftung hat den Vorarlberger Riebelmais als österreichisches Arche-Produkt ausgezeichnet.

ZUTATEN ~ 200 g Riebelmais / 500 ml Milch / 30 g Butter / 2 Eier / Salz
Prise Muskatnuss / Pfeffer, frisch gemahlen

ZUBEREITUNG ~ Butter in einem Topf zerlassen, Mais darin anrösten, mit Milch aufgießen, aufkochen lassen und ca. 3 bis 5 Minuten kochen, dabei die Masse gut abrühren, von der Kochstelle nehmen und abgedeckt ca. 30 Minuten quellen lassen. Überkühlt Eier dazugeben und würzig abschmecken. Kleine Knödel formen, in kochendes Salzwasser einlegen und ca. 10 Minuten unter dem Siedepunkt garziehen lassen.
Als Beilage zu Gulasch, Ragouts oder Saucengerichten, als Vorspeise mit Gemüse- oder Kräutersauce oder als Suppeneinlage servieren.

Unter die Knödelmasse Käse-, Schinken- oder Speckwürfel, gekochte Gemüsewürfel, ansautierte, gut abgetropfte Pilze oder frische, klein geschnittene Kräuter mengen.
Je nach Verwendung noch zusätzlich aromatisieren, siehe Grieß- oder Polentaknödel – pikant.

Mandelbällchen

ZUTATEN ~ 500 g gekochte, mehlige Erdäpfel / 30 g zerlassene Butter / 2 Dotter Salz / Pfeffer und Muskatnuss, frisch gemahlen / Mehl / Ei / ca. 100 g Mandelblättchen zum Panieren / Öl oder Fett zum Backen

ZUBEREITUNG ~ Die gekochten, geschälten Erdäpfel noch heiß durch die Erdäpfelpresse drücken und rasch mit den restlichen Zutaten zu einer glatten Masse verarbeiten, würzig abschmecken. Aus der Masse gleich große Bällchen oder Knödel drehen, in Mehl wälzen, durch verquirltes Ei ziehen und in leicht zerdrückten Mandelblättchen panieren, Mandelblättchen dabei gut andrücken. In heißem Fett bei ca. 155 °C schwimmend backen, mit einem Sieb- oder Lochschöpfer aus dem Fett heben, gut abtropfen lassen und als Beilage zu Wild-, Rindfleisch- oder Saucengerichten servieren.

Anstelle von Mandelblättchen kann man Haselnussblättchen, Sesam, grob gehackte Kürbiskerne, Haferflocken, Cornflakes, gemahlene Nüsse oder eine Nussmischung verwenden. Nüsse können auch mit etwas Semmelbröseln vermengt werden.

Je nach Verwendung können der Erdäpfelmasse unterschiedliche Aromen bzw. Zutaten beigemengt werden: frische oder getrocknete Kräuter wie Rosmarin, Bärlauch, Basilikum, Petersilie, Majoran, Oregano, Thymian etc. sowie gut abgetropfte Olivenstücke, getrocknete Tomaten, ansautierte Pilze, Dörrzwetschken, getrocknete Preiselbeeren usw.

Schalottenknödel

**ZUTATEN ~ 450 g gekochte, mehlige, durchgedrückte Erdäpfel
150 g griffiges Weizenmehl / 30 g Grieß oder Polenta / 1 Ei / Salz / Prise Muskatnuss eingelegte Schalottenzwieberl**

ZUBEREITUNG ~ Gekochte, geschälte Erdäpfel durch die Wiege drücken und mit den restlichen Zutaten rasch zu einem Teig zusammenmengen und verkneten, kurz kühl rasten lassen. Eingelegte, gut abgetropfte Schalotten mit dem Teig umhüllen, in kochendes Salzwasser einlegen und garen.

VARIANTEN ~

- Mit grünen oder schwarzen, entsteinten Oliven füllen oder aus klein gehackten Oliven, eingelegten Pilzen und Tomaten, fein gehackten Kräutern, mit Semmelbröseln gefestigt eine Füllung zubereiten.
- Bei Verwendung von Polenta erhält der Teig eine intensivere, gelbe Farbe.
- Mit Curry, Kurkuma oder Paprikapulver zusätzlich würzen bzw. farblich verändern.
- Sehr guter Erdäpfelteig: sowohl für süße Obstknödel als auch pikante Füllknödel, die sowohl gekocht als auch gebacken werden können.
- Zu dickeren Erdäpfelnudeln geformt, in einer Pfanne mit etwas Öl oder Schweineschmalz mit schupfenden Bewegungen auf allen Seiten goldbraun backen – Schupfnudeln.

- Unter die Teigmasse fein geschnittene würzige Wurst wie Braunschweiger, Bergsteiger oder Wiener, ebenso geröstete Zwiebel- und Speckwürfel, gekochtes Selchfleisch etc. mengen.
- Süße Variante: Teig mit Vanillezucker und beliebigen Aromen aromatisieren, in Salzwasser kochen, in Mohn oder gemahlenen Nüssen wälzen, mit zerlassener oder gebräunter Butter beträufeln und mit Staubzucker bestreut servieren.

FÜLLVARIANTEN ~
- Maronimasse, Dörrzwetschkenfülle oder beliebiges Chutney, mit Weißbrotbröseln oder Semmelbröseln gebunden, anfrieren und mit Teig umhüllen.
- Gut ausgedrücktes, fein geschnittenes Rot- oder Rahmkraut mit etwas Weißbrotbröseln oder Semmelbröseln binden, kleine Knödel formen, anfrieren und mit Teig umhüllen.
- Mit Nuss- oder Mohnfülle pikant, aber auch süß füllen.

Rohe Erdäpfelknödel (Klöße)

Eine Spezialität unserer deutschen Nachbarn

**ZUTATEN ~ 500 g geschälte, rohe Erdäpfel / 35 g Grieß / 50 ml Milch
10 g Öl oder Fett / 10 ml Zitronensaft / Salz / 20 g geröstetes Knödelbrot zum Füllen
Mehl, Kartoffel- oder Maisstärke zum Wälzen**

ZUBEREITUNG ~ Grieß mit Milch aufkochen und abkühlen lassen.
Die geschälten Erdäpfel auf einem Reibeisen oder mit der Küchenmaschine sehr fein in eine Schüssel mit Wasser und einem Schuss Zitronensaft reiben. Die geriebenen Erdäpfel in ein Sieb geben und das Wasser in einem Topf auffangen und zum Einkochen der Knödel verwenden. Erdäpfel auf ein Küchentuch geben und zu einer Kugel fest zusammendrehen, das Wasser dabei sehr gut herausdrücken. Die trockene Erdäpfelmasse mit dem abgekühlten Grießbrei gut vermengen, würzig abschmecken, kleine Knödel abdrehen und nach Belieben mit dem Knödelbrot füllen oder dieses in die Erdäpfelmasse einmengen; die Knödel in Mehl-, Kartoffel- oder Maisstärke wälzen (sie erhalten so eine kompaktere Oberfläche und laugen nicht so aus). In kochendes Salzwasser einlegen und ca. 20 Minuten unter dem Siedepunkt garziehen lassen. Diese Knödel benötigen eine etwas längere Kochzeit als herkömmliche Knödel.

VARIANTE ~ Zu kleinen, flachen Laibchen formen, eventuell in Bröseln, vermischt mit Sesam, wenden, in einer beschichteten Pfanne mit wenig Öl auf beiden Seiten langsam braten, als Beilage zu Saucengerichten servieren.

Mehlknödel

Dieses Rezept stammt von Monika und Franz Grashäftl, Almgasthof Windlegern

ZUTATEN ~ **250 g glattes Weizenmehl / gute Prise Salz**
320 ml kochendes Wasser (1/4 l + 1/16 l)

ZUBEREITUNG ~ Weizenmehl mit Wasser übergießen, durcharbeiten, sofort Knödel formen und gleich kochen. Diese Menge ergibt genau 4 Stück Knödel.
Passen besonders gut zu Surbrat'l oder Brat'l, Gulasch, allen Gerichten mit Sauce (Zwiebelrostbraten, Lammeintopf), aber auch zu gekochtem Geselchten.

Die Mehlknödel, die übrigens auch mit Rindsuppe oder geselchter Suppe (Selchsud) abgebrannt werden oder in dieser gekocht werden können, können auch als Teighülle verwendet und mit einer Knödelfülle verarbeitet werden.

Semmelknödel klassisch,
mit Varianten

Tipps und jede Menge Anregungen „rund" um den Semmelknödel

Für Semmelknödel gibt es eine Vielzahl an Rezepten, hier drei unterschiedliche Rezepturen mit vielen Möglichkeiten für diverse Abänderungen.
Nachstehend eine größere Mengenangabe, denn Knödel können auf Vorrat gut eingefroren werden. Die Flüssigkeitsbeigabe hängt wesentlich von der Saugfähigkeit des verwendeten Brotes ab. Daher kann auch bei einem bewährten Rezept das Resultat unterschiedlich sein. Verwenden Sie am besten Brot vom Vortag, die Masse wird wesentlich lockerer als bei herkömmlichem, getrocknetem Knödelbrot.

VARIANTE I: EINFACHE GRUNDREZEPTUR

ZUTATEN ~ **500 g altbackene Semmeln (vom Vortag) oder vorgeschnittenes, fertiges, nicht zu trockenes Knödelbrot / ca. 350–400 ml heiße Milch oder Wasser evtl. 50 bis 80 g Zwiebelwürfel oder Schalotten / 10 g fein gehackte Petersilie (1 kleiner Bund) / 30 g Butter oder Butterschmalz / 2 verquirlte Eier / Salz / Pfeffer, frisch gemahlen / Muskatnuss / evtl. etwas feines oder griffiges Weizenmehl (Vollkorn) oder Semmelbrösel zum Festigen**

ZUBEREITUNG ~ Die Semmeln in feine Scheiben schneiden, die heiße Milch darübergießen und ca. 30 Minuten ziehen lassen. Die Zwiebelwürfel in Butter glasig andünsten und zu den Semmeln geben. Petersilie und Eier zugeben, würzig abschmecken und gut durchmischen. Mit nassen Händen kleine Knödel formen und in kochendes Salzwasser einlegen, den Topf abdecken und das Wasser mit den Knödeln nochmals zum Kochen bringen, dann je nach Größe

ca. 12 bis 20 Minuten garziehen lassen. Eventuell kleinen Probeknödel kochen.
Abhilfe: Sollte die Masse zu weich sein, durch Beigabe von etwas glattem oder griffigem Weizenmehl, Vollkornmehl oder Buchweizenmehl (Heidenmehl) oder Semmelbröseln nachfestigen.
Garen Sie die Knödel auch im Dampfgarer oder zugedeckt im Topf auf einem Siebeinsatz über Wasserdampf.
Die Knödel eventuell vor dem Kochen in Mehl drehen (siehe Erdäpfelknödel).
Die Masse kann auch als Serviettenknödel gekocht werden; dazu die Semmelmasse zu einer Rolle formen, auf Frischhaltefolie oder ein feuchtes, geöltes oder mit Mehl bestaubtes Baumwolltuch legen, einrollen und die Enden gut zusammendrehen. In kochendes Wasser einlegen und langsam ca. 30 Minuten kochen. Eventuell einen Teller auf den Knödel legen, damit er vollständig mit Wasser bedeckt ist. Den fertigen Knödel auswickeln, in Scheiben schneiden und anrichten.
Ist die Masse zu kompakt, so mengen Sie etwas zerlassene Butter, Topfen oder Ricotta ein.

VARIATIONSMÖGLICHKEITEN ~

- Mit beliebiger Kräuterpaste wie Bärlauch, Basilikum, Salbei etc. abschmecken.
- Masse kann auch mit Vollkorn-, Kürbiskern- (zusätzliche Kürbiskerne), Laugen-, Schwarz- oder mit Toastbrot zubereitet werden.

Semmelknödel mit Spinat in Tomatensauce.
Rezept Seite 173

- Mit Mohnflesserln und zusätzlich mit Mohn vermengt zubereiten.
- Einen Teil der Milch durch Obers, Wein, Most oder Gemüsesaft ersetzen.
- Mit Schnittlauch, Majoran, Thymian, Salbei, Rosmarin, Liebstöckl, Knoblauch zusätzlich Geschmack geben.
- In ein Drittel der Masse 100 g gekochte, durchgedrückte Erdäpfel oder faschiertes Bohnenpüree (siehe Rezept Bohnenknödel) untermengen.
- Ein Drittel der Masse mit 100 g Gervais oder Topfen vermengen und als Serviettenknödel kochen.
- Ein Drittel der Masse mit 16 g frischem Bärlauch, klein geschnitten, oder etwas Bärlauchpaste vermengen.
- Gekochte Käferbohnen oder Kichererbsen unter die Semmelmasse mengen.
- Zwiebeln können auch gänzlich weggelassen werden.

VERWENDUNG: Die Knödel als Beilage zu Ragouts, Wild-, Rind-, Lammfleischgerichten, Gulasch und Beuschel reichen.

Aus dieser Grundrezeptur lassen sich verschiedenste Knödelvarianten zubereiten, diese können sowohl als Suppeneinlage als auch als Hauptgericht serviert werden:

DIE KNÖDEL MIT EIERSPEISE FÜLLEN: dazu 4 Eier mit Salz und Pfeffer versprudeln, in einer heißen Pfanne mit Butter zu einer Eierspeise stocken lassen. Die Eiermasse zerteilen, die Semmelknödel mit der Eierspeise füllen und zu Knödeln formen. Mit Blattsalat servieren, auch als Suppeneinlage geeignet.
Mit Schinken-, Käse-, Speck- oder Schwammerleierspeise ebenso füllen.
PINZGAUER KASKNÖDEL: Grundmasse mit bis zu 300 g klein geschnittenem Pinzgauer Käse (Almkas, Graukas) vermengen, aus der Masse kleine Laibchen formen, in einer beschichteten Pfanne in heißem Fett auf beiden Seiten goldgelb backen, dazu serviert man Erdäpfelsalat.
PRESSKNÖDEL: obige Pinzgauer Kasknödel mit 300 g gekochten, durchgedrückten Erdäpfeln vermengen.
KASPRESSKNÖDEL: obige Pinzgauer Kasknödel werden nach dem Backen noch zusätzlich kurz in Rindsuppe aufgekocht. Servieren Sie diese Pressknödel in einer Fleischsuppe, mit Kraut- oder Rübenkraut oder mit gebackenen Zwiebelringen, und bestreuen Sie sie mit Schnittlauchröllchen.
SALZBURGER SPECKKNÖDEL: ca. 300 g klein gehackten Selchspeck bzw. Selchfleisch mit der Semmelknödelmasse vermischen, zu Knödeln formen und in Salzwasser kochen.
Sie können auch wie Schöberl in einer gefetteten Rein im heißen Rohr gebacken und dann in Scheiben geschnitten werden; diese dann in einer heißen Rindsuppe anrichten.
PINZGAUER PRESSKNÖDEL: hier wird die Semmelknödelmasse mit gerösteten Fleisch- oder Wurstresten vermengt, zu kleinen Laibchen geformt und in heißem Schmalz oder Butterschmalz gebacken, dann flach gedrückt und danach in Rindsuppe nochmals 5 Minuten aufgekocht.
TIROLER SPINATKNÖDEL: in die Knödelmasse klein gehackten, blanchierten, gut abgetropften Blattspinat einmengen; eventuell auch noch fein geriebenen Bergkäse.
WELSER KNÖDEL: Blunzenstücke oder Blunzenfüllung mit Semmelknödelteig umhüllen.
GEMÜSEKNÖDEL: unter die fertige Masse in feine Würfel geschnittenes oder fein geraspeltes gekochtes, gut abgetropftes Gemüse untermengen.

KRÄUTERKNÖDEL: unter die fertige Masse viele frische, fein gehackte Kräuter wie Brennnessel, Petersilie, Basilikum, Estragon, Liebstöckel, Oregano, Thymian, Majoran, Huflattich, Sauerampfer, Brunnenkresse etc. mengen, mit Tomaten- oder Kräutersauce servieren.

KLOSTERNEUBURGER KNÖDEL: gekochtes, würfelig geschnittenes Selchfleisch und fein gehacktes Basilikum untermengen.

STEIRISCHE BAUERNKNÖDEL: unter die Masse hellbraun gebratene Zwiebelwürfel und Grammeln mengen.

ABGESCHMALZTE SPECKKNÖDEL: unter die Masse 70 g Bauchspeck und 50 g Knödelwurst (oder Braunschweiger) mengen, mit Schnittlauch, Liebstöckel, Majoran und Petersilie vermischen, die gekochten Knödel mit brauner Butter begießen und mit Schnittlauch und fein geriebenem oder gehobeltem Parmesan garnieren.

KEFERFILL-SEMMELKNÖDEL: unter die Semmelknödelmasse ca. 1 bis 2 EL Keferfill (Kerbelkraut), fein gehackt, mengen.

KASKNÖDEL: anstelle von Milch Wein mit Wasser mischen, Gorgonzola in die Flüssigkeit geben, diese mixen und mit dem Brot vermengen, wie oben beschrieben weiterverarbeiten. Ins Kochwasser Salbeiblätter geben und darin garen. Eventuell mit frittierten Salbeiblättern garnieren.

VORARLBERGER BRÄTKNÖDEL: unter die Masse Kalbsbrät (Bratwurstfülle) mengen, mit Majoran und Cayennepfeffer würzig abschmecken.

OLIVENKNÖDEL: anstelle von Butter Olivenöl nehmen und grüne und/oder schwarze Oliven ohne Stein klein gehackt einmengen, zusätzlich eventuell getrocknete Tomaten; mit Rosmarin, Oregano und/oder Zitronenschale würzen.

ZILLERTALER FLEISCHKNÖDEL: faschierte Fleischreste in heißem Fett anrösten und abgekühlt unter die Semmelknödelmasse mengen, eventuell mit etwas Mehl festigen.

Kaspressknödel

INNTALER KASKNÖDEL: in die Mitte des Semmelknödels einen etwas größeren Käsewürfel geben. Dazu einen Erdäpfel-Gurken-Salat servieren.
INNVIERTLER SEMMELKNÖDEL: in die Mitte der Semmelknödel fertige Füllungen aus Haschee-, Speck- oder Grammelknödelmasse geben.
ROTE-RÜBEN-KNÖDEL: etwas Flüssigkeit durch Rote-Rüben-Saft ersetzen, eine gekochte Rübe darin mixen und damit das Knödelbrot begießen.
KÄFERBOHNENKNÖDEL: Butter durch Kernöl ersetzen und gekochte Käferbohnen unter die Semmelknödelmasse mengen.
BLUDENZER KÄSEKNÖDEL: milden Schnittkäse und klein würfelig geschnittenen Rauchschinken (ersatzweise Selchfleisch) sowie durchgedrückte Erdäpfel einmengen.
MÜNCHNER WEISSWURSTKNÖDEL: grob faschierte oder geschnittene geschälte Weißwürste unter die Semmelknödelmasse mengen, mit viel frischer Petersilie, Zitronensaft und -zesten sowie mit etwas Vanillearoma würzen.
LEBERWURSTKNÖDEL: geschälte, zerkleinerte Leberwurst unter die Semmelknödelmasse mengen, mit Koriander, Majoran, Kardamom und Knoblauch zusätzlich würzen.
TIROLER SPECKKNÖDEL: Semmelknödelmasse mit magerem Speck oder Räucherwurstwürfeln vermengen, eventuell Zwiebelmenge erhöhen.
STEIRISCHER HOCHZEITSKNÖDEL: Selchfleischwürfel, Sauerkraut, klein geschnitten, und Käsewürfel unter die Knödelmasse mengen, Teig zu einer Rolle formen und in geöltes Baumwolltuch einschlagen, Enden verschließen und als Serviettenknödel kochen. In Scheiben schneiden, mit Butter beträufeln, mit Schnittlauchröllchen und zusätzlich mit fein geriebenem Käse bestreuen; oder auf gekochtem Wurzelgemüse und mit frisch geriebenem Kren bestreut servieren.

Tiroler Speckknödel

VOLLKORNBROTKNÖDEL: Grundmasse mit Vollkornbrot zubereiten und gekochte Roggen- oder Weizenkörner einmengen.
ROHNENKNÖDEL: unter die fertige Masse gekochte, Rote Rüben und Graukäse oder Gorgonzola einmengen.

Weitere Beigaben
GEBACKENE ZWIEBELRINGE
150 g Zwiebeln in feine Ringe schneiden, 80 g Mehl mit ½ TL Paprikapulver vermengen, die Zwiebelringe darin wälzen, in heißem Fett hellbraun backen, gut abtropfen lassen und unter die Knödelmasse mengen.

TIPPS ~
- Knödelwasser immer zugedeckt aufkochen lassen, da es weniger Energie benötigt; abgedeckt kocht es viel schneller. Einen genügend großen Topf wählen, so viel Wasser einfüllen, dass es ca. 2 cm über den Knödeln steht, nur so viele Knödel einlegen, dass sie beim Kochen genügend Platz zum Drehen haben. Anfangs den Topf hin und her bewegen oder vorsichtig mit einem Kochlöffel umrühren, damit die Knödel nicht am Boden ankleben.
- Knödelreste zu Salat oder gerösteten Knödeln oder Aufläufen weiterverarbeiten.

VARIANTE II: FEINE GRUNDREZEPTUR MIT ERHÖHTEM EIERANTEIL
ZUTATEN ~ **200 g trockenes Knödelbrot / 50 g zerlassene Butter
ca. 120 ml warme Milch (je nach Trockenheit des Brotes) / 3 bis 4 Eier / Salz
Prise Muskatnuss / 1 EL frisch gehackte Petersilie oder andere Kräuter nach Belieben
50 g in Butter angeschwitzte Zwiebeln nach Geschmack / Brösel von entrindetem Weißbrot nach Bedarf (siehe S. 221) / ca. 20 g Mehl nach Bedarf**

ZUBEREITUNG ~ Für die Variante II die zerlassene Butter mit Milch vermischen und mit dem Knödelbrot vermengen, 20 Minuten ziehen lassen. Dann die Eier einmengen und mit Salz und einer Prise Muskatnuss würzig abschmecken. Nach Geschmack gehackte Petersilie und in Butter angeschwitzte Zwiebeln zugeben. Aus der Masse Knödel formen (bei Bedarf noch mit Bröseln binden), in kochendes Salzwasser einlegen und je nach Größe der Knödel ca. 15 Minuten ziehen lassen. (Am besten einen Probeknödel kochen. Bindet die Masse nicht gut genug, noch etwas Mehl untermengen.)

VARIANTE III: SERVIETTENKNÖDEL
ZUTATEN ~ **200 g frisches Toastbrot / 4 Eier / Salz / 40 g zerlassene Butter**

ZUBEREITUNG ~ Das Toastbrot in Würfel schneiden und mit den restlichen Zutaten vermengen. Frischhaltefolie ausbreiten, die zu einer Rolle geformte Semmelmasse auflegen und einwickeln. Die Enden gut abbinden, mit einer Gabel mehrmals einstechen oder in ein geöltes Baumwolltuch einschlagen und je nach Stärke 30 bis 40 Minuten kochen.
Verwendung: zu allen Gerichten mit Sauce (Gulasch, Beuschel, Schwammerlsauce), aber auch zu Braten und Geselchtem.

TIPP ~ Am besten kaufen Sie frisches Knödelbrot beim Bäcker und frieren es ein, wodurch Sie immer frisches, nicht zu trockenes Knödelbrot zur Verfügung haben. Wenn Sie frisches Weißbrot verwenden, so erübrigt sich die Milchzugabe (fast) zur Gänze.

RÄUCHERFORELLENKNÖDEL ~ **Grundmasse Semmelknödel Variante II (siehe S. 171)**
180 g Räucherforellenfilets / 2 EL fein gehackte Dille

Die Räucherforellenfilets in kleine Würfel schneiden und mit der gehackten Dille unter die Masse mengen. Wie im Grundrezept beschrieben weiterverarbeiten.

PAPRIKAKNÖDEL ~ **Semmelknödel-Grundmasse / je 50 g rote und grüne Paprikaschoten, Chili, Currypulver, Koriander, frisch geriebener Ingwer**
1 EL fein gehackte Petersilie / etwas Butter

Paprikaschoten in kleine Würfel schneiden und in etwas Butter anbraten. Frisch geriebenen Ingwer kurz mitbraten und mit den restlichen Gewürzen sowie Petersilie pikant würzen. Unter die Semmelmasse mischen und wie im Grundrezept beschrieben weiterverarbeiten.

WEISSWURSTKNÖDEL ~ **Grundmasse Semmelknödel Variante II (siehe S. 171)**
100 g fein geschnittene Zwiebelringe / 40 g Mehl / ½ EL Paprikapulver
2 Weißwürste (oder Bratwürstel) / 2 gehackte Knoblauchzehen
1 EL fein gehackte Petersilie / Öl zum Herausbacken

Paprikaknödel

Das Mehl mit dem Paprikapulver vermischen und die Zwiebelringe darin wälzen. In heißem Fett hellbraun backen und auf Küchenkrepp abtropfen lassen, klein schneiden. Die gehäuteten Würste in kleine Stücke schneiden und ebenfalls braten. Knoblauch sowie Petersilie zugeben und nun alle Zutaten gemeinsam unter die Knödelmasse mengen. Wie im Grundrezept beschrieben weiterverarbeiten.

PILZKNÖDEL ~ Semmelknödel-Grundmasse / Pilze nach Wahl / Salz / Pfeffer Butter zum Braten

Die Pilze fein schneiden und in etwas Butter anschwitzen. Würzen und unter die Semmelmasse mischen. Wie im Grundrezept beschrieben weiterverarbeiten.

SPINATKNÖDEL ~ Semmelknödel-Grundmasse / fein gehackter, blanchierter Blattspinat

Spinat unter die Semmelmasse mischen, mit Knoblauch und Muskatnuss zusätzlich würzen, wie beschrieben weiterverarbeiten. *(Foto Seite 167)*

Servietten-Germknödel

ZUTATEN ~ 160 g glattes Weizenmehl / 5 g Trockengerm (½ Packung) ca. 250 ml lauwarme Milch / 1 Ei / 70 g Knödelbrot / 10 g Zwiebelwürfel / 30 g Butter Salz / ½ KL fein gehackte Petersilie / Prise Muskatnuss / etwas Rosmarin und Thymian

ZUBEREITUNG ~ Butter zerlassen und Zwiebelwürfel darin hellbraun rösten, Knödelbrot beigeben; lauwarme Milch mit Germ verrühren, Mehl, Ei und Zwiebelbrot beigeben, würzen und zu einem Teig verkneten, zugedeckt ca. 30 Minuten warm gehen lassen. Danach zu einer Rolle formen, in eine geölte Serviette einwickeln, in kochendes Salzwasser einlegen und ca. 30 Minuten zugedeckt ziehen lassen, dabei mehrmals drehen, damit auch die aus dem Wasser ragende Oberfläche durchgegart wird.

Wird der Knödel in Frischhaltefolie gegart, dann nicht zu eng in die Folie einwickeln, da sich durch die Germbeigabe der Knödel ausdehnt bzw. er aufgeht.

Verwendung: Ideale Beigabe zu Saucenfleisch, aufgeschnitten und gebraten als Suppeneinlage oder auf Blattsalat; in Scheiben geschnitten, in Butter oder Butterschmalz gebraten und mit Ei vermischt als gerösteter Semmelknödel.

TIPP ~ Knödel zum Wiedererwärmen in Scheiben schneiden und über Dampf, in heißem, gesalzenem Wasser (Englischwasser) oder im Dampfgarer erwärmen, eventuell noch in zerlassener Butter braten.

Als Einlage: angeschwitzte Pilze, gekochte Gemüsewürfel, angebratene Speckwürfel, Käsewürfel, Blut- oder Leberwust, Bärlauchpaste, Oliven, eingelegte Tomatenwürfel.

Mit beliebigen Kräutern abschmecken wie Bärlauch, Koriander, Fenchel, Basilikum, Liebstöckel, Pfefferminz, Zitronenmelisse etc.

Milch durch Bier ersetzen.

Waldviertler Knödel

ZUTATEN ~ 300 g mehlige Erdäpfel, roh geschält und in Zitronenwasser eingelegt
150 g in Schale gekochte, mehlige Erdäpfel / 6 g Salz / Prise Muskatnuss
20 g Kindergrieß oder Polenta / 10 g Kartoffel- oder Maisstärke

ZUBEREITUNG ~ Die rohen Erdäpfel mit einer feinen Reibe in Zitronenwasser reiben, in einem Leinentuch sehr gut ausdrücken, die gekochten Erdäpfel durch die Erdäpfelpresse drücken. In einer Schüssel alle Zutaten vermengen, eventuell die am Boden abgesetzte Stärke untermengen, wenn nötig Kartoffel- oder Maisstärkebeigabe erhöhen.
Mit nassen Händen Knödel formen, in kochendes Salzwasser einlegen, ca. 12 Minuten unter dem Siedepunkt garen lassen.
Als Beilage zu Rinds-, Wild- oder Schweinsbraten, gebratener Gans oder Ente.
Als Einlage eventuell einige geröstete Weißbrotwürfel in die Mitte des Knödels drücken.

TIPP ~ Möchte man groben Grieß feiner verwenden, in einer ausgedienten Kaffeemühle oder einem Küchencutter fein mahlen bzw. reiben.

Beim Einwässern der geriebenen Erdäpfel setzt sich am Boden Stärke ab. Diese abgesetzte Stärke, jedoch ohne Flüssigkeit, kann ebenso der Masse beigemengt werden.

Semmelknödel mit Eierschwammerln

Semmelknödel mit Topfen und Kräutern

Sehr flaumige Masse

ZUTATEN ~ 120 g Toastbrot (wenn möglich ohne Rinde) oder weiches Knödelbrot ca. 120 ml Obers-Milch-Gemisch / 50 g zerlassene Butter / 2 Dotter / 200 g Topfen 100 g griffiges Weizenmehl / 2 Eiweiß / 2 TL Weizenstärke (= 10 g) / ca. ½ TL Salz Muskatnuss / Pfeffer, frisch gemahlen / 1 EL gehackte Kräuter, je nach Geschmack: Petersilie, Kerbel, Bärlauch, Basilikum etc. oder eine Mischung daraus

ZUBEREITUNG ~ Toastbrot mit Obers-Milch-Gemisch begießen und anweichen lassen, Butter mit Dottern verrühren, Topfen und angeweichtes Brot dazugeben und würzig abschmecken. Eiweiß mit Weizenstärke steif schlagen und mit dem Mehl unter die Brotmasse mengen, ca. 15 Minuten rasten lassen; aus der Masse mit befeuchteten Händen kleine Knödel formen, in kochendes Salzwasser einlegen und unter dem Siedepunkt (nicht kochen) je nach Größe ca. 15 Minuten garziehen lassen. Kurz vor dem Herausnehmen noch einmal aufkochen lassen. Anstelle von Knödeln kann man mit einem nassen Löffel auch kleine Nockerln abstechen.
Rahm-, Gemüse- oder Kräutersauce dazu servieren.
Mit salzigen Butterbröseln servieren.
Blattsalat dazu reichen.
Auch als Suppeneinlage geeignet.

VARIANTEN ~
SEMMELKNÖDELAUFLAUF: Semmelknödelmasse in kleine ausgebutterte Auflaufformen füllen und im Wasserbad bei ca. 165 °C im vorgeheizten Backrohr ca. 30 Minuten backen, aus der Form stürzen und servieren.
FÜR BÄRLAUCHKNÖDEL: 3 bis 4 EL fein geschnittenen Bärlauch untermengen (ca. 30 bis 40 g).
Alternativ mit Bärlauchpaste aromatisieren.
Anstelle von Kräutern mit würzigem Käse (fein gerieben) zubereiten.

Nachspeisen-, Obst- und süße Knödel

Couscous-Knödel

**ZUTATEN ~ 100 g Couscous / 150 g kochendes Wasser / ca. 150 ml Milch
10 g Vanillepuddingpulver / 20 g Vanillezucker / 2 Dotter / 150 g Topfen
30 g Weißbrotbrösel (Mie de pain) / Prise Salz**

ZUBEREITUNG ~ Couscous mit 150 g kochendem Wasser übergießen, mit einer Gabel oder den Händen durchmischen und ca. 15 Minuten im Sieb quellen lassen, auf ein Blech leeren und gut auflockern. Es sollen alle Klumpen aufgelöst sein.
Milch mit Vanille und Salz aufkochen und mit angerührtem Vanillepuddingpulver dick einkochen lassen, vom Herd nehmen, mit Folie abdecken (verhindert Hautbildung) und auskühlen lassen. Restliche Zutaten einrühren. Bei Bedarf noch einige Weißbrotbrösel untermengen.
Aus der Masse kleine Knödel formen, in kochendes Salzwasser einlegen, vom Herd nehmen und zugedeckt ca. 10 Minuten garziehen lassen. Aus dem Wasser nehmen, gut abtropfen lassen und in Zuckerbröseln, mit Nüssen vermischt, wälzen, mit Orangensauce, Vanillesauce, Zwetschkenröster oder Beerenragout servieren.
Ergibt sehr weiche und flaumige Knödel. Die Knödel keinesfalls kochen, sie würden zerfallen. Eventuell in Klarsichtfolie garen.

Unter die Masse noch zusätzlich 70 g fein geschnittene Dörrfrüchte mengen.
Oder den Knödelteig auseinanderdrücken, ein kleines Stück Nougat einlegen und formen.

FÜR PIKANTE VARIANTE: Milch mit Weizen- oder Kartoffelstärke einkochen und ohne Vanillezucker zubereiten. Mit beliebigen Kräutern oder Gewürzen aromatisieren.

Eckige Zwetschkenknödel

Dieses Rezept stammt von Georg Friedl

Für 4 Personen

**ZUTATEN ~ Erdäpfelteig für gebackene Knödel (siehe Seite 180)
16 Zwetschken, entkernt / 2 Esslöffel Butter / 250 g Sauerrahm / 50 g Zucker
4 Eier**

ZUBEREITUNG ~ Erdäpfelteig zubereiten. Teig in kleine Stücke schneiden. Zwetschken waschen, entkernen. Die Zwetschken auf die Erdäpfelteigstücke geben, in den Teig einschlagen. In einer Rein (eckige oder runde Bratenpfanne) Butter zergehen lassen. Die Knödel darin wenden und nebeneinander hineinsetzen. Bei mittlerer Hitze backen. Gegen Ende der Garzeit Rahm, Zucker und Eier versprudeln. Über die Knödel gießen, stocken lassen, anzuckern und servieren.

Dörrzwetschkenknödel mit Krokantbröseln

**FÜR DEN TOPFENTEIG ~ 400 g Topfen / 30 g zerlassene Butter
40 g Feinkristallzucker oder Staubzucker / 2 Eier / 50 g Semmelbrösel
50 g Weizengrieß / 10 ml Rum 60 % / etwas frisch geriebene, unbehandelte
Zitronenschale / Prise Salz**

**FÜR DIE FÜLLE ~ 200 g Dörrzwetschken / Prise Zimt / 100 g Marzipan
40 ml Zwetschkenschnaps oder Rum**

**FÜR DIE KROKANTBRÖSEL ~ 100 g Feinkristallzucker / 100 g ganze Nüsse
oder Kerne wie Haselnüsse, Para-, Peca-, Macadamia-, Walnüsse, Kürbiskerne,
Sesam, Sonnenblumenkerne etc.**

ZUBEREITUNG ~ Alle Zutaten für den Teig auf einer Arbeitsfläche oder in einer Küchenmaschine mit dem Knethaken vermengen, gekühlt ca. 2 Stunden rasten bzw. anziehen lassen. Die Zwetschken eventuell am Vortag faschieren oder klein schneiden, mit Marzipan vermengen und mit Alkohol und Zimt aromatisieren, zugedeckt ziehen lassen. Ist die Masse zu trocken: Schnaps einmengen, zu weich: mit gemahlenen Nüssen festigen. Kleine Knödel formen und frieren.
Von der Topfenmasse kleine Stücke abnehmen, leicht auseinanderdrücken und die Füllrohlinge darin einhüllen, in kochendes Salzwasser einlegen und ca. 10 Minuten unter dem Siedepunkt garziehen lassen. Bei zu weicher Masse mit Bröseln festigen.

FÜR DIE KROKANTBRÖSEL ~ Zucker am besten in einer beschichteten Pfanne hellbraun schmelzen bzw. karamellisieren, die Nüsse einmengen und gut untermischen, auf eine vorbereitete Silikonmatte, auf Backtrennpapier oder ein geöltes Blech ausleeren, ausgekühlt in einer Moulinette oder Küchenmaschine grob oder fein zerkleinern. (Krokant gut verschlossen aufbewahren, zieht leicht Feuchtigkeit an, kann beliebig für Desserts weiterverwendet werden.)
Die gut abgetropften Knödel in den Krokantbröseln wälzen oder Krokantbrösel unter fertige, ungezuckerte Butterbrösel mengen.

Weitere mögliche Fruchtfüllungen

- Je 50 g Datteln, Rosinen, Feigen, Dörrzwetschken
- Je 20 g Zitronat und Orangeat, ersatzweise Ananas oder getrocknete Marillen
- 60 g fein gemahlene oder grob gehackte Nüsse
- Zimt und/oder Lebkuchengewürz

Erdäpfelteig für gebackene Knödel (z. B. eckige Zwetschkenknödel)

**ZUTATEN ~ 400 g mehlige Erdäpfel, gekocht, passiert, lauwarm
100 g griffiges Weizenmehl / 2 Dotter / 1 EL Maizena**

ZUBEREITUNG ~ Den Teig schnell und glatt abarbeiten, beliebig füllen.

Eisknödel

**ZUTATEN ~ 500 ml Obers / 50 bis 70 g Feinkristallzucker / 2 Eier
evtl. ½ aufgeschnittene Vanilleschote / 20 ml Rum**

ZUBEREITUNG ~ Obers mit Kristallzucker und Vanilleschote aufkochen, Hitze abschalten, Topf am Herd stehen lassen, Vanilleschote entfernen. Eier unter ständigem Mixen (Mixstab) in die heiße Obersmasse einrühren. Von der Herdstelle nehmen und noch einige Minuten weitermixen, die Masse darf dabei aber nicht kochen; Rum zugeben, auskühlen lassen und mindestens 24 Stunden kühl stellen (reifen lassen).
Diese gereifte Eisparfaitgrundmasse bereite ich bereits seit vielen Jahren so zu. Sie kann in beliebigen Formen eingefroren werden und man benötigt hierfür keine Eismaschine. Es lohnt sich, gleich größere Mengen herzustellen, da diese beliebig geschmacklich variiert werden können. Nachstehend einige Vorschläge, Ihrer Fantasie sind keine Grenzen gesetzt.

FÜLLMÖGLICHKEITEN ~
MARILLENEISKNÖDEL:
**ZUTATEN ~ 100 g am besten selbst hergestellte Marillenmarmelade
10 g Glukose oder Stärkesirup, in Apotheke oder bei Fa. Süwag erhältlich
10 ml Rum oder Marillenschnaps**

ZUBEREITUNG ~ Die Marmelade mit der leicht erwärmten Glukose vermengen und mit Schnaps abschmecken. Gereifte Grundmasse in einem Rührkessel oder mit einem Schneebesen wie Schlagobers aufschlagen. Die Hälfte der aufgeschlagenen Masse in einen Spritzbeutel füllen. (Die Öffnung des Spritzsackes beim Befüllen mit einer Klammer verschließen, sodass die Masse nicht ausrinnen

kann). In kleine, halbrunde Silikonformen einfüllen, mit einem kleinen Löffel in die Mitte etwas Marillenfüllung geben (siehe Fotos), die Silikonformen ins Tiefkühlfach stellen, gut anfrieren lassen. Jeweils zwei halbrunde Krapferl zu einer Kugel zusammensetzen und etwas andrücken, damit die Flächen zusammenhalten, oder als halbrunden Knödel servieren. Der zweiten Hälfte der Grundmasse beliebigen Geschmack verleihen oder beliebig füllen.

HIMBEEREISKNÖDEL: Krapferl befüllt mit Himbeermarmelade, abgeschmeckt mit Himbeerschnaps, gefroren in gemahlenem Mohn wälzen und mit Staubzucker bestreut servieren.
ORANGENEISKNÖDEL: Krapferl befüllt mit Orangenmarmelade, abgeschmeckt mit Orangenlikör, füllen, gefroren in Kakaopulver wälzen und mit Staubzucker bestreut servieren.
EISKNÖDEL MELBA: Krapferl befüllt mit Pfirsich- oder Himbeermarmelade, gefrorene Knödel entweder mit Himbeer- oder Pfirsichsauce (je nach Füllung) überziehen und eventuell mit Schokoladestreuseln oder Schokoladesauce verzieren.

GESCHMACKLICHE VARIANTEN DER GRUNDMASSE ~

KOKOSEISKNÖDEL: etwas Obers bei Grundmasse durch Kokosmilch ersetzen, mit weißem Rum aromatisieren. Ananasmarmelade mit Kokoslikör abschmecken, die fertigen Knödel in gerösteten Kokosflocken wälzen, eventuell mit Kakaopulver bestreuen.

RUMZWETSCHKENEISKNÖDEL: Dörrzwetschken mit Rum, Rotwein, Zimt und etwas Nelken aufkochen, über Nacht ziehen lassen, abseihen, in kleine Stücke schneiden und unter die aufgeschlagene Grundmasse geben, Abtropfflüssigkeit etwas einkochen und Knödel beträufeln, eventuell mit einer Karamellsauce servieren.

HONIGEISKNÖDEL: Obers mit Honig anstelle von Zucker bei Grundmasse aufkochen, mit Rum aromatisieren, in Kürbiskrokant wälzen und eventuell mit Kürbiskernöl beträufeln.

KROKANTEISKNÖDEL: unter die aufgeschlagene Grundmasse fein oder grob gemahlenes Nusskrokant mengen, hierfür Zuckermenge bei Herstellung der Grundmasse reduzieren.

PFEFFERMINZEISKNÖDEL: Grundmasse mit klein geschnittenen After-Eight-Stücken vermengen, zusätzlich mit Pfefferminzlikör oder Pfefferminzaroma aromatisieren.

SCHOKOPFEFFERMINZEISKNÖDEL: geschmolzene Schokolade, zerbröckelte Baisers und Crème de Menthe oder Pfefferminzlikör oder -aroma einmengen.

AMARENAEISKNÖDEL: abgetropfte, klein geschnittene Amarenakirschen unter die Grundmasse mengen, in gerösteten Mandelblättchen wälzen, eventuell einen kleinen Marzipankern einlegen.

NOUGAT- ODER SCHOKOLADEEISKNÖDEL: Nougat oder Schokolade in einer Schüssel über einem Wasserbad zerlassen, eine Teigkarte voll Grundmasse einrühren, alles gut verrühren und dann in die restliche Grundmasse untermengen.

KAFFEEEISKNÖDEL: in die heiße Grundmasse Löskaffeepulver je nach Geschmack einrühren und auflösen, reifen lassen und die Masse aufschlagen; die Knödel eventuell in grob zerkleinerten Baiserstücken rollen.

CASSATAEISKNÖDEL: grob gehackte Walnüsse und Pistazien, in Maraschinolikör angesetzte Cocktailkirschen, klein geschnittene Aranzini und Zitronat und Schokoladestücke untermengen, die Knödel mit gehackten Pistazien bestreuen.
Anstelle von Zucker die Grundmasse eventuell mit Honig oder Ahornsirup aufkochen.
Andere kandierte Früchte wählen.

ZIMTEISKNÖDEL: Grundmasse mit Zimt aufkochen und abschmecken, Knödel mit Rumzwetschkensauce servieren.

VANILLEKIPFERLEISKNÖDEL: zuckerreduzierte Grundmasse, grob zerkleinerte Vanillekipferlstücke untermengen.

LEBKUCHEN-PUNSCHEISKNÖDEL: mit Lebkuchenbröseln oder Keksbröseln aromatisieren, Zwetschkenrum- oder Rumtopfmarmelade einmengen.

RUMROSINENEISKNÖDEL MIT SCHOKOLADE: Grundmasse mit zerlassener Schokolade verrühren und in Rum eingelegte Rosinen untermengen.

TIPPS ~

- Zur Vereinfachung der Knödelzubereitung ist es hier ratsam, sich halbrunde Silikonformen zu besorgen.
- Alternativ kann man die Masse zur Hälfte in eine mit Frischhaltefolie ausgelegte Terrinenform einfüllen, Marillenfülle der Länge nach aufbringen, mit der restlichen Masse abdecken und einfrieren.

- Die Eisknödel in Nuss- oder Erdnusskrokant etc. (je nach Rezept) wälzen, vor dem Servieren ca. 5 bis 10 Minuten im Kühlschrank antauen lassen und dann mit Staubzucker bestreuen. Die Knödel sollen halbgefroren sein.
- Anstelle von Glukose kann auch Honig genommen werden, man erzielt den gleichen Effekt: Glukose verhindert, dass die Marmeladenfüllung festfriert, es bleibt ein weicherer Kern. Glukose ist im Gegensatz zum Honig geschmacksneutral. Zum Entnehmen der Glukose die Finger oder Löffel anfeuchten, so bleibt die Masse nicht kleben.

Fruchtknödel mit Topfen-Grießteig

Die Lieblingsknödel von Sassy, der Sängerin der Band „Die Seer"

Für 20–26 Knödel

ZUTATEN ~ Erdbeeren, Zwetschken, Marillen, Ringlotten etc. nach Belieben Würfelzucker oder Marzipan nach Geschmack zum Füllen / Butterbrösel mit Zimt und Staubzucker zum Vollenden

FÜR DEN TOPFENGRIESSTEIG ~ 250 g Topfen / 70 g zerlassene Butter / 70 g Grieß 70 g griffiges Weizenmehl / 1 Ei / Prise Salz / 20 g Vanillezucker / evtl. Prise Zitronen- oder Orangenschalenpulver

ZUBEREITUNG ~ Für den Teig Topfen und Ei verrühren und mit allen anderen Zutaten vermengen. Etwa 45 Minuten rasten lassen. Währenddessen Erdbeeren vorbereiten oder Zwetschken, Marillen etc. entkernen und Marzipan oder Würfelzucker einfüllen.
Teig zu einer Rolle formen, jeweils eine Scheibe abschneiden, flach drücken und die Früchte damit umhüllen. Knödel in leicht kochendes Salzwasser einlegen und so lange ziehen lassen, bis sie an die Oberfläche steigen. Das Wasser darf dabei nicht wallend kochen! Herausheben und nach Belieben in mit Zimt aromatisierten Butterbröseln wälzen, anrichten und mit Staubzucker bestreuen.

TIPP ~ Obstknödel sollten immer sofort gekocht werden, da sie meist etwas Fruchtflüssigkeit absondern und die Teighülle damit aufgeweicht werden würde.

VARIATIONSMÖGLICHKEITEN ~
- Der Teig kann auch mit Mohn oder Kakao eingefärbt werden bzw. mit einer Prise Zimt oder Lebkuchengewürz aromatisiert werden.
- Dieser Teig kann auch mit Nougatstücken, diversen Pralinen, Giotto, Raffaello, Mon Chéri, Toffifee, Pocket Coffe, Schoko-Bons, Smarties, zerkleinerten After-Eight-Stücken, Mohn-, Nuss- oder Dörrfruchtmassen gefüllt werden.
- Obstknödel können auch mit allen anderen Knödelteigen, die sich zum Kochen eignen, etwa Erdäpfelteig oder Schloss-Orth-Knödelteig, zubereitet werden.
- Mit Vanillesauce oder Vanilleeis servieren.

Früchte-Schokoladeknödel mit Walnussbröseln

Dieses Rezept stammt von Konditormeister Hannes Lubinger

FÜR DEN ERDÄPFELTEIG ~ 250 g gekochte, durchgedrückte, mehlige Erdäpfel (ca. 400 g mit Schale gewogen) / 20 g Weizengrieß / 40 g Stärkemehl (Mais- oder Kartoffelstärke) / 15 g zerlassene Butter / 1 Dotter / Prise Salz / etwas unbehandelte Zitronenschale

FÜR DIE FÜLLE ~ 10 ml Rum / 10 g Honig / 150 g fein gehackte oder faschierte Trockenfrüchte (Marillen, Zwetschken, Feigen, Datteln etc., je nach Vorrat)
40 g weiße Kuvertüre oder Schokolade

ZUBEREITUNG ~ Schokolade schmelzen und mit den restlichen Zutaten für die Fülle vermengen, überkühlt kleine Kugeln formen und tiefkühlen.
Die im Wasser oder Dampfgarer gekochten (gegarten) ungeschälten Erdäpfel schälen und noch heiß durch die Erdäpfelpresse drücken (hierfür verwende ich gerne auch eine Erdäpfelwiege, siehe Bild Seite 148), mit den restlichen Zutaten vermengen und rasch zu einem Teig verarbeiten. Teig zu einer Rolle formen und in 8 bis 12 Portionen teilen, je nach Größe und Menge der Fülle; Teigstücke flach drücken, mit je einer Füllkugel belegen und Knödel formen. In kochendes Salzwasser einlegen, einmal aufkochen lassen und ca. 8 bis 12 Minuten unter dem Siedepunkt garen. Knödel aus dem Wasser heben, abtropfen lassen und in Walnussbröseln wälzen.

WALNUSSBRÖSEL: Butterbrösel (siehe Seite 189) mit gerösteten, fein gemahlenen oder grob gehackten Walnüssen vermengen.

TIPP ~ Erdäpfelteig sofort weiterverarbeiten, da dieser nach längerer Stehzeit die Bindung verliert und sich im Wasser auflöst.

Ersatzweise mit Hasel-, Erd-, Para-, Peka- oder Macadamianüssen, aber auch mit Pistazien, Kürbiskernen, Pinienkernen oder Sesam zubereiten.

Gebackene Apfelknödel mit Erdäpfel-Germteig

FÜR DEN TEIG ~ 500 g gekochte, mehlige Erdäpfel, ca. 750 g brutto
150 g glattes Weizenmehl oder feines Dinkelmehl / 50 g Butter / 1 Ei
20 g Zucker / 1 Packung Trockengerm / Prise Salz

3 bis 5 Äpfel (Cox Orange, Kronprinz, eher säuerliche Äpfel)
etwas Zimt, Zucker und Zitronensaft / ca. 60 g Butter

FÜR DEN ÜBERGUSS ~ 250 ml Sauerrahm / 2 Eier / 30 g Zucker / 20 g Vanillezucker Salz / 10 ml Rum

ZUBEREITUNG ~ Äpfel schälen, entkernen, halbieren oder vierteln, mit Zucker, Zitrone und Zimt bestreuen. Trockengerm mit zerlassener Butter verrühren, die am Vortag gekochten und geschälten Erdäpfel fein reiben oder durch die Erdäpfelpresse drücken und mit allen übrigen Zutaten zu einem glatten, mittelfesten Teig kneten.
In einer feuerfesten Form 60 g Butter zerlaufen lassen, die Apfelstücke dünn mit dem Teig umhüllen, in flüssiger Butter drehen, in die Backform geben, zugedeckt ca. 1 Stunde aufgehen lassen und bei 170 °C ca. 20 Minuten backen. Die Zutaten für den Überguss verrühren, über die gebackenen Knödel gießen und weitere 15 Minuten fertig backen.
Die Knödel mit Zimt-Zucker-Gemisch bestreuen und servieren.
In den Teig noch in Rum eingeweichte Rosinen und Zimt einmengen.
Mit Vanillesauce oder Vanilleeis oder Apfelsorbet vollenden.

Geflämmte oder kalte Grießknödel

**ZUTATEN ~ 500 ml Milch / ½ aufgeschnittene Vanilleschote / ½ Zimtstange
70 bis 100 g Zucker / 80 g Grieß / 4 Blatt Gelatine / 40 ml Orangensaft
10 ml Zitronensaft / etwas Zitronen- oder Orangenschalen(-pulver)
500 ml Schlagobers / evtl. gehackte Pistazien oder Pinienkerne zum Bestreuen
Minzeblätter zum Garnieren**

ZUBEREITUNG ~ Gelatine mindestens 10 Minuten in kaltem Wasser einweichen.
Die Milch mit der aufgeschnittenen Vanilleschote, der Zimtstange und dem Zucker aufkochen, unter ständigem Rühren den Grieß beigeben und eindicken. Den Topf vom Herd nehmen, die in Wasser eingeweichten Gelatineblätter ausdrücken und in der heißen Grießmasse auflösen. Saft und Schalen einrühren.
Überkühlt, jedoch bevor die Masse zu stocken beginnt, geschlagenes Obers unterheben. Die Grießmasse in eine Schüssel füllen und abgedeckt ca. 3 Stunden kalt stellen. Mit einem in heißes Wasser getauchten Eisportionierer kleine halbrunde Knödel ausstechen, auf Tellern anrichten.
Dazu frische Früchte und Beeren, aber auch ein Orangen-, Rotweinkirschen-, Mandarinen- oder beliebiges Früchteragout reichen. Eventuell mit gehackten Pistazien oder Pinienkernen bestreuen und mit Minzeblatt garnieren.

Als geschmackliche Variante kann man statt Zitronen und Orangen Lebkuchengewürz, Rosmarin, Löskaffee, Orangenlikör, Maraschino, Bittermandelöl, Pfefferminzaroma oder Fruchtsäfte wie Kirsche oder Erdbeere untermengen oder in der heißen Grießmasse einige Schokolade- oder Nougatstücke auflösen.
Wer die Masse kompakter möchte, kann zusätzlich noch 1 bis 2 Blatt Gelatine untermengen.

VARIANTE ~ Die Masse in eine mit Frischhaltefolie ausgelegte Terrinenform füllen, kalt stellen, aus der Form nehmen und in Scheiben schneiden.

Gefüllte Nussknödel mit Weintrauben

Für ca. 12 Stück

ZUTATEN ~ 500 g Topfen / 50 g fein geriebene, geröstete Haselnüsse 50 g zerlassene Butter / 50 g glattes Weizenmehl / 30 g Feinkristallzucker 25 g Grieß / 20 g Vanillezucker / 3 Eier / 60 g Weißbrotbrösel (Mie de pain) frisch geriebene Zitronenschale / Prise Salz

FÜR DIE FÜLLE ~ ca. 360 g Weintrauben, gewaschen und gut abgetropft

ZUBEREITUNG ~ Zerlassene Butter mit Eiern und Topfen verrühren, alle anderen Zutaten untermengen, Teig ca. 2 Stunden im Kühlschrank rasten lassen.
Vom Teig kleine Stücke abnehmen, auseinanderdrücken und einige Weintrauben in die Mitte setzen, zu einem Knödel formen, in kochendes Salzwasser einlegen und je nach Größe der Knödel ca. 8 bis 10 Minuten garziehen lassen. Aus dem Wasser heben und gut abgetropft in Butterbröseln oder in einem Haselnuss-Staubzucker-Gemisch wälzen oder damit bestreuen.
Dazu reiche ich Vanillesauce, Vanilleeis oder ein Beerenragout.
Anstelle von Weißbrotbröseln kann man etwas weniger Semmelbrösel nehmen.

Grießteig mit Nougatfülle

ZUTATEN ~ 500 ml Milch / 30 g Butter / 70 g Grieß / 1 Ei / 1 Dotter ca. 60 g Semmelbrösel / 20 g Feinkristallzucker / 10 g Vanillezucker Nougatstückchen oder Pralinenkugeln zum Füllen / ca. 100 g fertige Zuckerbrösel

ZUBEREITUNG ~ Milch mit Butter, Zucker und Vanillezucker aufkochen, Grieß einrühren und auf dem Herd dick einkochen, Topf vom Feuer nehmen und die Masse überkühlen, Dotter und Ei in die warme Masse einrühren, Brösel untermischen und kalt stellen. Nougat in kleine Stücke schneiden und rund formen, Teig in Stücke teilen und in der Hand flach drücken, Nougat oder Pralinenkugeln mit dem Teig umhüllen und Knödel formen. Die Knödel in kochendes Salzwasser einlegen und bei kleiner Hitze ca. 8 bis 10 Minuten garziehen lassen.
In Butterbröseln mit Nüssen wälzen und mit Beerenragout oder Saucen servieren.
Ein Teil der Brösel kann auch durch fein gemahlene Haselnüsse ersetzt werden.
Eventuell Probeknödel kochen, bei Bedarf noch etwas Semmelbrösel einmengen.

PIKANTE VARIANTE: Zucker, Nougat und Vanillezucker weglassen, mit klein gehackten Oliven, getrockneten Tomaten, gut abgetropften Thunfischstücken, Speck-, Schinken-, Käsewürfeln oder verschiedensten Kräutern beliebig aromatisieren. Als Suppeneinlage, aber auch als Beilage reichen.

Kapuzinerknödel

ZUTATEN ~ 60 g weiche Butter / 60 g Feinkristallzucker / 4 Eier / Salz etwas unbehandelte Zitronenschale / etwas Rum / 100 g fein gemahlene Mandeln 50 g in Rum eingeweichte Rosinen / ca. 50 g Semmelbrösel / ca. 60 ml Obers zum Begießen / 1 Rippe Kochschokolade, gerieben / Staubzucker zum Bestreuen

ZUBEREITUNG ~ Butter mit Zucker schaumig rühren, dann die Dotter, die Hälfte der Rosinen und 80 g Mandeln einmengen, das nicht geschlagene Eiklar unterrühren, mit Semmelbröseln festigen und abschmecken. Masse ca. 30 Minuten ziehen lassen und Knödel formen.
Knödel in heißem Fett bei ca. 155 °C hellbraun anbacken. In eine feuerfeste Form geben, mit Obers begießen, mit restlichen Mandeln und Rosinen sowie Schokolade bestreuen und im Rohr ca. 10 bis 15 Minuten bei 165 °C fertig backen, bis das Obers aufgesogen ist.
Zum Begießen kann auch Milch verwendet werden.
Mit Apfel- oder Birnenkompott oder Vanillesauce servieren.

KAPUZINERKNÖDEL, EIN REZEPT MEINER MUTTER
Eine entrindete Semmel in fünf Zehen teilen, gezuckerte Milch mit Dotter verquirlen und die Semmelstücke kurz eintauchen, gut abtropfen lassen, in heißem Fett herausbacken, noch warm in einem Gemisch aus geriebener Schokolade und Staubzucker wälzen und gut anzuckern.

Topfenknödel Grünberg

Größere Menge

ZUTATEN ~ 700 g Topfen / 50 g zerlassene Butter / 3 Eier / Prise Salz / 60 g Zucker Prise Zitronenschale / Schuss Zitronensaft / 10 ml Rum / ca. 140 g entrindete, in kleine Würfel geschnittene Toastbrotscheiben (ersatzweise Knödelbrot)

ZUBEREITUNG ~ Topfen, Eier und Butter verrühren, mit den restlichen Zutaten gut vermengen, ca. 2 Stunden rasten lassen, je nach Feuchtigkeit des Topfens; Probeknödel kochen und bei Bedarf Toastbrot zugeben, nochmals rasten lassen. Mit angefeuchteten Händen Knödel formen. In kochendes (eventuell mit Rum, Vanilleschote, Zimt etc.) aromatisiertes Salzwasser einlegen, Hitze reduzieren und mehr ziehen als wallend kochen lassen, ca. 12 bis 15 Minuten, je nach Größe der Knödel. Vor dem Herausnehmen nochmals kurz aufkochen lassen – die Knödel werden dadurch besonders „fluffig". Mit einem Lochschöpfer aus dem Wasser nehmen, auf Küchenpapier oder einer Serviette abtropfen lassen, in Butterbröseln wälzen und mit Staubzucker bestreut servieren. Eventuell mit zerlassener Butter beträufeln.
Mit hausgemachtem Marillen-, Pfirsich- oder Zwetschkenröster oder diversen Früchtespiegeln aus Himbeer-, Erdbeer- oder Früchtepüree der Saison servieren.

TIPPS ~

- Die Knödelmasse mit gesiebtem Kakaopulver oder Ovomaltine einfärben oder als weihnachtliches Dessert Zimt, Glühwein- oder Lebkuchengewürz etc. unter die Teigmasse mischen.
- Geschmackliche Ergänzung durch Beigabe von Orangenschalen und Orangenlikör.
- In die Knödelmitte Schokoladetropfen, Nougatstücke oder Marzipanstücke eindrücken.
- Fein geriebene Bitterschokolade einmengen.
- Mit Orangensauce oder mit einer mit Maraschino oder Orangenlikör aromatisierten Schokoladesauce servieren.
- Knödel in Kokosflocken wälzen und mit Fruchtsauce reichen.

BUTTERBRÖSEL: 120 g Butter oder Butterschmalz zerlassen, 200 g Brösel zugeben, mit 20 g Vanillezucker, 80 g Kristallzucker und Zimt abrunden.
Butter und Bröselmenge im Verhältnis 1:1 zubereiten, in einer Pfanne unter ständigem Rühren goldbraun rösten, eventuell mit Kakaopulver einfärben.
Mit Krokant-, Lebkuchenbröseln, gemahlenem Mohn, Erd- oder Haselnüssen verfeinern.

Übrig gebliebene Butterbrösel können zum Bestreuen diverser Strudel weiterverwendet werden.
Anstelle von Knödeln Nockerln zubereiten.

Cassata-Knödel

ZUTATEN ~ 100 g Topfengrundmasse / 50 g gemischte, kandierte oder getrocknete Früchte (Mango, Ananas, Preiselbeeren, Zuckermelone, Zitronat, Orangeat oder Früchtebrotmischung etc.) und Nüsse, Pistazien oder Pinienkerne

ZUBEREITUNG ~ Der Topfengrundmasse klein geschnittene Früchte und Nüsse beimengen, kurz rasten lassen, Knödel formen und im Salzwasser garziehen lassen.

Kokos-Grießknödel

ZUTATEN ~ 250 ml Kokosmilch / 80 g Weizengrieß / 20 g Zucker / 1 Ei / fein geriebene Zitronen- und Orangenschale oder -pulver / 40 g Butter / 80 g Kokosflocken evtl. 80 g fein gehackte, kandierte Ananasstücke

ZUBEREITUNG ~ Kokosmilch mit Butter, Zucker, Zitronen- und Orangenschale und Grieß aufkochen, ca. 5 Minuten unter Rühren einkochen, bis die Masse gut eindickt. Kokosflocken und Ananasstücke einmengen, überkühlt das Ei unterrühren und die Masse kalt stellen.
Aus der ausgekühlten Masse kleine Knödel formen, in kochendes Salzwasser einlegen und ca. 8 bis 10 Minuten unter dem Siedepunkt garziehen lassen. Ist die Masse zu weich, die Knödel in Frischhaltefolie wickeln, gut verschließen und kochen.
In süßen Butterbröseln aus je einer Hälfte Semmelbrösel und Kokosflocken oder in fein geriebener Schokolade oder in Schokoladestreuseln wälzen, mit Staubzucker oder Staubzucker-Kakao-Gemisch bestreuen.
Mit Mandarinen- oder Orangenragout servieren.

Süße Kürbiskernknödel

ZUTATEN ~ 30 g weiche Butter / 250 g abgetropfter Topfen / 1 Dotter 80 g Weizengrieß / 50 g fein gemahlene, geröstete Kürbiskerne / 30 g Feinkristallzucker Salz / evtl. frisch geriebene Zitronen- oder Orangenschale, ersatzweise Pulver, und Vanillezucker

FÜR DIE FÜLLE ~ Nougat- oder Schokoladestücke, Schloss-Orth-Kugeln, Mozartkugeln, Pralinen oder Trüffel

ZUBEREITUNG ~ Weiche Butter mit Dotter verrühren und mit den restlichen Zutaten vermengen, abgedeckt im Kühlschrank mindestens 1 Stunde rasten lassen.
Von der gekühlten Topfenmasse Stücke abnehmen und Schokolade- oder Nougatstücke, Pralinen, Schloss-Orth-Kugeln oder Mozartkugeln damit umhüllen, in kochendes Salzwasser einlegen und ca. 8 bis 10 Minuten garziehen lassen.
Die Knödel aus dem Wasser heben, gut abtropfen lassen und in süßen Bröseln oder fein gemahlenem Kürbiskrokant wälzen, mit Beerenragout, diversen Fruchtsaucen, Vanillesauce oder Vanilleeis servieren und eventuell mit Kürbiskernöl beträufeln.
Teig zusätzlich mit Zimt, Lebkuchengewürz, gemahlenen Nelken aromatisieren.
Kochwasser mit Zitrone, Orangen, Rum oder Vanille verfeinern.

VARIANTE ~ Ohne Zucker mit beliebigen pikanten Füllungen zubereiten.

Minze-Topfennockerln

Dieses Rezept stammt von der Familie Schallmeiner, Hois'n Wirt in Gmunden

FÜR DEN TEIG ~ 500 g Topfen / 100 g Weizengrieß / 150 g glattes Weizenmehl 20 g Butter / 2 Eier / Prise Salz / etwas geriebene Zitronenschale / Bund Minzeblätter für Knödel und Butterbrösel

FÜR DIE BUTTERBRÖSEL ~ 100 g Semmelbrösel / 50 g Butter / 50 g Zucker

ZUBEREITUNG ~ Topfen, Grieß, Mehl, Butter, Salz, Zitronenschale und die 2 Dotter in einer Schüssel zu einem glatten Teig verrühren. Minzeblätter klein schneiden, 2 Eiklar aufschlagen, Minze und Eischnee unter den Teig heben.
Mit zwei nassen Esslöffeln Nockerln formen und im siedenden Salzwasser 3 Minuten kochen und ca. 6 Minuten ziehen lassen.
Butter und Zucker in einer Pfanne leicht karamellisieren lassen, Brösel und zum Schluss gehackte Minzeblätter dazugeben. Die Nockerln darin wälzen, beim Anrichten (auf Wunsch) noch mit Staubzucker bestreuen.
Apfelmus mit einem Schuss Pfefferminzlikör gibt dem Gericht zusätzlich eine besondere Note.

Fruchtknödel im Kokoshemd

(Mit Marillen, Erdbeeren, Zwetschken, Ringlotten, Nektarinen, Mango- oder geschälten Pfirsich-, Birnen- oder Apfelspalten)

FÜR DEN TOPFENTEIG ~ 350 g Topfen / 60 g zerlassene Butter 20 g Feinkristallzucker / 20 g Vanillezucker / 2 Eier / 180 g glattes Weizenmehl / Salz / ca. 12 Obststücke, je nach Größe / geröstete Kokosflocken

ZUBEREITUNG ~ Topfen und Eier verrühren, zerlassene Butter einrühren und mit den restlichen Zutaten rasch zu einem Teig zusammenmengen, ca. 2 Stunden kühl stellen. Teig zu einer Rolle formen und mit einer Teigkarte oder einem in Mehl getauchten Messer in gleich große Stücke schneiden, etwas flach drücken, in die Mitte die jeweilige Frucht setzen, Teig nach oben zusammendrücken, Luft ausstreichen lassen, fest zusammendrücken und zu einem Knödel drehen.
Bei unrunder Form der Fülle darauf achten, dass die Knödel gleichmäßig dick mit Teig überzogen sind.
In kochendes Salz- oder aromatisiertes Wasser einlegen und ca. 12 bis 15 Minuten unter dem Siedepunkt garziehen lassen. Knödel mit einem Loch- oder Siebschöpfer herausnehmen, gut abgetropft in gerösteten Kokosflocken wälzen, mit Staubzucker bestreuen und mit Kokosvanillesauce servieren.

VARIANTE MIT KOKOSBRÖSELN: süße Butterbrösel mit Kokosflocken mischen. Eventuell noch mit Mandelstiften bestreuen.
KOKOSVANILLESAUCE: siehe Rezept Vanillesauce Seite 223.

TIPPS ~

- Klebt der Teig an den Händen, diese vorher gut mit Mehl bestauben.
- Knödel mit einer sehr klebrigen oder weichen Hülle beim Drehen bzw. Einschlagen durch Mehl rollen.
- Pfirsiche schälen: die Pfirsiche kreuzweise einschneiden, kurz in kochendes Wasser geben, in kaltem Wasser abschrecken, häuten, vierteln, entsteinen, quer durchschneiden. Pfirsiche eventuell mit Orangen- oder Zitronenschale, vermischt mit Kokosflocken, vor dem Umhüllen bestreuen. Ganze kleine Pfirsche können auch ungeschält mit dem Teig umhüllt werden.

Maroniknödel, süß oder pikant

ZUTATEN ~ 250 g Maronipüree (Tiefkühl- oder Dosenware) / 40 g Staubzucker
10 g Vanillezucker / Schuss Rum oder Weinbrand / Prise Salz / evtl. noch 70 g fein geriebene Mandeln und 20 g zerlassene Butter einmengen / beliebiger Teig zum Umhüllen

ZUBEREITUNG ~ Alle Zutaten miteinander verrühren, kleine Kugeln oder Knödel formen und anfrieren. Mit beliebigem Knödelteig wie Brand-, Erdäpfel-, Topfen- oder Grießteig umhüllen, in kochendes Salzwasser einlegen und je nach Größe ca. 8 bis 12 Minuten garziehen lassen.
Knödel mit einem Siebschöpfer aus dem Wasser heben, gut abtropfen lassen, in Nuss- oder Kokosbröseln wälzen, mit Schokolade- oder Vanillesauce, Beeren-, Zwetschken- oder Weichselragout, Birnen- oder Apfelkompott servieren.
Eventuell mit Zimt-Zucker-Gemisch bestreuen.

VARIANTEN ~

- In die Maronimasse gut abgetropfte, klein gehackte Amarenakirschen, Weichseln oder Dörrzwetschken eindrücken.
- Größere, entkernte Dörrzwetschken mit der Maronimasse füllen und diese dann mit Teig umhüllen.
- Ebenso eignen sich Rosinen oder frische, kurz ansautierte und abgetropfte Apfelwürfel als Einlage.
- Knödel in gerösteten, fein gemahlenen Kürbiskernen wälzen.
- Knödelmasse aus Erdäpfel- oder Semmelknödelteig auf einem nassen und geölten Baumwolltuch flach verteilen, einen Streifen Maronimasse in die Mitte der Knödelmasse füllen, zusammenrollen und kochen.
- Anstelle von Maronipüree kann man gekochtes, faschiertes Bohnenpüree verwenden, man sollte aber den Bohnengeschmack mögen und die Bohnen in Zuckerwasser kochen.

FÜR BOHNENKONFEKTKNÖDEL: je 80 g Bohnenpüree, Marzipan und fein gemahlene Kürbiskerne vermengen, mit Rum und Zucker abschmecken, zu kleinen Kugeln formen, anfrieren und mit beliebigem Teig umhüllen. Eventuell noch etwas zerlassene Schokolade oder Schokoladelinsen unter die Masse mengen.

PIKANTE VARIANTE: Fülle ohne Zucker und Vanille zubereiten, zum Verlängern eventuell einen gekochten, durchgedrückten Erdapfel untermengen, mit Erdäpfel- oder Brandteig umhüllen und kochen; gute Beilage zu Wild- oder Wildgeflügelgerichten.

Mozartknödel

**ZUTATEN ~ 250 ml Milch / 40 g Vanillezucker / Schale einer unbehandelten Zitrone
50 g Butter / 80 g Weizengrieß / 2 Dotter / 100 g Semmelbrösel / Prise Salz**

FÜR DIE FÜLLE ~ Mozartkugeln, ersatzweise Schloss-Orth-Kugeln, Schloss-Orth-Trüffeln, beliebige Pralinenkugeln, Nougatstücke etc.

ZUBEREITUNG ~ Für den Teig Milch mit Salz, Vanillezucker, Zitronenschale und Butter aufkochen, Grieß zugeben und gut verrühren. Hitze reduzieren und Masse so lange unter Rühren einkochen bzw. abbrennen, bis diese eingedickt ist und sich vom Geschirr löst. Kurz überkühlen lassen, Dotter und Brösel einrühren und gut vermengen.

Teig zu einer Rolle formen und in 10 bis 12 Portionen teilen, Teigstücke in der Hand flach drücken und mit je 1 Mozartkugel belegen, einschlagen und zu einem Knödel formen. (Teig kann zusätzlich mit Zimt, Lebkuchengewürz oder Bittermandelöl aromatisiert werden.)

In kochendes, eventuell mit Vanillezucker, Bittermandelöl und Rum aromatisiertes Salzwasser einlegen und je nach Größe ca. 8 bis 10 Minuten garziehen lassen. Mit einem Lochschöpfer aus dem Wasser heben und mit Fruchtsauce anrichten.

VARIANTEN ~

- In einer Pfanne Honig erwärmen und die Knödel darin kurz schwenken, in Butterbröseln oder Kokosflocken wälzen.
- Dieser Teig eignet sich auch für Fruchtknödel mit Erdbeeren, Marillen, Mangostücken, Himbeeren, Heidelbeeren, Stachelbeeren etc.
- Etwas Milch durch Kokosmilch und einen Teil der Semmelbrösel durch Kokosflocken ersetzen.

Mohn-Glühweinknödel

**ZUTATEN ~ 250 ml Milch / 70 g Gelb-, Rohr- oder Feinkristallzucker
1 aufgeschnittene Vanilleschote, ersatzweise Vanillezucker
150 g fein gemahlener Mohn / 150 g fein geriebener Apfel oder Birne
60 g weiche Butter / 120 g entrindetes, klein würfelig geschnittenes Toast- oder Weißbrot / 1 Ei / 2 Dotter / Prise Salz / fein geriebene Zitronen- und Orangenschale / Zimt oder Lebkuchengewürz**

**FÜR DEN GLÜHWEIN ~ 1 l Rotwein (es kann auch Weißwein oder Most genommen werden) / ½ Zimtrinde / 6 Gewürznelken
140 g Zucker / 30 ml Zitronensaft / etwas unbehandelte Zitronen- und Orangenschale**

ZUBEREITUNG ~ Milch mit Zucker, Orangen- und Zitronenschale und Vanilleschote aufkochen, Gewürze zugeben, Mohn einrühren und so lange kochen, bis die Masse kompakt ist und sich vom Topfboden löst. Apfel oder Birne einmengen und abkühlen lassen. In der Zwischenzeit Butter mit Dottern und Ei verrühren und das Brot einmengen. In den Kühlschrank stellen.
Beide Massen gut mischen und mit nassen Händen kleine Knödel formen, Probeknödel kochen, bei Bedarf noch etwas Semmel- oder Briochebrösel zum Festigen der Masse einmengen.
Für den Glühwein alle Zutaten aufkochen, von der Herdstelle nehmen, 10 Minuten ziehen lassen, abseihen, wieder aufkochen, die Knödel einlegen und ca. 10 bis 12 Minuten unter dem Siedepunkt garziehen lassen.
Knödel aus dem Glühwein nehmen und mit Vanille- oder Glühweinsauce servieren.

GLÜHWEINSAUCE: 20 bis 30 g Vanillepuddingpulver mit etwas kaltem Glühwein abrühren, in den kochenden Glühwein einrühren und unter Rühren einkochen bzw. eindicken.
Diese Sauce reiche ich gerne in der Winterzeit zu süßen Knödel- oder Tascherlgerichten.
Variante: die Sauce mit frischen oder tiefgekühlten Beeren vermengen und einmal aufkochen lassen.

Powidltascherln

FÜR DEN TEIG ~ 200 g griffiges Weizenmehl (ersatzweise Vollkornmehl 500 g gekochte, geschälte, warm durchgedrückte, mehlige Erdäpfel / 50 g zerlassene Butter oder Butterschmalz / 30 bis 40 g Grieß / 1 Ei / Salz / evtl. Vanillezucker und frisch geriebene Zitronen- oder Orangenschale / 1 Ei zum Bestreichen

FÜR DIE FÜLLE ~ ca. 200 g Powidlmarmelade / 10 ml Rum evtl. Prise Zimt oder Lebkuchengewürz / Butterbrösel und Staubzucker

ZUBEREITUNG ~ Erdäpfel mit allen Teigzutaten auf eine Arbeitsfläche oder in eine Schüssel geben und rasch zu einem glatten Teig zusammenkneten, den Teig ca. 5 mm dick ausrollen und Kreise von ca. 8 cm Durchmesser ausstechen. Powidl mit Aromen verrühren und auf jeden Teigkreis in die Mitte einen Löffel Fülle geben. Den Rand mit verquirltem Ei bestreichen und zu einem Halbkreis zusammenschlagen, gut andrücken. Tascherln in kochendes Salzwasser einlegen und je nach Größe ca. 10 bis 15 Minuten leicht kochen lassen. Aus dem Wasser heben und mit Butterbröseln bestreuen oder darin wälzen, mit Staubzucker bestreut servieren.

VARIANTEN ~

- Mit Mohn- oder Nussbröseln bestreuen oder darin wälzen und mit zerlassener Butter beträufeln.
- Mit Weichselmarmelade, Dörrzwetschken oder Kletzen füllen.

TIPP ~ Aus diesem Teig lassen sich hervorragende pikante Tascherln, aber auch Knödelhüllen zubereiten.

Nougat-Topfenknödel mit Briochebröseln

Für ca. 10 Knödel

ZUTATEN ~ 400 g Topfen (20 %) / ca. 100 bis 130 g Weißbrotbrösel (Mie de pain), je nach Feuchtigkeit des Topfens / 40 g weiche Butter / 40 g Feinkristallzucker 10 g Vanillezucker / 2 Dotter / 1 Ei / etwas unbehandelte Zitronen- und/oder Orangenschale / Prise Salz / 100 g Nougat / Rum zum Aromatisieren des Kochwassers

ZUBEREITUNG ~ Nougat in 10 Teile schneiden und zu kleinen Kugeln formen, anfrieren. Butter mit Zucker schaumig rühren, nach und nach Dotter und Ei einrühren, diese dürfen sich nicht von der Butter absetzen (falls es doch passiert, als Abhilfe gleich etwas Topfen einmengen), restliche Zutaten untermengen und mindestens 3 Stunden kühl stellen. Die Masse ist sehr weich (Probeknödel kochen), bei Bedarf noch etwas Weißbrotbrösel untermengen.
Für die Knödel etwas Teig abnehmen, flach andrücken, Nougat in die Mitte setzen und den Teig rundumdrehen. In kochendes, mit Rum parfümiertes Salzwasser legen, sofort abdecken und vom Herd ziehen, ca. 15 Minuten garziehen lassen. Die Knödel sind leicht und flaumig und schmecken auch ungefüllt ausgezeichnet. Sie dürfen jedoch keinesfalls kochen.
Dazu passen Beerenröster (siehe Rezept S. 222), Zwetschken-, Holler-, Marillen- oder Früchteröster.
Wenn die Nougatstücke gekühlt oder gefroren umhüllt werden, schmelzen sie beim Kochen nicht vollständig.

VARIANTEN ~

- Mit Mozart- oder Schloss-Orth-Kugeln sowie beliebigen Pralinen füllen.
- Anstelle von Semmelbröseln kann man Briochebrösel verwenden (Briochebrösel siehe Rezept Zuckerbrösel S. 224).
- Zusätzlich mit fein gemahlenem Krokant bestreuen oder diesen unter Brösel mischen.

Obstknödel

ZUTATEN ~ 150 g griffiges Weizenmehl oder Weizenvollkornmehl / 100 g weiche Butter / 1 Ei / 1 Dotter / Prise Salz / etwas unbehandelte Zitronenschale / 200 g Topfen

FÜR DIE FÜLLE ~ ca. 400 g Früchte, wie Erdbeeren, entkernte Zwetschken, Marillen etc. / evtl. Würfelzucker, Walnussfülle oder Marzipanmasse / ca. 150 g Zuckerbrösel

ZUBEREITUNG ~ Bei entkernten Früchten die Kerne durch ein Stück Würfelzucker, Walnussfülle oder Marzipanfülle ersetzen. Die Früchte mit Zuckerkern aber schnell weiterverarbeiten, da Zucker Feuchtigkeit aus der Frucht löst und die austretende Flüssigkeit den Teig aufweicht.
Butter und Dotter mit Ei verrühren, mit restlichen Zutaten vermengen und zu einem glatten Teig verarbeiten. Mindestens 2 Stunden kühl stellen, der Teig ist anfangs sehr weich. Den Teig in Stücke teilen, in der Hand flach auseinanderdrücken, mit Frucht belegen, mit Teig umhüllen und Knödel formen. In kochendes Salzwasser einlegen und je nach Größe ca. 10 bis 14 Minuten ziehen lassen; herausnehmen, gut abtropfen lassen und in Zuckerbröseln wälzen.

FÜR MANGO IN KOKOSTEIG: 1 reife Mango. Unter den Teig noch 20 g Kokosflocken mengen
Für die Fülle die Mango schälen, das Fruchtfleisch flach vom Kern lösen und in ca. 1 cm große Stücke schneiden. Vom Teig kleine Stücke abnehmen, diese flach drücken und mit einigen Mangowürfeln belegen, Teig einschlagen und Knödel gut verschließen. In kochendes Salzwasser einlegen und die Knödel darin ca. 10 bis 12 Minuten garziehen lassen.
Die gut abgetropften Knödel in Kokosflocken wälzen und mit geriebener Schokolade bestreuen oder in erwärmtem Honig schwenken und mit Kokosflocken bestreuen.
Bleiben Mangostücke übrig, diese mit etwas Staubzucker im Mixglas mixen und zu den Knödeln reichen.
Mit einer Vanillesauce, die mit Kokosmilch zubereitet wurde, servieren.

DÖRRFRÜCHTEFÜLLE: 200 g gemischte Früchte wie getrocknete Marillen, Erdbeeren, Mangos, Kiwis, eventuell auch Zwetschken, je nach Belieben, cuttern, mit Rum und beliebiger Marmelade abschmecken, die Konsistenz soll nicht zu fest sein, die Knödel sollen jedoch noch gut formbar sein.
Eventuell noch Marzipan einmengen.
Foto Seite 192/193

Punschknödel mit Vanillesauce

Für ca. 15 Füllrohlinge à 20 g

ZUTATEN ~ 80 g gemahlene, geröstete Nüsse (Hasel-, Wal-, Para-, Peka-, Erdnüsse oder Mandeln oder eine Mischung daraus, je nach Vorrat) / 80 g helle oder dunkle Kuvertüre oder Schokolade / 50 g Ribiselmarmelade, ersatzweise Preiselbeeren 20 bis 30 ml Rum 80 % / 10 cl Zitronensaft / Erdäpfel-, Topfen-, Brand- oder Grießteig Butterbrösel zum Wälzen / Kakao und Staubzucker, evtl. Schokoladespäne zum Bestreuen

ZUBEREITUNG ~ Kuvertüre in einer Schüssel über einem Wasserbad schmelzen, Nüsse, Marmelade, Rum und Zitronensaft dazugeben, gut abmischen, überkühlt kleine Kugeln formen, anfrieren und mit Topfen-, Erdäpfel-, Grieß- oder Brandteig (siehe Seite 16 ff.) umhüllen.
In kochendes Salzwasser einlegen und je nach Größe ca. 8 bis 12 Minuten unter dem Siedepunkt ziehen lassen. Mit Vanillesauce, Mandarinenfilets oder Orangensauce servieren.
Für eine ansprechendere Optik zusätzlich in Butterbröseln wälzen.

VARIANTE ~ Unter die Masse noch 30 g in Rum eingelegte, klein geschnittene Dörrzwetschken, Rosinen oder Trockenfrüchte wie Aranzini, Preiselbeeren etc. mengen.

TIPP ~ Einen Teil der Nüsse durch Biskuit-, Lebkuchen- oder Keksbrösel ersetzen.

Rumtopfknödel gebacken

Empfehlung von Peter Hirsch, Wein- und Feinspitz der „OÖ Nachrichten“, verkostet im Gasthof Luger, St. Marein

FÜR DEN TEIG ~ 350 g mehlige, gekochte Erdäpfel / 30 g griffiges Mehl 20 g Weizengrieß / 1 Packerl Vanillezucker / Zitronenabrieb / 1 Dotter / Salz

FÜR DIE FÜLLE ~ 1 Glas Rumtopffrüchte / 50 g Marzipan/ evtl. etwas Maizena

ZUBEREITUNG ~ Gut abgetropfte Rumtopffrüchte pürieren. Ist die Masse zu flüssig, etwas einkochen und mit Maizena binden, abkühlen lassen. Mit Marzipan verkneten, Knödel formen, leicht anfrieren.
Erdäpfel heiß schälen, ausdämpfen lassen, durch die Presse drücken, rasch mit den restlichen Zutaten zu einem glatten Teig verarbeiten. Teig in 8 Stücke teilen, mit der Fülle belegen und zu Knödeln formen. Diese in Öl langsam goldbraun backen. Mit marinierten Erdbeeren und Staubzucker servieren.

Ruflinger Nougatknödel

Dieses Rezept stammt von Christa Edtmeier

Für 6 Personen – 12 Knödel

FÜR DEN TEIG ~ 500 g Topfen (20 %) / 50 g zerlassene Butter / 2 Eier 2 Dotter / 90 g Weizengrieß / Salz / Zitrone (Schale)

FÜR DIE FÜLLE ~ ca. 350 g Nougat / gehackte Haselnüsse geriebene Mandeln / Semmelbrösel / Zimt / Zucker

ZUBEREITUNG ~ Topfen, Butter, Zitronenschale, Eier, Dotter mit einer Prise Salz glatt rühren und anschließend den Grieß untermischen. Masse für etwa 30 Minuten kalt stellen.
In der Zwischenzeit aus dem Nougat Kugeln formen und diese in gehackten Haselnüssen rollen. Nougatkugeln mit Topfenteig umhüllen, Knödel formen und etwa 10 Minuten im leicht gesalzenen Wasser ziehen lassen. Anschließend Butter zerlassen, geriebene Mandeln und Semmelbrösel (2/3 Mandeln, 1/3 Semmelbrösel) sowie etwas Zimt und Zucker hinzugeben und die Knödel

darin wälzen. Eventuell noch mit Fruchtsauce oder frischen Beeren garnieren und sofort servieren. Eine genaue Rezeptur für Butterbrösel finden Sie auf Seite 189.

Das Formen des Nougats ist etwas aufwendiger, es schmilzt in den Händen und verlangt einiges Geschick. Daher schmelze ich Nougat über einem Wasserbad (oder in der Mikrowelle) und fülle es in kleine, halbrunde Silikonformen, die ich kalt stelle. Ich lasse das Nougat anstocken und umhülle es dann mit Knödelteig.

Schloss-Orth-Knödel

Dieses köstliche Knödelrezept wurde von Bäcker- und Konditormeister Gerhart Hinterwirth zur Verfügung gestellt

FÜR DEN TOPFENTEIG ~ **60 g zimmertemperierte Butter / 1 Eidotter / 1 Ei 50 g Feinkristallzucker / 250 g Topfen / 150 bis 200 g glattes oder griffiges Weizenmehl oder feines Dinkelmehl, je nach Feuchtigkeit des Topfens / Prise Salz**

FÜR DIE FÜLLE ~ **Schloss-Orth-Kugeln, Trüffeln, Pralinen, Stangen- oder Blocknougat / Butter- oder Krokantbrösel und Staubzucker zum Vollenden**

ZUBEREITUNG ~ Dotter mit Ei sowie Topfen vermengen und mit den restlichen Zutaten zu einem Teig verarbeiten. Mit Frischhaltefolie abdecken und am besten 3 bis 4 Stunden rasten lassen. Inzwischen beliebige Pralinen oder Nougat bereitstellen, dieses in 10 bis 15 g schwere Stücke teilen, mit den Händen rund formen und kühl stellen; dann mit dem Teig umhüllen, die Knödel sollen nun ca. 40 bis 50 g wiegen. In kochendes Salzwasser einlegen und ca. 12 Minuten ziehen lassen. Herausheben und nach Belieben in Butterbröseln wälzen und mit Staubzucker bestreuen.

VARIATIONSMÖGLICHKEIT ~ Aus dem Topfenteig lassen sich auch feine Tascherln zubereiten, die ganz nach Belieben gefüllt werden können. Dafür in den Teig etwas mehr Mehl einarbeiten, auf einer bemehlten Arbeitsfläche dünn ausrollen, rund ausstechen, mit Ei bestreichen, füllen (Frucht-, Mohn-, Nuss-, Marzipan-, Maroni oder Schokolade-Marzipan-Fülle) und zusammenklappen, gut andrücken und kochen.
Für Obstknödel (Zwetschken, Marillen, Erdbeeren etc.) je nach Fruchtgröße mehr Teig pro Knödel verarbeiten.
Das Kochwasser mit Orangen- oder Zitronensaft oder -schale, Zimt, Lebkuchengewürz, Vanillezucker oder Rum aromatisieren.

Schokolade-Brotknödel

ZUTATEN ~ **250 g in Würfel geschnittenes Milch- oder Briochebrot / ca. 130 ml Milch 2 Dotter / 1 Ei / 10 g Weizengrieß / 200 bis 250 g Kuvertüre oder Schokolade Prise Salz / 30 ml Rum / verquirltes Ei und Semmelbrösel zum Panieren**

ZUBEREITUNG ~ Milch mit Grieß aufkochen, Kuvertüre oder Schokolade darin auflösen, von der Kochstelle nehmen, etwas überkühlt Dotter und Ei einrühren und mit dem Brot gut vermischen. Die Masse ca. 1 Stunde ziehen bzw. quellen lassen. Kleine Knödel formen (sie garen schneller), durch Ei ziehen, in Bröseln wälzen und in heißem Fett backen. Mit Vanillesauce servieren und mit Eierlikör vollenden; mit frischen Früchten, Beeren- oder Früchteragout garnieren.
Bei Verwendung von Knödelbrot die Masse mit etwas Zucker, Ahornsirup oder Honig süßen und mit Met aromatisieren.

Süße oder pikante Grießknödel

ZUTATEN ~ 660 ml Milch / ½ aufgeschnittene Vanilleschote oder 10 g Vanillezucker 180 g Grieß / 20 g Butter / eine gute Prise Salz / 2 Eier
Butterbrösel zum Wälzen (siehe Rezept S. 189) / Holler-, Zwetschken- oder Marillenröster, Beerenragout, Apfelmus oder beliebige Fruchtsaucen / Staubzucker zum Bestreuen

ZUBEREITUNG ~ Milch mit Butter, Salz und Vanilleschote aufkochen, Grieß mit einem Schneebesen zügig einrühren und so lange rühren, bis sich die Masse vom Topfboden löst, von der Herdstelle nehmen und quellen lassen. Überkühlt die Eier einrühren und ca. 20 Knödel formen. In leicht gesalzenes Kochwasser einlegen, einmal kurz aufkochen lassen und bei fast abgedecktem Topf unter dem Siedepunkt garziehen lassen. Mit einem Lochschöpfer herausnehmen und gut (eventuell auf einer Serviette) abtropfen lassen, erst dann in den gerösteten Bröseln wälzen (durch das überschüssige, abtropfende Wasser bilden sich bei den Butterbröseln unansehnliche Klumpen). Mit beliebiger Beilage anrichten und mit Staubzucker bestreut servieren.

VARIANTEN ~

- Zusätzlich mit Zimt, Nelken, Lebkuchengewürz, Bittermandelöl, unbehandelter Zitronen-, Limetten- oder Orangenschale würzen.
- Als Einlage kann man noch in Rum eingeweichte Rosinen oder diverse klein gehackte Trockenfrüchte untermengen.
- Eventuell einen Teil der Milch durch Kokosmilch ersetzen.
- In den geformten Grießknödel ein Stück Nougat, Schokolade, Marzipan, Dörrzwetschke etc. eindrücken, Masse gut darüber verteilen und zusammendrücken.

- Pikante Varianten: anstelle von Zucker mit einer Prise Muskatnuss würzen. Durch Beigabe von frischen, gehackten Kräutern wie Bärlauch, Spinat oder Basilikum, fein geriebenem würzigem Berg- oder Blauschimmelkäse, angebratenen Speck- oder Zwiebelwürfeln oder gekochten Gemüsewürfelchen oder Maiskörnern kann die Masse beliebig geschmacklich abgewandelt werden. Mit Gemüse zubereitet sind diese Knödel ein ausgezeichnetes vegetarisches Gericht. Grießknödel sind generell in der Konsistenz etwas fester als Topfenknödel.

Topfen-Mohnknödel mit Weichseln

Für ca. 15 Stück à 60 g

ZUTATEN ~ 300 g Topfen / 50 g Sauerrahm / 1 Ei / 1 Dotter / 30 g weiche Butter 20 g Vanillezucker / 25 g gemahlener Mohn / 50 g Grieß / 40 g Weißbrotbrösel / Prise Salz Rum zum Parfümieren des Kochwassers / ca. 250 g gut abgetropfte Kompottweichseln

ZUBEREITUNG ~ Butter mit Dotter und Ei verrühren und mit den restlichen Zutaten zu einem Teig vermengen, mindestens 1 Stunde gekühlt rasten lassen.
Salzwasser mit Rum parfümieren, Weichseln mit Masse umhüllen, kleine Knödel formen, in kochendes Wasser einlegen und je nach Größe ca. 8 bis 10 Minuten unter dem Siedepunkt ziehen lassen. Gut abgetropft in Butterbröseln rollen, mit flüssiger Butter beträufelt servieren.
Sehr gut passt hier eine Vanillesauce dazu.

TIPPS ~

- Wahlweise ebenso mit Weintrauben, frischen Himbeeren oder Beeren der Saison füllen.
- Ist der Teig zu weich, die Knödel eventuell in Frischhaltefolie wickeln oder im Dampfgarer garen.

Topfenknödel mit Walnussfülle

Für ca. 30 Knödel

FÜR DEN TEIG ~ 250 g Topfen / 130 g griffiges oder glattes Weizenmehl oder feines Dinkelmehl / 30 g flüssige Butter / 1 Ei / Prise Salz / etwas Zitronenschalenpulver evtl. Vanillezucker

FÜR DIE FÜLLE ~ 120 g geriebene und geröstete Walnüsse / 30 g Zucker / 10 g Butter 50 g Biskuit- oder Keksbrösel / 100 g Milch / 10 g Vanillezucker / 20 ml Rum oder Nusslikör / Zimt nach Geschmack

ZUBEREITUNG ~ Milch mit Zucker und Butter aufkochen, Nüsse und Brösel dazugeben und gut abschmecken. Abgekühlt zu kleinen Kugeln drehen und kurz anfrieren. Eventuell in Rum angesetzte Rosinen oder Weinbrandweichseln untermengen.
Butter und Ei mit Topfen verrühren, restliche Zutaten zugeben, zu einem glatten Teig vermengen und anschließend im Kühlschrank mindestens 3 Stunden rasten lassen (Teig ist sehr weich). In 30 Stücke teilen, die Walnusskugeln damit umhüllen, Knödel in kochendes Salzwasser einlegen und ca. 10 bis 12 Minuten unter dem Siedepunkt garen. Probeknödel kochen, Teig eventuell mit Semmel- oder Weißbrotbröseln festigen.
Mit Beerenröster oder beliebiger Sauce servieren.

VARIANTEN ~

- Mit beliebigen Pralinen oder Konfekt füllen wie Schloss-Orth-Kugeln, Mozartkugeln, Trüffelkugeln, Nougatwürfeln oder auch Früchten nach Belieben.
- Tascherln zubereiten: Teig mit etwas zusätzlicher Mehlbeigabe festigen, da der Teig ausgerollt wird. Teig rund ausstechen, füllen, Ränder mit verquirltem Ei bestreichen, Teig zusammenklappen und Ränder fest andrücken. In Salzwasser kochen.
- Anstelle von Nüssen mit gemahlenem Mohn zubereiten.

Schwarzbeernocken

Dieses Rezept stammt von Lisi Schlierenzauer, Hotel Castel in Serfaus

Für 4 Personen

ZUTATEN ~ 400 g Schwarzbeeren, keine Kulturheidelbeeren / Prise Salz ca. 40 g glattes Weizenmehl / 30 ml heißes Wasser / ca. 4 EL Butterschmalz

ZUBEREITUNG ~ Schwarzbeeren mit Mehl vermischen, salzen und mit Wasser abbrennen, es soll eine zähflüssige Masse entstehen. In einer Pfanne das Butterschmalz zerlassen, mit einem nassen Esslöffel Nocken ausstechen, in die Pfanne geben, ca. 1 cm dick flach drücken und auf beiden Seiten goldbraun und knusprig braten. Heiß und mit Staubzucker bestreut servieren.
Dazu passt sehr gut ein Glas Milch oder Milchmixgetränk, Kaffee oder heiße Schokolade.

Traunsteinnockerln

ZUTATEN ~ 110 g Rundkornreis / ca. 500 ml Milch / 50 g Feinkristallzucker Prise Salz / 10 g Vanillezucker oder ½ aufgeschnittene Vanilleschote / frisch geriebene Orangenschale oder Orangenschalenpulver / 2 Blatt Gelatine 250 ml geschlagenes Obers / 40 ml Cointreau

ZUBEREITUNG ~ Den Reis in Wasser kurz aufkochen und wieder abgießen. Mit Milch, Vanille und Zucker nochmals aufstellen und auf kleiner Flamme ca. 35 Minuten sehr weich dünsten, bei Bedarf noch etwas Milch zugießen und dabei wiederholt umrühren (oder am besten im Backrohr garen). Mit Salz und Orangenschale aromatisieren. Gelatine mindestens 10 Minuten in kaltem Wasser einweichen, ausdrücken und in der heißen Masse auflösen, überkühlen lassen. Geschlagenes Obers und Cointreau kurz vor dem Abstocken unterrühren. Die Masse in eine Schüssel leeren und abgedeckt kühl stellen. Kleine Nockerln formen oder mit einem Eisportionierer kleine Knödel entnehmen und anrichten.

Auf frischen Heidelbeeren, Preiselbeer- oder Heidelbeersauce servieren und mit Schokoladesauce vollenden.

TIPP ~ Die Masse kann auch in eine mit Frischhaltefolie ausgelegte Terrinenform gegeben und nach dem Abstocken in Scheiben portioniert werden.

VARIANTEN ~

- In die heiße Reismasse klein geschnittene Dörrfrüchte oder vor dem Abstocken gut abgetropfte Kompottfrüchte einmengen.
- Anstelle von Cointreau mit Maraschino oder Fruchtsaft (für Kinder) aromatisieren.

Vollkorntopfennockerln, süß und pikant

ZUTATEN ~ **80 g weiche Butter / 2 Dotter / 250 g Magertopfen / 20 g Vanillezucker 50 g Honig / 2 Eiklar / 1 TL Stärkemehl / Salz / 120 g feines Dinkelmehl**

ZUBEREITUNG ~ Butter, Honig, Dotter, Vanillezucker und Topfen verrühren, Eiklar mit Salz und Stärkemehl schaumig schlagen, mit Mehl unter die Topfenmasse mengen, ca. 1 Stunde kühl stellen. Kleine Knödel formen, in kochendes Salzwasser einkochen und kurz unter dem Siedepunkt je nach Größe ca. 10 bis 14 Minuten garziehen lassen. Mit einer Siebkelle oder einem Lochschöpfer aus dem Wasser heben, gut abtropfen lassen und in Vollkornbutterbröseln wälzen, mit Staubzucker bestreuen und mit Zwetschken-, Marillen- oder Beerenröster servieren.

Wiffer, süßer Kaspressknödl

Dieses Rezept stammt von „WIFF" Mario Mairhofer

ZUTATEN ~ 400 g weißes Knödelbrot, kann auch mit Briocheresten gemischt werden 150 ml Milch / 100 g Topfen / 100 g Ricotta / 1 Ei / 100 g Zucker / Prise Salz evtl. Rosinen / Schale und Saft von einer halben Zitrone / verquirltes Ei zum Wenden

ZUBEREITUNG ~ Knödelbrot mit der lauwarmen Milch anweichen, restliche Zutaten beigeben und gut durchmischen. 10 Minuten im Kühlschrank ziehen lassen, kleine Stücke abnehmen und flache Knödel daraus formen. Die Knödel in verquirltem Ei wenden und im ca. 165 °C heißen Butterschmalz goldgelb ausbacken. Auf Küchenpapier abtropfen lassen und mit Staubzucker bestreuen. Mit Vanilleeis oder Sabayon servieren.

Weintraubenknödel

Für ca. 12 Knödel à 30 g

ZUTATEN ~ 300 g kernlose oder entkernte Trauben / 30 g Feinkristallzucker 50 g Topfen / 100 g fein geriebene Haselnüsse, Mandeln oder eine Nussmischung evtl. etwas Rum / Prise Zimt / etwas Zitronenschalenpulver

ZUBEREITUNG ~ Weintrauben halbieren oder vierteln, mit Zucker in einen Topf geben, aufkochen, in ein Sieb hängen und gut abtropfen lassen, abgekühlt alle Zutaten mischen, kleine Knödel formen und anfrieren.
Mit Topfen-, Brand- oder Grießteig umhüllen, kochen und in Butterbröseln wälzen.
Mit Staubzucker bestreut servieren. Aufgeschäumte Vanillesauce, Weinschaum oder Vanilleeis dazu reichen.

VARIANTEN ~

- Topfen durch Crème fraîche oder Mascarpone ersetzen.
- Die Zuckermenge kann je nach Geschmack noch erhöht werden.

Was den Knödel schmückt und veredelt

Bärlauchpesto

ZUTATEN ~ 100 g Bärlauch (oder beliebige Kräuter), fein geschnitten
100 g fein geriebene Mandeln oder Pinienkerne / ca. 100 ml Sonnenblumen-, Oliven- oder Rapsöl / 20 cl Zitronensaft / etwas Salz, Pfeffer, Chilipulver
evtl. ca. 10 bis 13 kernlose grüne Oliven und/oder getrocknete Tomaten
20 bis 30 ml Balsamicoessig / Prise Oregano / etwas Majoran

ZUBEREITUNG ~ Alles mixen und in ein Glas füllen, mit Öl bedeckt im Kühlschrank aufbewahren. Es kann auch etwas Knoblauch, fein geschnitten, eventuell 1 bis 2 EL süßes Mandelöl sowie noch fein geriebener, würziger Käse daruntergemengt werden.
Harmoniert sehr gut mit Schafkäse oder mit Tomaten mit Mozzarella.
Dieses Pesto eignet sich auch sehr gut für Aufstriche mit Joghurt oder Topfen (eventuell noch fein gehackte Zwiebel oder Stangensellerie dazugeben) und man kann damit auch Kräuterbutter zubereiten: weiche Butter aufschlagen und mit Pesto vermischen.

Bärlauchpaste

ZUTATEN ~ 100 g frische Bärlauchblätter / ca. 100 bis 150 g neutrales Öl
2 bis 4 g Salz

ZUBEREITUNG ~ Alle Zutaten in einer Küchenmaschine (Moulinette oder Cutter) vermengen und fein hacken. In ein Glas füllen, mit Öl bedecken und kühl stellen.
Die Paste kann ebenso mit beliebigen anderen Kräutern oder einer Mischung daraus zubereitet werden. Ich gebe die Paste in Frischhaltebeutel und friere sie flach (ca. 1 cm hoch) und mit einer Klammer versehen auf einem Blech liegend ein. Bei Bedarf gefrorene Paste entnehmen und einer Sauce oder Suppe beimengen. Diese Paste eignet sich sehr gut für Suppen, Knödelfüllungen, zum Würzen von Salatsaucen und dgl. sowie zum Beträufeln von Knödelgerichten.

TIPPS ~

- In Gläser abgefüllt, sollte man bei längerer Lagerung die Salzmenge erhöhen, beim Würzen der Speisen auf den Salzgehalt der Paste achten.
- Als Pesto die Paste mit geriebenem würzigem Bergkäse und gemahlenen Mandeln vermengen.
- Blätter ausschließlich mit Flüssigkeit (Öl) mixen, da sie sonst einen bitteren Geschmack bekommen.

VARIANTE ~ Bärlauchblätter kurz in heißem Salzwasser überbrühen, auskühlen lassen, gut ausdrücken und mit Öl mixen. So reduziert man den sehr intensiven Geschmack, die grüne Farbe bleibt aber erhalten.

Rahmsauce

ZUTATEN ~ 15 g Butter oder Butterschmalz / 10 bis 15 g Mehl (1 bis 1 ½ EL), je nach gewünschter Konsistenz / 150 ml Milch / 200 ml Flüssigkeit: Rind-, Gemüse-, Geflügelsuppe oder Fischfond, je nach Verwendungsart, ersatzweise Wasser mit hausgemachter Suppenwürze oder Bouillonsuppenwürfel (instant) / 130 ml Obers 50 ml Weißwein / 1 Lorbeerblatt / Prise Muskatnuss / Salz / Pfeffer, frisch gemahlen

ZUBEREITUNG ~ Butter in einem Topf schmelzen, mit Mehl stauben, mit Milch, Wein, Flüssigkeit und Obers aufgießen, Gewürze zugeben und die Sauce ca. 5 Minuten gut einkochen lassen, mit Salz, Pfeffer und Muskatnuss würzig abschmecken. Vor dem Anrichten mit dem Mixstab aufschäumen.
Konsistenz der Sauce: ist die Sauce zu dick, mit Flüssigkeit verlängern und bei zu dünner Konsistenz nochmals einkochen lassen oder mit angerührter Stärke, Butterkugel oder angerührtem Mehl binden. Hierbei nochmals einige Zeit kochen lassen.
Binden der Sauce mit Erdäpfeln: Milch, beliebige Flüssigkeit, Obers, Weißwein und Lorbeerblatt in einen Topf geben, 40 g rohe, fein geriebene Erdäpfel beigeben, zusammen ca. 10 Minuten leicht köchelnd einreduzieren (dadurch erhält die Sauce eine zarte Bindung), würzig abschmecken, mixen und eventuell passieren.

Diese Grundsauce kann beliebig abgeändert bzw. verfeinert werden:

KRENRAHMSAUCE: erst unmittelbar vor dem Anrichten ca. 20 g frisch geriebenen Kren einmengen.
Diese Sauce reiche ich gerne zu Fischknödeln, Fischlaibchen und Rote-Rüben-Knödeln.
LACHSOBERSSAUCE: Räucherlachsstücke, fein gehackten Dille, Muskatnuss und eventuell frisch geriebenen Bergkäse einmengen.
PESTOSAUCE: Rahmsauce mit Basilikum-, Bärlauch-, Mohn-, Tomatenpesto vermengen bzw. diese einmixen und damit abschmecken.
MASCARPONESAUCE: Mascarpone, grob gehackte Walnüsse und etwas fein geriebenen Parmesan einmengen.
ZITRONENPFEFFERSAUCE: grüne, eingelegte, leicht zerdrückte Pfefferkörner, etwas unbehandelte Zitronenschale und -saft.
TOMATENRAHMSAUCE: Tomatenmark, enthäutete Tomatenwürfel, Knoblauchzehe, frisches Basilikum.
KAPERNSAUCE: Kapern, Zitronensaft, Senf.
PILZSAUCE: Zwiebelwürfel und klein geschnittene Pilze in wenig Butter hell anschwitzen, mit Rahmsauce vermengen.
SENFSAUCE: Dijon- oder Estragonsenf, Zitronensaft, Kurkuma, Chilipulver, Zitronenschale, eventuell noch frische, fein geschnittene Estragonblätter oder Currypulver einmengen.
SPINATSAUCE: 100 g blanchierte Spinatblätter einmixen, Chilipulver, Muskatnuss, Zitronenschale dazugeben.
SPINATRAHMSAUCE: passierten Spinat einmixen, würzen (siehe oben), vor dem Anrichten geschlagenes Obers einmixen und aufschäumen.

ERBSENSAUCE: 200 g Tiefkühlerbsen ca. 3 Minuten in der Sauce kochen lassen, mixen und passieren, mit Chilipulver, Muskatnuss und frischer Minze abschmecken, passt sehr gut zu Fischknödeln.
ZITRONENSAUCE ZU FLEISCHBÄLLCHEN: Ingwer, Kurkuma, Zitronensaft, Chilipulver, Zitronenschale, Knoblauch.
SPARGELSAUCE: Spargel kochen, mit Fond Sauce zubereiten und geschnittenen Spargel einmengen.
LAUCHSAUCE: Lauch ansautieren, mit Rahmsauce aufgießen und kurz einkochen lassen.
KÄSESAUCE: Schmelzkäse oder fein geriebenen, würzigen Käse in die Rahmsauce einmixen.
PAPRIKASAUCE: Paprikapulver und geschälte rote Paprikaschoten einmixen und kurz einkochen, eventuell passieren oder Paprikaschoten vorher häuten.
KRÄUTERSAUCE: mit Majoran, Thymian, Petersilie, Oregano, Sojasauce und eventuell Knoblauch würzen, passt besonders gut zu gefüllten Erdäpfelknödeln oder Tascherln mit Pilzen.
ZWIEBELSAUCE: Zwiebel in Butter anschwitzen, mit Rahmsauce aufgießen, weich kochen und mixen, eventuell passieren; zu Blunzenknödeln etc.
RÄUCHERFISCHSAUCE: gut entgräteten Räucherfisch einmixen.
ZUCCHINIRAHMSAUCE: Zucchinistreifen in wenig Butter dünsten, zur Rahmsauce geben, mit rosa Pfeffer und Dillspitzen würzen; passt zu Fischgerichten.
SAUERKRAUTSCHAUM: klein geschnittenes rohes Sauerkraut in die Rahmsauce geben, aufkochen, mit Kümmel abschmecken und mixen, eventuell passieren; zu Blunzenknödeln oder -tascherln.

Weitere geschmackliche Ergänzungen erhalten Sie durch Beigabe von:
Gemüsepüree, gekochten Gemüsewürfeln, gekochten Linsen, Tomatenwürfeln, Kapern oder sautierten Pilzen, Schnittlauch, Bärlauchpaste, Basilikum, Safran, Salbei, Brennnesseln, Sauerampfer, Rosmarin, Zitronenschale, Zitronen- oder Limettensaft, Dill, Petersilie, Anis, Koriander, Gin, Pernod, Senf, Fenchel, Curry, Kurkuma, Oliven, getrockneten Tomaten, eingemixten Erbsen oder Maiskörnern.

WEITERE VARIANTEN ~

- Mit Cayennepfeffer oder Chili zusätzlich würzen.
- Zusätzlich kann man noch Zwiebelwürfel mitanschwitzen.
- Zum Verfeinern in die nicht mehr kochende Sauce kalte Butterflocken, Kräuterbutter oder Eidotter, verrührt mit Obers, einrühren bzw. aufmixen.
- Als zusätzliche Bindung eine kleine, fein geriebene rohe Kartoffel mitkochen lassen.

Abgeschmolzene Grammeln

ZUTATEN ~ 150 g Grammeln / 50 g Schweineschmalz / Salz / Pfeffer evtl. Petersilie, fein gehackt und Knoblauch, fein geschnitten

ZUBEREITUNG ~ Schweineschmalz zerlassen, mit den Grammeln vermengen, Petersilie und Knoblauch dazugeben und würzig abschmecken. Zu beliebigen Knödeln als Garnitur geben, wie z. B. Blutwurstknödeln, Spinatknödeln, Semmelknödeln, Serviettenknödeln, Erdäpfelknödeln.

VARIANTEN ~

- Unter die Grammeln kann man auch noch 100 g Apfel- oder Birnenwürfel mengen, diese ebenfalls in Fett kurz anbraten; zusätzlich mit Majoran und Thymian verfeinern.
- Eventuell Zwiebelwürfel in Schweineschmalz hell anschwitzen, erst dann mit den Grammeln vermengen.

TIPP ~ Will man die Masse kompakter, mit etwas Weißbrotbröseln oder Semmelbröseln binden.

Süß-pikante Sauce

Diese Sauce wird sehr gerne zu asiatischen Gerichten gereicht

ZUTATEN ~ 20 g Öl / 60 g Zwiebelwürfel / 130 g rote Paprikawürfel / 100 g gelbe Paprikawürfel / 30 g (2 TL) Rohrzucker / 10 g (1 TL) Salz / 20 ml Sojasauce / 40 ml weißer Balsamicoessig, ersatzweise Weißweinessig / ¼ bis ½ Mokkalöffel getr. zerkleinerte Chili, je nach gewünschter Schärfe / 50 ml Weißwein / 500 ml Wasser / 20 g Maizena / Pfeffer, gemahlen

ZUBEREITUNG ~ Die Paprikaschoten längs vierteln, entkernen, mit der Hautseite nach oben auf ein Backblech legen und bei Oberhitze oder auf der Grillstufe so lange garen, bis die Haut dunkle Blasen wirft. Überkühlt häuten und Paprika in sehr kleine Würfel schneiden.
Öl in einem Topf erhitzen, Zwiebelwürfel darin glasig anschwitzen, Paprika dazugeben und ebenfalls andünsten, mit Rohrzucker vermengen, kurz erhitzen, Maizena mit Wasser, Essig und Wein anrühren, zugeben und mit dem Schneebesen gut verrühren. Ca. 15 Minuten auf kleiner Flamme einkochen bzw. weich kochen lassen. Würzig abschmecken. Mit Curry, Kurkuma, Ketchup, Tomatenmark, Ingwer, kandiert oder frisch, Zitronen- oder Limettensaft, geröstetem Sesam, Currypaste, Muskatblüte oder Knoblauchzehen zusätzlich würzen bzw. geschmacklich abändern.

TIPPS ~

- Chili nur sehr sparsam dosieren, lieber etwas nachwürzen, damit die Sauce nicht zu scharf wird.
- Es können natürlich auch frische Chilischoten verwendet werden, aber ebenfalls Vorsicht bezüglich Schärfe.
- Die heiße Sauce in Gläser füllen und bei 95 °C ca. 30 Minuten im Dampfgarer oder Einkochtopf einkochen (haltbar machen); so ist sie länger vorrätig und kann zudem als nettes, persönliches Geschenk verwendet werden.

Kürbissauce

ZUTATEN ~ 100 g Zwiebelwürfel / 400 g Kürbisfleisch, würfelig geschnitten oder fein gehobelt / 40 g Butter oder Öl / 100 bis 150 ml Obers / 40 ml Wermut (Fernet-Branca), ersatzweise Weißwein / 150 ml Gemüsefond oder Suppe / Steinsalz / Pfeffer aus der Mühle / Prise Muskatnuss / etwas fein geriebene Zitronenschale

ZUBEREITUNG ~ Zwiebelwürfel in heißer Butter in einem Topf anschwitzen, Kürbiswürfel zugeben, ebenfalls kurz anschwitzen, mit Wermut ablöschen, mit Obers und Suppe aufgießen und so lange köcheln, bis der Kürbis weich ist. Eventuell Aufgussmenge erhöhen. Würzig abschmecken und zu Topfen- oder Erdäpfel-Topfennudeln sowie Gemüse- oder Erdäpfelknödeln servieren.

VARIANTEN ~

- Eventuell mit gerösteten Kürbiskernen bestreuen und mit Kürbiskernöl beträufeln.
- Mit Kümmel, Kreuzkümmel, Knoblauch, Curry, Kurkuma, Oregano, Chili, Tomatenmark, Paprikapulver, Cayennepfeffer, Ingwer, Spritzer Essig geschmacklich variieren.
- Mit frisch gehackten Kräutern bestreuen.
- 100 g Kürbis durch Lauch ersetzen.
- Eventuell einen fein geriebenen rohen Erdapfel als Bindemittel mitkochen lassen.

TIPP ~ Besonders fein wird die Sauce durch kurzes Aufmixen mittels Pürierstab.

Biersauce

ZUTATEN ~ 20 g Butter / ca. 20 g glattes Weizenmehl / 80 g Zwiebelwürfel 80 g Speckwürfel / 250 ml Rindsuppe / 125 ml Obers / 200 ml Weizenbier 1 Knoblauchzehe / 1 TL Zucker / Salz / Pfeffer

ZUBEREITUNG ~ Klein geschnittene Knoblauchzehe und Zwiebelwürfel in Butter anschwitzen, Speckwürfel kurz mitrösten, mit Mehl stauben, Suppe und Obers aufgießen, gut mit dem Schneebesen verrühren, würzig abschmecken und einkochen lassen. Bier zugeben und nur noch einmal aufkochen lassen (da bei einer längeren Kochzeit Bier bitter schmeckt).

VARIANTEN ~

- Zusätzliche Einlage: Paprika- oder Tomatenwürfel, grüne oder rote Pfefferkörner.
- Anstelle von Speck beliebiges Gemüse (Lauch, Karotten, Petersilienwurzel etc.), getrocknete Tomaten, Oliven, Kapern, Sardellenpaste verwenden.
- Mit Tomatenmark oder Paprikapulver verfeinern.
- Anstelle von Zucker Honig nehmen.

Diese Sauce reiche ich gerne zu pikanten Knödeln wie Erdäpfel-, Kraut- oder Böhmische Knödel sowie zu kurz gebratenem Fleisch.

Béchamelsauce

ZUTATEN ~ 30 g Butter / 30 g glattes Weizenmehl / 500 bis 600 ml Milch / Salz weißer Pfeffer, frisch gemahlen / Prise Muskatnuss, gemahlen

ZUBEREITUNG ~ Butter in einem Topf zerlassen, Mehl darin anschwitzen, mit Milch aufgießen, dabei mit dem Schneebesen kräftig rühren, damit sich die Mehlklumpen auflösen, ca. 5 Minuten unter Rühren einkochen lassen.
Die in ihrer Konsistenz eher dick gehaltene Sauce ist eine gute Ausgangsbasis für Gratiniersaucen und für Gemüse. Zusätzlich kann man noch 60 g Zwiebelwürfel in der Butter mitanschwitzen.

GRATINIERSAUCE: in die fertige, nicht mehr kochende Béchamelsauce zügig 2 bis 3 Dotter mit dem Schneebesen einrühren und überkühlt noch 50 g fein geriebenen Käse zugeben. Diese Sauce z. B. über fertig gekochte Spinatknödel geben und diese im Rohr bei Oberhitze gratinieren.

TIPP ~ Kann auch anstelle von Topfen zum Auflockern unter Füllungen gemengt werden.

Tomatenkompott

ZUTATEN ~ 400 g halbierte Cocktailtomaten / Salz / Pfeffer aus der Mühle 1 EL brauner Zucker / 4 EL Olivenöl / 1 bis 2 Knoblauchzehen / frischer Thymian 200 ml Tomatensaft / 1 EL Zitronensaft / 2 EL kleine Oliven

ZUBEREITUNG ~ Tomatenhälften und Oliven in eine ofenfeste Form geben und würzen; Olivenöl, Knoblauch, Tomatensaft, Zitronensaft und Thymian verrühren, über die Tomaten gießen und bei ca. 200 °C ca. 15 Minuten schmoren lassen.
Beispielsweise zu Käseknödeln oder beliebigen Knödeln servieren.

VARIANTEN ~

- Anstelle von Beeren mit Früchten nach Wahl und Weißwein zubereiten.
- Alkohol durch Fruchtsaft ersetzen.
- Mischen Sie vor dem Abkühlen noch 3 Blatt Gelatine dazu, so erhalten Sie eine Beerensulz.

Sauerkraut oder Rahmkraut

ZUTATEN ~ 800 g Sauerkraut / 30 g Gänse-, Enten-, Schweine- oder Butterschmalz, Butter, Kürbiskernöl oder Öl / 120 g Zwiebeln / 100 ml Weißwein, Bier oder Most ca. 500 ml Rindsuppe, Gemüsefond, Selchsuppe oder Wasser mit hausgemachter Suppenwürze / 1 KL ganzer oder gemahlener Kümmel / je 8 zerdrückte Pfefferkörner und Wacholderbeeren / 1 Lorbeerblatt / Prise Majoran und Thymian 150 bis 200 g Speckwürfel / fein gehackter Knoblauch nach Belieben / Zucker / Salz 100 g geriebener roher Erdapfel oder etwas angerührte Maisstärke zum Binden nach Wunsch / evtl. Schnittlauchröllchen zum Bestreuen

ZUBEREITUNG ~ Die Zwiebeln fein hacken und mit etwa der Hälfte der Speckwürfel in heißem Schmalz anlaufen lassen. Sauerkraut zugeben, durchrösten, mit Wein ablöschen und mit der Suppe aufgießen. Die ganzen Gewürze mithilfe eines Teesäckchens oder Tee-Eis binden und zugeben. Das Sauerkraut mit den restlichen Gewürzen abschmecken und weich kochen. Gegen Garungsende den rohen Erdapfel direkt in das Kraut reiben oder dieses mit verrührter Stärke binden. Anrichten und mit den restlichen, gerösteten Speckwürfeln bestreuen.

VARIATIONSMÖGLICHKEITEN ~

- Für Rahmkraut rühren Sie am Schluss noch 100 ml Schlagobers oder Crème fraîche ein.
- Folgende Zutaten verleihen dem Sauerkraut jeweils eine völlig neue Geschmacksrichtung: Ingwer, Kapern, Muskatnuss, Nelken, Koriander, Piment, Cayennepfeffer, Minze, Oregano, Majoran, Bohnenkraut, Paprikapulver, Tomatenmark, frisch gehackte Kräuter wie Dille, Schnittlauch, Petersilie, Kresse, aber auch Honig anstelle von Zucker, Wein oder Balsamicoessig, Weinbrand, Apfel- oder Birnenschnaps, Sekt oder trockener Wermut.
- Eine fruchtige Note erhält Ihr Sauerkraut, wenn Sie Ananas, Birnen, Äpfel, Rosinen, Dörrzwetschken, getrocknete Marillen, diverse Körner, Kerne und Nüsse als Garnitur, Essiggurkerlwürferl als Einlage oder gekochte Gemüsestreifen wie Karotten, Sellerie, Lauch oder Rote Rüben dazumischen.
- Sie können auch vor dem Anrichten das Sauerkraut mit kalten Butterstücken zusätzlich verfeinern.
- Garnieren Sie Ihr Sauerkraut zur Abwechslung einmal mit Röstzwiebeln, frisch gehackten Kräutern oder mit frittiertem Sauerkraut.
- Von der Beilage zum Hauptgericht wird Sauerkraut, wenn Sie 400 g Faschiertes anbraten, mit Sauerkraut vermischen, Tomatenmark einrühren und ca. 30 Minuten dünsten lassen. Dann würzig abschmecken und mit Erdäpfeln servieren.
- Ist das Kraut (meist zur zweiten Jahreshälfte) zu sauer geworden, dann vor dem Kochen mit kaltem Wasser abspülen oder einen Apfel hineinreiben, es bekommt so einen milderen Geschmack.
- In fertig gekochtes, ausgedrücktes und klein geschnittenes Sauerkraut eventuell einen Dotter einmengen und die Masse mit Weißbrotbröseln oder Semmelbröseln festigen, kann auch als Fülle für Knödel bzw. Serviettenknödel verwendet werden.

Most- oder Weinkraut

ZUTATEN ~ 500 g fein nudelig geschnittenes Weißkraut / 100 g Zwiebelwürfel / 30 g Butter oder Butterschmalz / ca. 500 ml Most (Wein), je nach Gardauer / Prise Zucker / Salz / Pfeffer aus der Mühle / Kümmel, fein gemahlen / evtl. etwas roh geriebene Erdäpfel oder angerührte Stärke zum Eindicken

ZUBEREITUNG ~ Für das Most- bzw. Weinkraut die Zwiebelwürfel in Butter anschwitzen, Zucker und Weißkraut dazugeben, kurz anschwitzen, mit Most oder Wein ablöschen, aufgießen und so lange dünsten, bis das Kraut weich ist. Je frischer das Kraut ist, desto kürzer ist die Garzeit. Bei Bedarf das Kraut mit einem Erdapfel eindicken, der man schon nach Beigabe des Mostes in das Kraut reibt, oder mit angerührter Stärke, die man kurz vor dem Fertigwerden untermengt.

TIPPS ~

- Vor dem Ablöschen dem Kraut 1 EL Tomatenmark beigeben und kurz mitrösten und/oder einen Teil des Weines durch Tomatensaft ersetzen.
- Zusätzlich Tomatenwürfel kurz vor dem Anrichten einmengen.
- Zusätzlich mit Paprikapulver einfärben.

VARIANTE ~ Mit Bier oder Apfelsaft als Alternative zubereiten.

Pikante Butterbrösel

ZUTATEN ~ 80 g Butter oder Butterschmalz / 100 bis 130 g Semmelbrösel / 1 EL gehackte Petersilie / 1 bis 2 hart gekochte Eier / Salz / Pfeffer, frisch gemahlen

ZUBEREITUNG ~ Butter in einer Pfanne aufschäumen lassen, die Brösel darin langsam bräunen, auskühlen lassen, mit gehacktem Ei, Salz und Petersilie vermischen und abschmecken.

BRÖSELVARIANTEN ~

- Eventuell gehackte frische Kräuter nach Wahl untermengen.
- Fein gemahlene Kürbiskerne, Haselnüsse, Mandelblättchen oder Mohn dazumengen.
- Sesam oder Sonnenblumenkerne untermischen.
- Mit Kürbiskern-, Oliven- oder Walnussöl zubereiten, hierzu die Bröselmenge bis auf 150 g erhöhen.
- Brösel mit 30 g klein geschnittenem Rucola, etwas Zitronensaft und Olivenöl abschmecken.
- Semmelbrösel durch Bauernbrot-, Vollkorn- oder Schwarzbrotbrösel ersetzen.

Ideal auch als Garnitur für gekochten Spargel, Broccoli oder beliebiges Gemüse.

Weißbrotbrösel

ZUTATEN ~ Weiches Weiß- oder Toastbrot nach Belieben

ZUBEREITUNG ~ Das Brot entrinden, in grobe Stücke schneiden und in einer Küchenmaschine fein zerkleinern. Nach Bedarf weiterverarbeiten.
Nicht verbrauchte Brösel in kleineren Mengen in Frischhaltedosen oder Säckchen füllen und tiefkühlen. Keinesfalls offen stehen lassen, da sie sonst rasch austrocknen bzw. verderben.
Verwendung: Ideal zum Binden von Teigen und Massen, da die Brösel weich und flaumig sind. Ersatzweise können auch Semmelbrösel verwendet werden, die Teigkonsistenz kann dabei aber variieren.
TIPP ~ Die übrig gebliebene Rinde trocknen und zu Semmelbröseln reiben.

VARIANTE ~ Entrindetes Weißbrot in kleine Würfel geschnitten dient ebenfalls zum Binden von Teigmassen (Topfenknödeln etc.). Die Bindefähigkeit hängt auch hier von der Trockenheit des Brotes ab; je trockener das Brot ist, umso mehr Flüssigkeit nimmt es auf. Daher kann es bei Knödelmassen, die mit Brot (Semmelknödel, Serviettenknödel etc.) zubereitet bzw. gebunden werden, zu unterschiedlichen Ergebnissen kommen.

Orangensauce zu süßen Dessertknödeln

ZUTATEN ~ 400 ml Orangensaft / 50 g Honig / 1 EL (20 g) Stärkemehl ca. 20 ml Orangenlikör

ZUBEREITUNG ~ Stärke mit 30 ml Orangensaft verrühren, restlichen Saft mit Honig aufkochen, angerührte Stärke einrühren, kurz aufkochen lassen und die Sauce damit eindicken; überkühlt mit Likör wie Maraschino, Cointreau oder weißem Rum aromatisieren.

VARIANTEN ~

- Mit Blutorangen- oder Grapefruitsaft ebenso zubereiten.
- Statt Honig Zucker nehmen.
- Mit Kardamom aromatisieren.
- In die kalte Orangensauce eventuell noch 100 ml flüssiges Obers einrühren.
- Mandarinenspalten aus der Dose unter die Sauce mengen, Saft mitverarbeiten.
- 2 kleine Äpfel in kleine Würfel schneiden und kurz in der Sauce aufkochen, als Einlage zusätzlich Granatapfelkerne untermengen.

Beerenröster

ZUTATEN ~ 140 ml Rotwein (Most oder Apfelsaft) / 10 g Butter / 50 g Rohrzucker, ersatzweise Feinkristallzucker / 10 g Vanillezucker / 10 bis 20 ml Rum, Maraschino oder Orangenlikör / 20 ml Zitronensaft / 20 ml Orangensaft / Prise Zimt und Nelken 150 g frische Beeren, ersatzweise Tiefkühlware / evtl. Maisstärke oder Vanillepuddingpulver zum Eindicken

ZUBEREITUNG ~ Butter schmelzen, Zucker darin karamellisieren, mit Rotwein und Säften ablöschen, Gewürze dazugeben, etwas einkochen lassen und eventuell mit wenig angerührter Stärke oder Vanillepuddingpulver binden. Die vorbereiteten Beeren einmengen und mit Rum aromatisieren. Dieser Röster kann sowohl warm als auch kalt serviert werden.

Traubensauce

ZUTATEN ~ 350 ml Weißwein / 15 g Maizena / 50 g Feinkristallzucker 20 g Vanillezucker / 125 ml Obers / 100 g entkernte, klein geschnittene Weintrauben 20 ml Weinbrand oder Traubenbrand

ZUBEREITUNG ~ 30 ml Weißwein mit Maizena glatt rühren, restlichen Wein mit Zucker und Vanillezucker aufkochen, angerührte Stärke mit einem Schneebesen einrühren, aufkochen und eindicken.

Weintrauben und Obers dazugeben und nochmals aufkochen lassen. Überkühlt mit Weinbrand aromatisieren.

Krokant

ZUTATEN ~ 150 g Feinkristall- oder Gelbzucker / 150 g beliebige, ganze Nüsse (Hasel-, Para-, Wal-, Peka-, Erd-, Macadamianüsse, Mandeln, Cashew-, Kürbis- oder Sonnenblumenkerne, Sesam oder eine Mischung daraus)

ZUBEREITUNG ~ Zucker in einer beschichteten Pfanne karamellisieren, Nüsse zugeben und auf ein mit Backpapier ausgelegtes oder geöltes Blech leeren. Erstarren lassen und je nach weiterer Verwendung grob zerbrechen, reiben oder in der Küchenmaschine zerkleinern.

TIPP ~ Übrig gebliebenen Krokant mit Butterbröseln vermengen und zu süßen Knödeln servieren oder zu Eis, Parfaits oder Desserts reichen.

Für eine dünne Krokantplatte: Sesam oder Sonnenblumenkrokant zwischen zwei Silikonbackmatten dünn ausrollen. Bei Bedarf beliebige Stücke abbrechen.
Hinweis: Krokant gut verschlossen lagern, zieht sofort Feuchtigkeit an.

Vanillesauce

ZUTATEN ~ 500 ml Milch / 20 g Vanillepuddingpulver / 30 bis 50 g Zucker 10 g Vanillezucker / Rum, Cointreau, Weinbrand, Amaretto oder beliebiger Alkohol oder Fruchtsirup zum Aromatisieren

ZUBEREITUNG ~ Etwas Milch mit Puddingpulver verrühren, restliche Milch mit Zucker und Vanillezucker aufkochen, angerührtes Puddingpulver mit dem Schneebesen einrühren und unter ständigem Rühren einkochen. Nach Belieben aromatisieren. Die ausgekühlte Sauce eventuell vor dem Anrichten mit Vanilleeis aufmixen oder etwas geschlagenes Obers unterheben.
Um beim Auskühlen der Sauce eine Hautbildung zu vermeiden, gibt es mehrere Möglichkeiten:

- Auf die Oberfläche der Sauce eine Frischhaltefolie legen.
- Die Sauce mit Staubzucker bestreuen oder mit etwas Flüssigkeit beträufeln.
- Die Sauce in einer Küchenmaschine unter ständigem Rühren abkühlen.

TIPPS ZUM VERFEINERN ~

- Kokosvanillesauce: 100 ml Milch durch Kokosmilch ersetzen und mit 50 ml Kokoslikör aromatisieren, mit Rohzucker oder Honig abschmecken.
- Rohrzucker karamellisieren, mit Milch aufgießen und wie oben beschrieben weiterverarbeiten, man erhält so einen zusätzlichen Geschmacksimpuls.
- Anstelle von Vanillezucker eine aufgeschnittene Vanilleschote mitkochen.
- Zusätzlich mit Zimt, Sternanis, Nelken, Lebkuchengewürz, Bittermandelöl aromatisieren.
- Mit Schokolade-, Kaffee-, Karamell- oder Pistazienpuddingpulver etc. zubereiten.
- In die heiße Vanillesauce mit dem Mixstab 3 bis 4 Eidotter einmixen, so erhält man eine intensivere Farbe sowie noch eine zusätzliche Bindung.

Auf die gleiche Arte und Weise lassen sich auch Fruchtsaucen zubereiten. Hierfür beliebige Fruchtsäfte verwenden.

Weichselsauce

ZUTATEN ~ 50 g Honig / 250 ml Weichselsaft (Kompott) / 200 g entsteinte Weichseln 10 g Vanillepuddingpulver / 20 ml Rum, Kirschwasser oder Weinbrand / 10 g Vanillezucker

ZUBEREITUNG ~ Etwas Weichselsaft mit Puddingpulver abrühren, restlichen Saft mit Honig und Vanillezucker aufkochen und mit angerührtem Puddingpulver eindicken. Rum und Weichseln einrühren und abschmecken.

VARIANTEN ~

- Anstelle von Honig mit Zucker zubereiten, diesen karamellisieren und mit Weichselsaft aufgießen, Weichselsaft mit Rotwein mischen oder nur Rotwein verwenden.
- Mit Zimt, Lebkuchengewürz, Nelken, Bittermandelöl oder Orangenschale aromatisieren.
- 40 g Bitterschokolade in der heißen Weichselsauce auflösen.

Zuckerbrösel für süße Knödel

ZUTATEN ~ 100 g Butter oder Butterschmalz / 130 bis 200 g Semmelbrösel ca. 60 g Feinkristallzucker, je nach gewünschter Süße / 10 g Vanillezucker etwas Zimt / evtl. gemahlene Nüsse oder Kerne (Mandeln, Wal-, Hasel-, Peka-, Macadamia-, Erdnüsse, Sesam, Kürbiskerne, Sonnenblumenkerne etc.) oder Nusskrokant

ZUBEREITUNG ~ Butter zerlassen, von der Herdstelle nehmen, restliche Zutaten dazugeben und würzig abschmecken.Gekochte, gut abgetropfte Knödel darin wälzen oder damit bestreuen (Wasser würde die Brösel verklumpen).

VARIANTEN ~

- Mohn, Lebkuchenbrösel, Krokantbrösel, Nelkenpulver, Lebkuchengewürz, Kokosflocken, Kakaopulver etc. untermengen.
- Hälfte der Brösel durch Kokosflocken oder Mohn ersetzen.
- Die Brösel noch zusätzlich im Backofen bei 165 °C rösten oder auf der Herdplatte, hier jedoch darauf achten, dass sie nicht anbrennen.
- Zitronen- oder Orangenzucker dazugeben.

ZUM PROBIEREN: Trockenfrüchte mit Bröseln in einer Moulinette zerkleinern, getrocknete Blütenblätter oder Blütenzucker untermengen.

Mohnpesto

ZUTATEN ~ 60 ml Orangensaft / 30 ml Orangenlikör (Cointreau) / 20 g klein geschnittene Aranzini oder Orangeat / 50 g Mohn, gemahlen 20 g Vanillezucker / 20 g zerlassene Butter oder Öl / Prise Zimt

ZUBEREITUNG ~ Aranzini mit Saft und Likör in einer Küchenmaschine zerkleinern, restliche Zutaten dazugeben und nochmals durchmixen, es soll eine weiche, sämige Masse entstehen. Je nach gewünschter Konsistenz zusätzlich mit Orangensaft oder Öl weicher halten.

VARIANTEN ~

- Mit gemahlenen Nüssen oder Kürbiskernen ebenso zubereiten.
- Bei Verwendung von Butter sollte die Masse nicht kühl stehen, da sie abstockt, mit Öl hingegen bleibt sie weicher.

Als Beigabe zu süßen Knödeln und Tascherln.

Zwetschkenröster

ZUTATEN ~ 500 g halbierte, entkernte Zwetschken / 70 bis 100 g Feinkristall-, Gelb- oder Rohrzucker oder Gelierzucker 3:1 / 20 g Vanillezucker / 10 ml Zitronensaft, frisch gepresst, oder geriebene Zitronenschale / Prise Zimt / ca. 20 ml Rum

ZUBEREITUNG ~ Zwetschken mit Zucker, Vanillezucker, Zimt und Zitronensaft ca. 4 Minuten kochen. Vom Feuer nehmen und nach Belieben mit Rum abschmecken.
Verwendung: zu süßen Schmarren, süßen Knödeln wie Topfen-, Grieß-, Mohnknödeln, Tascherln, Nockerln etc.; kann aber auch warm serviert werden, z. B. mit Vanilleeis und Schlagobers.

VARIANTEN ~

- Auf Basis dieser Rezeptur lässt sich auch Marillen-, Pfirsich-, Apfel-, Holunder-, Rhabarber- oder Kirschenröster zubereiten.
- Noch feiner wird der Röster, wenn Sie ihn zusätzlich mit Rotwein, Holundersirup oder Likör aromatisieren.
- Ich verwende immer Gelierzucker, denn dadurch erhält der Röster eine leichte Bindung; oder ersatzweise mit etwas angerührter Stärke oder Vanillepuddingpulver eindicken, eventuell etwas Bitterschokolade einmengen und darin schmelzen.
- Karamellisiert man den Kristall- oder Gelbzucker, so wird der Geschmack des jeweiligen Rösters merkbar intensiver.

Früchtepesto

ZUTATEN ~ 100 g gemischte kandierte Früchte (Mango, Aranzini, Papaya, Ananas etc.) 10 g kandierter Ingwer / 20 g Mandelsplitter / 80 ml Weißwein / 50 ml Orangensaft 30 g zerlassene Butter oder Öl / 10 ml Rum oder Orangenlikör

ZUBEREITUNG ~ Klein geschnittene Früchte mit Weißwein und Orangensaft ca. 5 Minuten einkochen, mit den restlichen Zutaten vermengen und in einer Küchenmaschine zerkleinern (cuttern). Je nach gewünschter Konsistenz zusätzlich mit Wein oder Orangensaft weicher halten.
Bei Verwendung von Butter sollte die Masse nicht kühl stehen, da sie abstockt, mit Öl hingegen bleibt sie weicher.

Als Beigabe zu süßen Knödeln und Tascherln.

Ein „Hoch“ den Knödelresten

Geröstete Knödel

ZUTATEN ~ 8 gekochte Semmelknödel, Servietten-, Erdäpfel-, Haschee- oder Speckknödel etc. (à ca. 100 g) / 50 ml Rapsöl / 100 g Zwiebeln / 4 bis 5 Eier / Salz, Pfeffer aus der Mühle / fein geschnittener Schnittlauch oder gehackte Petersilie

ZUBEREITUNG ~ Die Knödel in Scheiben, die Zwiebeln in feine Würfel schneiden. Zwiebeln in heißem Öl kurz anlaufen lassen, Knödelscheiben dazugeben und anbraten. Eier in einer Schüssel verrühren, mit Salz und Pfeffer würzen, über die Knödelmasse gießen und die Eier abstocken lassen. Auf Tellern anrichten und mit Schnittlauch oder Petersilie bestreut servieren.
Beilagenempfehlung: grüner Blattsalat.

VARIATIONSMÖGLICHKEITEN ~

- Dieser Klassiker der oberösterreichischen Hausmannskost lässt sich beliebig abwandeln, etwa indem Sie noch geriebenen Käse (Traunseer, Traunstein oder Gmundner Berg), Knoblauch, gegarte Gemüsewürfel, Paprikastreifen oder frische Pilze untermengen.
- Auch gekochte oder gebratene klein geschnittene Fleischstücke können mit den Knödeln mitgebraten werden.
- Reste von pikanten Knödeln in Scheiben oder Würfel schneiden und als Suppeneinlage servieren.

Knödellasagne

ZUTATEN ~ 400 g in feine Scheiben geschnittene Semmel- oder Serviettenknödel, aber auch Erdäpfelknödel / 350 g Faschiertes / 80 g faschierte Karotten und Sellerie 60 g Zwiebelwürfel / 40 ml Olivenöl / Salz / Pfeffer / 1 bis 2 EL Tomatenmark ca. 240 ml Rindsuppe / evtl. etwas Wein / Rosmarin, Thymian, Lorbeerblatt, Oregano und/oder Knoblauch / 100 g Bechamelsauce (Rezept siehe S. 218) 50 g fein geriebener Käse

ZUBEREITUNG ~ Zwiebelwürfel in Öl anschwitzen, Gemüse und Fleisch beigeben, würzen, einige Minuten weiterrösten, Tomatenmark dazugeben und kurz mitrösten. Mit Suppe und Wein aufgießen und ca. 20 Minuten gar dünsten, dabei öfters umrühren, würzig abschmecken.
Die Hälfte der Béchamelsauce unter die Fleischsauce mengen.
In einer feuerfesten, gebutterten Form abwechselnd Knödelscheiben und Fleischsauce aufschichten, mit Knödelscheiben abschließen; mit restlicher Béchamelsauce abdecken, mit Käse bestreuen und bei ca. 165 °C ca. 20 Minuten backen.

GRATINIERTE KNÖDELSCHEIBEN: 100 g Bechamelsauce mit 100 g fein geriebenem Käse oder Gorgonzola vermengen, über Knödel verteilen und gratinieren.

Semmelknödel- oder Erdäpfelknödelauflauf

ZUTATEN ~ 400 g in dünne Scheiben geschnittene Semmelknödel oder Erdäpfelknödel 2 hart gekochte Eier / 150 g Tomaten / 70 g fein geriebener Käse wie Traunseer, Gmundnerberg, Emmentaler / 70 g Hartwurst / 70 g Zwiebelwürfel / 30 ml Öl / 2 Dotter ca. 130 g Béchamelsauce (siehe S. 218) / Salz / Pfeffer / Majoran / Prise Muskatnuss

ZUBEREITUNG ~ Eier und Tomaten in Scheiben, Wurst in Streifen schneiden. Zwiebelwürfel in Öl ansautieren, ausgekühlte Béchamelsauce mit Dottern verrühren. Auflaufform mit Butter ausstreichen, zuerst eine Schicht Knödel, dann Wurst, Eier, Zwiebel, Käse, Tomaten einschichten, mit Salz und Pfeffer würzen, mit geschnittenen Knödeln abschließen, leicht anpressen und mit der Sauce bestreichen. Nochmals mit Käse bestreuen und im vorgeheizten Backrohr bei ca. 165 °C ca. 25 Minuten hellbraun backen.

Semmelknödelschmarrn

ZUTATEN ~ 70 g Zwiebelwürfel / 40 g Butter oder Öl / 100 bis 150 g gekochtes, würfelig geschnittenes Selchfleisch, Bauernspeck oder Schinken / 2 EL fein gehackte Petersilie / 8 Semmelknödel, je nach Größe à ca. 100 g / 3 bis 4 Eier / 70 ml Sauerrahm oder Schlagobers / Salz / Pfeffer, frisch gemahlen / Majoran

ZUBEREITUNG ~ Butter oder Öl in einer größeren Pfanne erhitzen und Zwiebel darin anlaufen lassen, Selchfleisch oder Schinken dazugeben, Knödel in Scheiben geschnitten ebenfalls untermengen und anbraten, würzig abschmecken. Eier mit Sauerrahm verquirlen, über die Masse gießen und entweder am Herd unter Rühren abstocken lassen oder in eine mit Butter ausgestrichene Form füllen und ca. 10 bis 15 Minuten im vorgeheizten Rohr bei ca. 165 °C backen. Mit Blattsalat servieren.

VARIANTEN ~

- Für einen vegetarischen Knödelschmarrn ersetzen Sie den Speck einfach durch gekochte Gemüsewürfel.
- Beliebige frische Kräuter untermengen.

SEMMELKNÖDELSCHMARRN „WIENER ART"

Semmelknödel in Butter mit 2 bis 3 EL Semmelbrösel goldbraun braten, Sauerrahm/Eiermilch darübergießen und abstocken lassen. Mit Schnittlauch bestreut servieren.

GRATINIERTE KNÖDEL

Nicht benötigte Servietten- oder Semmelknödel überkühlt in Scheiben schneiden, beidseitig in einer Pfanne mit etwas Butter oder Öl anbraten, mit Brokkoli oder beliebigem Gemüse belegen und mit Butter-, Schmelz-, Raclette-, Traunseer, oder Gmundner Bergkäse belegen und im Backrohr nur mit Oberhitze oder im Salamander gratinieren.

Eventuell mit einer Lauchrahmsauce servieren: Lauch in feine Streifen schneiden, kurz in Butter ansautieren und mit etwas Rahmsauce (siehe Rezepte Seite 214) oder Obers aufgießen und einkochen lassen.

GRATINIERTER KNÖDEL MIT PILZRAGOUT

Knödelscheiben anbraten, in eine ausgefettete feuerfeste Form legen, mit Pilz- oder Gemüseragout portionsweise überziehen (nappieren). Mit fein geriebenem Bergkäse oder Parmesan oder feinen Weißbrotbröseln bestreuen und überbacken.

GEBACKENE KNÖDEL

Beliebige Semmel-, Erdäpfel-, Grieß-, aber auch gefüllte Knödel in Scheiben schneiden, in Mehl wenden, durch verquirltes Ei ziehen und in Semmelbröseln wälzen oder durch Backteig ziehen; in heißem Fett schwimmend backen, auf Blattsalat oder mit Sauerkraut servieren.

GEFÜLLTER SERVIETTENKNÖDEL

Serviettenknödel in dünne Scheiben schneiden, jeweils zwei Scheiben mit Spinatfülle, Schafkäse in Scheiben geschnitten, Mozzarellascheiben etc. füllen, panieren und in einer beschichteten Pfanne mit wenig Öl beidseitig goldbraun backen.

Auf lauwarmem Fisolensalat, sommerlichem Blattsalat, Kürbisragout oder Rahmkraut anrichten.

Semmelknödel in Essig und Öl

ZUTATEN ~ 6 bis 8 gekochte, bereits kalte Semmelknödel oder Serviettenknödel 2 kleine Zwiebeln / 1 Paprikaschote / Salz / 6 Radieschen in Scheiben / Pfeffer, frisch gemahlen / fein gehackte Petersilie oder fein geschnittener Schnittlauch zum Bestreuen gekochte Eier zum Garnieren

FÜR DIE MARINADE ~ 60 ml Rotwein- oder Weißweinessig / 60 ml Sonnenblumen-, Kürbiskern-, Oliven- oder Rapsöl / Salz / Pfeffer / 60 ml Rindsuppe, Gemüsefond oder Wasser / evtl. Prise Zucker

ZUBEREITUNG ~ Für die Marinade alle Zutaten miteinander verrühren und pikant abschmecken. Knödel in Scheiben schneiden, auf Tellern gefällig auflegen, die Zwiebeln feinwürfelig oder in Ringe, den Paprika in Streifen oder kleinwürfelig schneiden und dekorativ, etwa kreisrund, auf die angerichteten Knödel legen, mit Radieschen belegen und mit der vorbereiteten Marinade beträufeln. Mit Petersilie oder Schnittlauch bestreuen und nach Belieben mit gekochten Eiern garnieren.

VARIANTEN ~

- Gekochte Kalbs-, Lamm- oder Pöckelzunge oder gekochtes Rindfleisch, in Streifen oder Scheiben geschnitten, dazu reichen.
- Zusätzlich mit gekochten Käferbohnen, gekochten grünen Bohnen, Tomatenwürfeln, Essiggurkerln etc. garnieren.

SEMMELKNÖDEL AUF RUCOLA: Rucola mit Salatmarinade marinieren, auf Tellern anrichten, Mozzarella-, Tomaten- und Knödelscheiben (eventuell noch lauwarm) darauf anrichten, mit Salz und Pfeffer würzen, eventuell mit gerösteten Pinienkernen bestreuen und mit Olivenöl oder Pesto beträufeln.

Glossar

ARANZINI: kandierter Orangenschalen
BAUCHFLEISCH: Bauchlappen, dicker Lappen
BLAUKRAUT: Rotkohl
BUTTER: Butter ist zu bevorzugen, an ihrer Stelle kann auch Butter- oder Schweineschmalz verwendet werden
DINKEL: eine Weizenart; Dinkelmehl kann auch bei manchen Formen der Weizenallergie verwendet werden, nicht aber bei Zöliakie
DINKELMEHL FEIN: kann man anstelle von Weizenmehl verwenden, nimmt aber mehr Flüssigkeit auf als Weizenmehl; somit muss die Eier- oder Flüssigkeitsmenge erhöht werden
EIDOTTER: Eigelb
EIERSCHWAMMERL: Pfifferlinge
EIKLAR: Eiweiß
EISTREICHE: Ei, Dotter oder Eiweiß kann man zum Bestreichen der Ränder verwenden, sie halten dadurch besser zusammen
ERDAPFEL: Kartoffel
FASCHIERTES: Hackfleisch, Hackepeter, Gehacktes
GERM: österreichische Bezeichnung für Hefe
GESELCHTES: Geräuchertes
GLUKOSE ODER STÄRKESIRUP: transparente, zähflüssige und klebrige Masse, verhindert ein Auskristallisieren von Zucker und dient zur Weichhaltung beim Einfrieren; ersatzweise kann auch Honig verwendet werden, dieser ist aber nicht geschmacksneutral
GRAMMELN: Grieben
HASCHEE: Hack
KARFIOL: Blumenkohl
KAROTTE: Möhre
KIPFERL: österreichische Bezeichnung für Hörnchen
KLETZEN: getrocknete Birnen
KNÖDEL: Klöße
KNÖDELBROT: im Handel erhältlich, das auch als Semmelwürfel bezeichnete, klein würfelig geschnittene Brot aus altbackenem Weißbrot oder Semmeln. Kann auch selbst hergestellt werden.
KREN: Meerrettich
LAIBCHEN: Frikadellen, Plätzchen
MANDELBLÄTTCHEN: geschälte, in feine Blätter geschnittene Mandeln
MARILLE: Aprikose
MARONI: Edelkastanie
MEHL: wird durch Mahlen und Sieben (zur Abtrennung der Schalen, Mahlen von Vollkornmehl ohne Schalenabtrennung) aus verschiedenen Getreidekörnern hergestellt. Neben dem eigentlichen Brotgetreide wie Weizen und Roggen werden auch Gerste, Reis, Hirse, Dinkel und Mais, aber auch Kartoffeln zu Mehl verarbeitet. Roggenmehl wird zur Herstellung von Lebkuchen, Honigkuchen- und Brotteigen verwendet.
HELLES MEHL: ist der gemahlene reine, feine Mehlkörper
DUNST (AUCH DUNSTMEHL ODER DOPPELGRIFFIGES MEHL): enthält gröbere Mehlteilchen
GRIESS: enthält grobe Mehlteilchen
SCHROT: der nur wenig zerkleinerte Mehlkörper einschließlich der Schalen
Schalenbestandteile werden als Kleie bezeichnet, daneben fallen die Keimlinge an
OBERS ODER SCHLAGOBERS: österreichische Bezeichnung für süße Sahne oder Schlagsahne
PARADEISER: Tomate
POLENTA: Maisgrieß
POWIDL: Pflaumenmus
PREISELBEEREN: Moosbeeren
RANDEN: Rote Beete
ROSINEN: getrocknete Weinbeeren
ROTE RÜBEN: Rote Beete
ROTKRAUT: Rotkohl
SAUERRAHM: österreichische Bezeichnung für saure Sahne

SCHMALZ: Schweinefett
SEMMEL: Weißbrötchen, Wasserbrötchen
SEMMELBRÖSEL: österreichische Bezeichnung für Paniermehl, Weckmehl
STÄRKEMEHL: wird u. a. aus Weizen, Mais, Reis oder Kartoffeln gewonnen; Eiweiß und Schalenteile werden dabei entfernt
STAUBZUCKER: Puderzucker, fein gemahlener Zucker
STEINSALZ: wird im Salzkammergut gewonnen, verwende ich gerne als Würzung, da es nicht so salzig schmeckt; es enthält neben Speisesalz eine Menge anderer Mineralstoffe (siehe Einkauftipps)
SUPPE: Brühe
TOPFEN: Quark
VOGERLSALAT: Rapunzelsalat, Ackersalat
WEICHSEL: Sauerkirsche, Schattenmorelle
WEISSKRAUT: Weißkohl
WEIZENVOLLMEHL: naturbelassenes Produkt aus gereinigtem Weizen, beinhaltet sämtliche Bestandteile des ganzen Weizenkornes (einschließlich Schalen und Keimlinge sowie Kohlenhydrate, Eiweiß, Mineralstoffe und Vitamine, Fette und Spurenelemente). Es ist ballaststoffreich und sehr „nussig" im Geschmack. Wird es anstelle von glattem Mehl verwendet, muss die Flüssigkeitsmenge erhöht werden. Es gibt aber auch schon fein ausgemahlenes Dinkelvollmehl.
ZWETSCHKE: Zwetschge

Lucas Sturm, Katharina, Maximilian, Konstantin und Sebastian Klosterer (von links nach rechts).
Eine besondere Freude empfinde ich beim Kochen und Backen mit meinen Enkelkindern. Es gibt mir die Gelegenheit, jenes wunderbare Gefühl weiterzugeben, welches mir meine Großmutter in meiner Jugendzeit vermittelte: nämlich gerade auch für die einfachen Dinge des Lebens da zu sein und sich dafür auch die Zeit zu nehmen.
Kinder sind unsere Zukunft und wir sollten bestrebt sein, ihnen unseren Lebensraum bestmöglich zu erhalten.

Fini's Feinstes
Österreichs Beliebtestes
Fini's Feinstes
NATUR REIN
3fach Garantie
WEIZENMEHL
GLATT
Kuchen Torten Strudel
Germteige
Saucen Einbrenn Béchamel
Der feine Unterschied
NATUR REIN

Knödel-Register alphabetisch*

*** Rezepte mit grünem Punkt davor sind Varianten eines Hauptrezepts.**

Knödel-Register nach Kapiteln

KNÖDELTEIGE VON TOPFEN- BIS BRANDTEIG

FÜLLUNGEN PIKANT UND SÜSS

KNÖDEL ALS SUPPENEINLAGE

KNÖDEL & CO ALS VORSPEISE ODER ZWISCHENDURCH

KNÖDEL ALS HAUPTSPEISE

KNÖDEL ALS BEILAGE

NACHSPEISEN-, OBST- UND SÜSSE KNÖDEL

WAS DEN KNÖDEL SCHMÜCKT UND VEREDELT

EIN „HOCH" DEN KNÖDELRESTEN

Adressen

Landhotel Grünberg am See
Traunsteinstraße 109, 4810 Gmunden
Tel. 07612 77700
www.gruenberg.at, hotel@gruenberg.at

Freunde, Kollegen, Lieferanten und Partner

Restaurant s'Schulhus, Fam. Strahammer
6942 Krumbach, Tel. 05513/8389
www.schulhus.com, Mitglied der Moorwirte:
www.moorroom.at

Georg Friedl, „mühlvierteln"
4101 Feldkirchen an der Donau
Tel.: 0699/1999 1988,www.muehlvierteln.at
Sein neues Buch: Mühlviertler Küche – Geschmack und Glück der Einfachheit

Karin Helm, Hotel Spanberger, Gröbming
Dr. F. X. Mayr Hotel, www.spanberger.at
Tel. 03685/22106

Gasthof Haudum, 4184 Helfenberg
Tel. 07216/6248-0, www.haudum.at
www.speck-shop.at,

Landrestaurant Mühltalhof, 4120 Neufelden
Tel. 07282/6258, www.muehltalhof.at

Reiner Loacker, Heurigenhof Hostaria Loacker
8151 St. Bartholomä
Tel. 03123/39931, www.Loacker.net

Fleischerei Leibetseder, 4150 Rohrbach
Tel. 07289/4276, www.essenvombesten.at

Familie Malzner, Fleischhauerei Hirschbach
4242 Hirschbach im Mühlkreis, Tel.: 07948/227
malzner@aon.at

Landgasthof Stranzinger, Eva Maier
4931 Mettmach, Tel. 07755/72 52
www.landgasthof-stranzinger.com

Sonnenalm – Bäuerliche Vermarktung
Hannes Zechner, 9373 Klein St. Paul
Tel. 04264/2716-0, www.sonnenalm-milch.at

Berggasthof Nell, Familie Schönleitner
Königsbergerweg 2, 4442 Kleinraming
Tel. 07252 / 30114, www.berggasthausnell.at

Alfred Pohn + Sandra Neuper, Knödl-Alm
Gasthaus, Spezialitäten-Brennerei
Bio-Bauernhof, Tel. 03624/21132
8984 Pichl-Kainisch, www.urig.at

Hotel 3 Sonnen, Franz und Irene Lechleitner
Wellnessferien in den Bergen, 6534 Serfaus
Tel. 05476/6207, www.dreisonnen.com,
hotel@dreisonnen.com

Hotel Castel, Christian Pernkopf, 6534 Serfaus
Tel. 05476/6131, www.castel.at

Konditorei und Bäckerei Hinterwirth
Schloss-Orth-Kugel, Spezialbrote, 4810 Gmunden
Tel. 07612/67921, hinterwirth.g@gmx.net

Konditorei und Lebzelter Lubinger
Hannes und Maximilian, Café-Konditorei
4240 Freistadt, Tel. 07942/72686
www.konditorei.lubinger.at,
info@konditorei.lubinger.at

Landgasthof Pension Dieplinger
Paula Langmayr, Donaufische, 4070 Eferding
Tel. 07272/23 24, www.langmayr.at
landgasthof.dieplinger@eunet.at

Hotel Gasthof Zillner, 4950 Altheim
Tel. 07723/422690, www.zillners-einkehr.at
hotel@zillners-einkehr.at

Österreichische Bergkräuter, Bergkräuter
Essig, Säfte, Tees, Gewürze,Gewürzmischungen
4192 Hirschbach, Tel. 07948/8702
www.bergkraeuter.at, office@bergkraeuter.at

Fleischhauerei Pöll Friedrich GesmbH & Co KG
Fleisch- und Wurstwaren
4655 Vorchdorf, Tel. 07614/6259
www.poell-vorchdorf.at, office@poell-vorchdorf.at

Wurzen Hütten, Dietmar und Heidi Guem
Flachberg 25, 4816 Gschwandt bei Gmunden
Tel. 07612/74949, wurzenhuette@utanet.at

Gasthof Engelhof, Fam. Bergthaler
Engelhofstraße 1, 4810 Gmunden
Tel. 07612/64 892, www.engelhof.at
bergthaler@engelhof.at

Almgasthof Windlegern
Monika und Franz Grashäftl, 4814 Neukirchen
Tel./Fax: 07617/2844, gasthof@windlegern.at
www.windlegern.at

Dipl.Ing. Dr. Richard Dietrich
Lerchenauerstraße 45, 6923 Lauterach
office@nle.at, www,riebelmais.at
Tel. 05574 63929, 0676 9753 152

Familie Schallmeiner, Hois'n Wirt
Traunsteinstraße 277, 4810 Gmunden
www.hoisnwirt.at, reception@hoisnwirt.at

Peter Hirsch, Wein- und Feinspitz der
OÖ Nachrichten, www.nachrichten.at

Sassy, Sängergin der „Seer", www.dieseer.at

Gasthaus Luger, 4502 St. Marien
Tel. 07227 8139, gh.luger@aon.at

Gasthof Hockeck, Traunseewirteschnapsbrenner
Reisenberger Hans und Maria, 4813 Altmünster
Tel. 07612/87461, www.hocheck.at,
info@hocheck.at

WIFF Mairhofer & Co.KG, Julius-Raab-Platz 2
5027 Salzburg, Tel. 0662 880013
www.wiff-essen.at

Rosi Schipflinger, Sonnbergstub'n
Oberaigenweg 103, 6370 Kitzbühel
Tel. 05356/64652, mail@sonnbergstuben.at
www.sonnbergstuben.at

Salzkammer, Produkte rund ums Salz, Natursalz
aus Österreich, 4820 Bad Ischl, Tel. 06132/23832
www.salzwelten.at, www.salzkammer.net

GEG Expert Händler, 4810 Gmunden
Tel. 07612/795 500, Fax: 795 513
www.geg.co.at, expert@geg.co.at

Gmundner Keramik, Keramikstraße 24
4810 Gmunden, Tel. 07612/786-0, Fax: DW 99
www.gmundner.at, marketing@gmundner.at

Gmundner Molkerei, Salzkammergut-Käse
4810 Gmunden, Tel. 07612/782-0
www.gmundner-milch.at, office@gmundner-milch.at

Fa. Rechberger GmbH & Co KG, Linz, Geschirr
Töpfe, Kochutensilien, Lastenstraße 42
4021 Linz, Postfach 2000, Tel. 0732/6925-0
www.rechberger.at, zentrale@recherger.at

Leikermoser Mühle, Troatmühle, Spezialmehle
5222 Munderfing, Bezirk Braunau
Tel. 07744/ 6235, www.leikermosermuehle.at.tf

Mühlviertler Öhlmühle, Lein-, Sesam-, Mohnöl
uvm., 4170 Haslach, Tel. 07289 71216
www.oehlmuehle-haslach.at

Gemüse Lackner, Obst und Gemüse
4070 Eferding, Tel. 07272/4088
lackner.gemuesehandel@aon.at

Fa. Fessler, Silikonformen, Konditoreibedarf
uvm., 6840 Götzis, Tel. 05523 51500
www.fessler.at

Fa. Süwag, Fam. Reimer, 1150 Wien
Konditoreibedarf uvm., Tel. 01/8932 376
www.suewag.at

Traunseewirte: seit 1994 eine Vereinigung von 16 befreundeten Wirten rund um den Traunsee. **www.traunseewirte.at**
Wir Traunseewirte bereiten traditionelle Gerichte aus regionalen Produkten zu. Nach dem Motto „Natürlich regional – die beste Art, unsere Landschaft zu erhalten", werden viele Zutaten für abwechslungsreiche Spezialitäten direkt bei den Landwirten gekauft. Und das schmeckt man!

Weitere Kooperationen, denen wir angehören, bzw. Adressen und Ausflugsziele in unserer schönen Heimat
www.kultiwirte.at
www.boeg.at
www.salzkammergut.fischrestaurants.at
www.schloesseradvent.at oder
www.traunseeadvent
www.genussland.at
www.landhotels.at
www.traunsee.at
www.traunseeschifffahrt.at
www.gutesvombauernhof.at
www.oberoesterreich.at
www.landesausstellung.at

Bei Rückfragen stehe ich wie immer gerne mit Rat und Tat zur Verfügung.
Tel: 0699 1777 0071
E-Mail: i.pernkopf@hotmail.com
Einige Kochvideos sind auf **www.gruenberg.at** abrufbar.